言霊精義

［新装版］

小笠原孝次 著
七沢賢治 監修

和器出版株式会社

凡例

一、本書は、一九七七年十一月に限定出版（非売品）として刊行された小笠原孝次著『言霊精義』を原本とし、七沢賢治の監修により、一部校訂を加え新装版として刊行したものである。
一、原本を忠実に表現することを原則としているが、明らかな誤記や誤植は改めた。
一、原本の意味を変更しない範囲で、踊り文字、見出しの一部に必要最小限の修正を加えた。
一、原本の漢字の旧字体・異体字は、原則として引用文以外は、新字体・標準字体に改めた。
一、原本の旧仮名遣いは、原則として引用文以外は、現代仮名遣いに改めた。
一、図表に番号を付し、検索の便をはかった。
一、読解の便をはかるために、すべての漢字、旧仮名文字、外国語の一部にルビを振った。
一、圏点とルビが重複している場合には、ルビを親文字の右側に、圏点を親文字の左側に付加した。
一、ルビについては、著者の小笠原孝次氏が生前に実際に使用していた読み方を採用した。
一、文中には、ひらがな表記とカタカナ表記の混在、漢字表記とカタカナ表記の混在、異字同訓、新旧の漢字の混在、中国語の漢字の混在などが存在しているが、引用文以外は、明らかな誤記や誤植でない限り原本の表記を尊重した。
一、他の著作物からの引用方法は、直接引用と間接引用が混在している。内容を要約した間接引用については、明らかな誤記や誤植でない限り原本の表記を尊重した。
一、検証の便をはかるために、引用文には原則として出典、情報源を明記した。

一、小笠原孝次著『言霊百神』（新装版）、『言霊精義』（新装版）と、『言霊開眼』（新装版）の内容を比較すると、本文、図表、引用文等について、表記内容や解釈内容が異なる場合がある。それらの違いの背景には、著者自身の考え方の変化が影響している可能性があるため、各書籍を記した時々の著者の考え方を尊重し、原則的に修正等は加えていない（一部例外あり）。

一、和器出版株式会社の設立に伴い、「言霊学会」は株式会社七沢研究所より和器出版株式会社に移管され、小笠原孝次氏、山腰明將氏の遺稿等は、弊社において復刻・出版される運びとなった。

目次《もくじ》

巻末《かんまつ》

挿図目次《そうずもくじ》

はしがき

　先師《せんし》山腰明将氏《やまこしあきまさし》の研究《けんきゅう》を受継《うけつ》いで、世界《せかい》のすべての哲学《てつがく》、宗教《しゅうきょう》の奥底《おうてい》の秘密蔵《ひみつぞう》が古事記《こじき》であり、その正体《しょうたい》が言霊《げんれい》である事《こと》を、その秘密蔵《ひみつぞう》の方法《ほうほう》である比喩《ひゆ》と象徴《しょうちょう》の謎《なぞ》を釈《と》いて、日常用《にちじょうもち》いて居《い》る「概念《がいねん》」を以《もっ》て一応《いちおう》の説明《せつめい》を行《おこな》ったのが前著《ぜんちょ》『言霊百神《げんれいひゃくしん》』である。これを以《もっ》て哲学《てつがく》、宗教《しゅうきょう》や更《さら》には心理学《しんりがく》が帰趨《きすう》し且《か》つ淵源《えんげん》する所《ところ》が天津日嗣《あまつひつぎ》の秘義秘宝《ひぎひほう》である布斗《ふと》麻邇《まに》三種《さんしゅ》の神器《じんぎ》である事《こと》を世界《せかい》に明徴《めいちょう》し宣言《せんげん》した。その『言霊百神《げんれいひゃくしん》』の中《なか》でなお不鮮明《ふせんめい》であった部分《ぶぶん》の概念化《がいねんか》を続《つづ》けて来《き》たものが本著《ほんちょ》『言霊精義《げんれいせいぎ》』である。この後更《のちさら》に幾回《いくかい》か精義《せいぎ》は精義《せいぎ》を産《う》んで行《い》く事《こと》となろう。

　人間生命《にんげんせいめい》が存在《そんざい》し活動《かつどう》する世界《せかい》は、人間《にんげん》の先天性《せんてんせい》によって限定《げんてい》された有限《ゆうげん》のものであるが、その有限界《ゆうげんかい》の全体《ぜんたい》の把握《はあく》と操縦法《そうじゅうほう》を究《きわ》める事《こと》は現在一個人《げんざいいちこじん》の五十年《ごじゅうねん》、百年《ひゃくねん》の短《みじか》い努力《どりょく》を以《もっ》てしては必《かなら》ずしも到達可能《とうたつかのう》とは云《い》えない。と云《い》って弥陀五劫《みだごこう》、大通知勝十劫《だいつうちしょうじっこう》と云《い》う様《よう》な不可能《ふかのう》と同様《どうよう》な努力《どりょく》を必要《ひつよう》とするわけではない。現時点《げんじてん》に於《お》ける神道《しんとう》の最高《さいこう》の到達点《とうたつてん》である『言霊百神《げんれいひゃくしん》』と『言霊精義《げんれいせいぎ》』に基《もとづ》いて、言霊精義《げんれいせいぎ》をこの次《つぎ》の段階《だんかい》に進《すす》め、布斗麻邇《ふとまに》の操作転輪《そうさてんりん》に従事《じゅうじ》する若《わか》い人達《ひとたち》の出現《しゅつげん》を期待《きたい》する。精義《せいぎ》の錬磨《れんま》を此《こ》の後《のち》二《に》、三回《さんかい》も繰《く》り返《かえ》して行《い》けば、阿育王《あいくおう》の仏教典《ぶっきょうてん》の結集《けつしゅう》の時《とき》の様《よう》に言霊布斗麻邇《げんれいふとまに》の完璧《かんぺき》の経典《きょうてん》が完成《かんせい》する。既《すで》に此《こ》の後三十年《のちさんじゅうねん》の歳月《さいげつ》は必要《ひつよう》としない。世界《せかい》にその時《とき》が来《き》ているからである。

言霊《げんれい》は哲学《てつがく》や宗教《しゅうきょう》ではない。芸術《げいじゅつ》や武道《ぶどう》などでもない。信仰《しんこう》や祈《いの》りや特殊《とくしゅ》な肉体的修練《にくたいてきしゅうれん》を要《よう》するものではない。言霊《げんれい》には教派《きょうは》も宗派《しゅうは》も流儀《りゅうぎ》も存在《そんざい》しない。誰《だれ》がやっても必《かなら》ず同一《どういつ》の唯一《ゆいいつ》の結論《けつろん》に到達《とうたつ》するものであるからである。天津日嗣《あまつひつぎ》の伝統《でんとう》である全世界《ぜんせかい》に拡《ひろ》がっている言霊相伝《げんれいそうでん》の歴史《れきし》を無視《むし》して、個人《こじん》に突然無媒介《とつぜんむばいかい》、無前提《むぜんてい》に言霊《げんれい》が実現《じつげん》したものである如《ごと》く自負《じふ》し広告《こうこく》する事《こと》は邪魔《じゃま》の業《わざ》である。世界《せかい》の唯物共産主義《ゆいぶつきょうさんしゅぎ》は今日却《こんにちかえ》ってソ連《れん》と中共《ちゅうきょう》と西欧《せいおう》とユーゴーと分裂《ぶんれつ》して、互《たが》いに他《た》を包摂《ほうせつ》する事《こと》が出来《でき》ない。言霊《げんれい》の方法《ほうほう》は絶対《ぜったい》に分裂《ぶんれつ》を生《しょう》じない。人類《じんるい》の文明《ぶんめい》が其処《そこ》に帰納《きのう》され、其処《そこ》から演繹《えんえき》されて行《い》く究極《きゅうきょく》の道《みち》であるからである。言霊《げんれい》を説《と》く時《とき》、歴史《れきし》や哲学《てつがく》、宗教《しゅうきょう》、芸術《げいじゅつ》に関連《かんれん》する所《ところ》が多《おお》いので、一部分《いちぶぶん》にこだわらない様《よう》に一応《いちおう》自由《じゆう》な随筆風《ずいひつふう》の形式《けいしき》で筆《ふで》を進《すす》めた。

昭和《しょうわ》五十二年《ごじゅうにねん》 十月《じゅうがつ》　於《おいて》 幡ケ谷《はたがや》

小笠原《おがさわら》 孝次《こうじ》

言《げん》霊《れい》精《せい》義《ぎ》

宇《う》宙《ちゅう》剖《ぼう》判《はん》

宇宙《うちゅう》は無限《むげん》と云《い》う壁《かべ》に制約《せいやく》されている有限世界《ゆうげんせかい》である。人間《にんげん》はその無限《むげん》の壁《かべ》を越《こ》える事《こと》が出来《でき》ない有限《ゆうげん》の範囲内《はんいない》に有限《ゆうげん》の能力《のうりょく》を以《も》って生存《せいぞん》して居《い》る。その無限《むげん》の壁《かべ》の内部《ないぶ》は球形《きゅうけい》と感《かん》じられるスフェアである。そのスフェアは初歩《しょほ》の宗教的直観《しゅうきょうてきちょっかん》からは「空《くう》」と云《い》われる何《なに》もない世界《せかい》（ニヒル）であるが、もう一歩進《いっぽすす》むとその中《なか》に何《なに》かがある事《こと》に気《き》が付《つ》く、更《さら》にただ何《なに》かが有《あ》るのではなくて、その何《なに》かがびっしりと充満《じゅうまん》して居《い》る。科学《かがく》の仮説《かせつ》ではこれをエーテルと云《い》う。物理学的《ぶつりがくてき》には磁気《じき》と放射線《ほうしゃせん》でもある。宗教的《しゅうきょうてき》にはこれを無礙光《むげこう》、無量《むりょう》寿光《じゅこう》、瑠璃光《るりこう》と云《い》う。とに角《かく》、無限《むげん》と云《い》う宇宙《うちゅう》の球体《きゅうたい》の中《なか》には何《なに》かがあって充満《じゅうまん》し活動《かつどう》して居《い》る。

有限《ゆうげん》の極限《きょくげん》、その有限《ゆうげん》と無限《むげん》（不可知界《ふかちかい》）との頂点《ちょうてん》を天文学的《てんもんがくてき》に云《い》えば天頂《てんちょう》、北極星座《ほっきょくせいざ》、宗教的《しゅうきょうてき》に云《い》えば紫微天宮《しびてんきゅう》と云《い》う。この天頂《てんちょう》に居《い》て有限界全体《ゆうげんかいぜんたい》の内容《ないよう》を下瞰《みお》ろして居《い》る者《もの》がある。その名《な》を大自在天《だいじざいてん》と云《い》う。その無碍《むげ》の自在者《じざいしゃ》が発揮《はっき》する神性《しんせい》を大我《たいが》と言《い》い真我《しんが》と云《い》う。無限即有限《むげんそくゆうげん》の大我《たいが》が認識《にんしき》の始原《しげん》であり、その出発《しゅっぱつ》であり、全局《ぜんきょく》である。この状態《じょうたい》を言霊《げんれい》はス（静《す》・巣《す》・皇《す》・総《す》）と呼《よ》ぶ。中国《ちゅうごく》の哲学《てつがく》では「陰陽測《いんようはか》られざるこれを神《シン》と謂《い》う」（易経《えききょう》）とある。

その有限《ゆうげん》の中味《なかみ》に何《なに》かが充満《じゅうまん》し活動《かつどう》しているわけだが、初《はじ》めは渾沌《こんとん》として居《い》て秩序《ちつじょ》がない。陰陽《いんよう》もない、主体客体《しゅたいきゃくたい》も剖《わか》れない渾然《こんぜん》たる一者《いっしゃ》であって、総《す》べてであり、静《す》寂である。それはその儘《まま》では永遠《えいえん》の静《す》寂であるが、そのスには内容《ないよう》があり、その内容《ないよう》は常《つね》に活動《かつどう》し止《とど》まらない。その内容《ないよう》の活動《かつどう》が最初《さいしょ》に認識《にんしき》され感知《かんち》されるのは人間《にんげん》の色声香味触《しきしょうこうみそく》（眼耳鼻《げんにび》舌身《ぜっしん》）が眼覚《めざ》めるからであって、此《こ》の五官感覚《ごかんかんかく》が認識活動《にんしきかつどう》、精神活動《せいしんかつどう》の出発《しゅっぱつ》である。感覚《かんかく》は最《もっと》も始原単純《しげんたんじゅん》な知性認識《ちせいにんしき》の出発《しゅっぱつ》であろう。感覚《かんかく》によって意識《いしき》に現《あら》われた宇宙《うちゅう》の状態《じょうたい》を言《げん》霊《れい》でウと云《い》う。森羅万象《しんらばんしょう》が有《う》（ウ）り動《うご》（ウ）いている状態《じょうたい》である。宇宙《うちゅう》の初《はじ》めスからウが生《う》まれる。

渾沌《こんとん》のスが意識《いしき》されたウが宇宙《うちゆう》の始《はじ》まりであるが、その始《はじ》まりは何時何処《いつどこ》に存在《そんざい》するか。それは歴史的考古学的《れきしてきこうこがくてき》に逆上《さかのぼ》った歴史以前《れきしいぜん》の未開時代《みかいじだい》に有《あ》ったわけではない。生物学的《せいぶつがくてき》に原形質《げんけいしつ》、アミノ酸《さん》の発生《はつせい》の期《き》に有《あ》るわけではない。天文学的《てんもんがくてき》に星雲《せいうん》の回転《かいてん》の出発点《しゆつぱつてん》に有《あ》るわけでもない。宗教的《しゆうきようてき》に要求《ようきゆう》された神《かみ》と云《い》う意志的存在《いしてきそんざい》が遠《とお》い昔《むかし》に創造《そうぞう》を開始《かいし》したわけのものでもない。宇宙《うちゆう》の始《はじ》まりは常《つね》に今《いま》、此処《ここ》 now here《ナウヒア》 に存《そん》する。これを中今《なかいま》（続日本紀《しよくにほんぎ》）と云《い》う。今《いま》と云《い》う刹那《せつな》の時点《じてん》、此処《ここ》と云《い》う空間《くうかん》の質点《しつてん》に、意識《いしき》としての、自覚《じかく》としての人間《にんげん》の生活《せいかつ》と云《い》わず、文明《ぶんめい》と云《い》わずあらゆる営《いとな》みの出発点《しゆつぱつてん》がある。

　これはその出発点《しゆつぱつてん》が中今《なかいま》に有《あ》ると云《い》う事《こと》だけではなく、すべて観念的《かんねんてき》のものではない実在《じつざい》し実存《じつぞん》する物事《ものごと》はただ此《こ》の中今《なかいま》の内容《ないよう》としてのみ存《そん》すると云《い》う事《こと》でもある。今此処《いまここ》の一点《いつてん》を離《はな》れたら事実《じじつ》は無《な》い。一秒昔《いちびようむかし》の事《こと》は忽然《こつぜん》と消滅《しようめつ》して再《ふたた》び現実《げんじつ》に戻《もど》る事《こと》がない。昨日《さくじつ》から今日《こんにち》への推移《すいい》は持続《じぞく》ではなく変化《へんか》である。また一秒間先《いちびようかんさき》の事《こと》は未《いま》だ事実《じじつ》として現《あら》われない。一秒前《いちびようまえ》の事《こと》を、百年《ひやくねん》、千年《せんねん》、一万年昔《いちまんねんむかし》の事《こと》を知性《ちせい》を以《もつ》て呼《よ》び戻《もど》すことは出来《でき》る。然《しか》しそれは意識《いしき》、記憶《きおく》、記録《きろく》の内《うち》にだけ蘇返《よみがえ》って来《く》るのであって、呼《よ》び戻《もど》された表象《ひようしよう》は単《たん》なる観念《かんねん》である。事実《じじつ》、実存《じつぞん》ではない。

明日《あす》の事《こと》を、永遠《えいえん》の未来《みらい》の事《こと》を思索《しさく》し計画《けいかく》し予想《よそう》し、その軌範《きはん》を樹《た》てる事《こと》は出来《でき》る。然《しか》しこれもまた観念《かんねん》だけのものであって、未《いま》だ決《けっ》して現実《げんじつ》には現《あら》われる事《こと》がない。真《しん》に存在《そんざい》する物事《ものごと》はただ中今《なかいま》に於《おい》てだけであり、その中今《なかいま》の内容《ないよう》としてだけである。そしてその中《なか》今《いま》は刹那《せつな》から次《つぎ》の刹那《せつな》へと映画《えいが》のフィルムの回転《かいてん》のように推移《すいい》し連続《れんぞく》して行《い》く、人間《にんげん》はただ中今《なかいま》の現象《げんしょう》だけを見《み》ている。これを過去《かこ》と未来《みらい》の観念表象《かんねんひょうしょう》が補足《ほそく》している。これが宇宙《うちゅう》と人間《にんげん》の生命《せいめい》の過去《かこ》から未来《みらい》への永遠《えいえん》の活動《かつどう》の流《なが》れ方《かた》である。

然《しか》しまたその事《こと》をもう一度《いちど》考《かんが》えるとそれが流《なが》れて行《い》くと観《み》える事《こと》も観念《かんねん》であって、事実《じじつ》、実存《じつぞん》はその中今《なかいま》に、中今《なかいま》として永劫《えいごう》にたゆたって居《い》て、その一点《いってん》に於《おい》て明滅回転《めいめつかいてん》し、海《うみ》の波《なみ》や電波《でんぱ》や音波《おんぱ》の様《よう》にオシレートして居《い》るだけであると云《い》う事《こと》も出来《でき》る。そのオシレーションの姿《すがた》をサインカーブの形《かたち》を以《もっ》て過去《かこ》に引《ひ》き伸《の》ばすと歴史《れきし》になる。次《つぎ》の、またその次《つぎ》のオシレーションを予想《よそう》し判断《はんだん》し軌範《きはん》する時《とき》、予言《よげん》となり当為《とうい》となる。過去《かこ》も未来《みらい》もすべて中今《なかいま》の内容《ないよう》である。中今《なかいま》の中《なか》に「永劫《えいごう》の相《そう》」（スピノザ）のすべてが含《ふく》まれている。禅《ぜん》では「一念普く観ず無量劫《いちねんあまねくかんずむりょうごう》」（無門関《むもんかん》）と云《い》う。ヘーゲルは歴史《れきし》の出発点《しゅっぱつてん》を今《いま》に置《お》いて倒逆《とうぎゃく》の歴史《れきし》と云《い》った。

「汝《なんぢ》は塵《ちり》なれば塵《ちり》に帰《かへ》るべきなりと」（旧約《きゅうやく》創世記第三章《そうせいきだいさんしょう》）。広大無辺《こうだいむへん》の宇宙《うちゅう》の中《なか》の一粒《ひとつぶ》の微塵《みじん》の如《ごと》き自己《じこ》の経験《けいけん》と知識《ちしき》の売《から》を宇宙大《うちゅうだい》にまで膨《ふくら》ませて仏《ほとけ》に成《な》ろう（作仏《さぶつ》）としても不可能《ふかのう》である。蛙《かえる》が腹《はら》を膨《ふくら》ませて牛《うし》の様《よう》に大《おお》きくなろうとして失敗《しっぱい》した寓話《ぐうわ》がある。その不可能《ふかのう》を敢《あ》えてしようとする塵《ちり》の営《いとな》み（塵労《じんろう》）を愚《おろか》であり浅墓《あさはか》であったと反省《はんせい》（懺悔《ざんげ》）する時《とき》、イエスが塵《ちり》と指摘《してき》した自己《じこ》の無意義《むいぎ》さがしみじみと納得《なっとく》が行《い》く。まことにその時《とき》までの自《みずか》らの営《いとな》みは実現不可能《じつげんふかのう》な塵《ちり》の欲求希望《よっきゅうきぼう》であり自負自惚《じふうぬぼ》れであるに過《す》ぎなかった。斯《か》く気付《きづ》くことは眼《め》くるめくような自己幻滅《じこげんめつ》、自己崩壊《じこほうかい》であるが、それで居《い》て却《かえ》って水《みず》の様《よう》に冷静《れいせい》で居《い》られる。「この門《もん》を過《す》ぎんとするものは一切《いっさい》の望《のぞみ》を捨《す》てよ」（ダンテ「神曲《しんきょく》」地《じ》獄篇《ごくへん》）。塵《ちり》である自我《じが》の売《から》が反省《はんせい》され破《やぶ》れる時《とき》、一塵《いちじん》も止《とど》めぬ清浄静寂《せいじょうせいじゃく》な、そして広大無《こうだいむ》辺《へん》の全大宇宙《ぜんだいうちゅう》の存在《そんざい》が、漠然《ばくぜん》たる観念《かんねん》としてではなく、生命《せいめい》の内面《ないめん》の事実《じじつ》、如実《にょじつ》として体《たい》得《とく》される。

広大無辺《こうだいむへん》の宇宙《うちゅう》の扉《とびら》が開《ひら》かれる事《こと》は限《かぎ》りない驚異《きょうい》であり、同時《どうじ》に無限《むげん》の歓喜《かんき》であり安堵《あんど》である。聖書《せいしょ》はこの事《こと》を「（肉《にく》なる自己《じこ》が）また葬《はうむ》られ、聖書《せいしょ》に應《おう》じて三日《みっか》めに甦《よみが》へり」（新約《しんやく》コリント人《びと》への前《まえ》の書第十五章《しょだいじゅうごしょう》）と教《おし》えて居《い》る。魂《たましい》の復活《ふっかつ》revival《リヴァイヴァル》, reserection《レザレクション》であり、その生命《せいめい》なる宇宙《うちゅう》への帰還復原《きかんふくげん》であり、神《かみ》の体得《たいとく》の出発《しゅっぱつ》である。禅《ぜん》ではこれを「見性成仏《けんしょうじょうぶつ》」と云《い》う。斯《か》くしてその始《はじ》め広大《こうだい》な宇宙《うちゅう》は何《なに》もない空虚《くうきょ》の姿《すがた》で感得《かんとく》され、次《つい》でその「空《くう》」の内容《ないよう》が隙間《すきま》なく光明《こうみょう》（エネルギー）が充実《じゅうじつ》した世界《せかい》である事《こと》が承認《しょうにん》される。神《かみ》（神性《しんせい》）はその無限即有限《むげんそくゆうげん》の宇宙《うちゅう》の頂点《ちょうてん》に立《た》って普《あまね》く全宇宙《ぜんうちゅう》を下瞰《みおろ》して居《い》る。

広大無辺《こうだいむへん》のエネルギーの充実《じゅうじつ》の只中《ただなか》に依然《いぜん》として微塵《みじん》の自己《じこ》が浮遊《ふゆう》して居《い》る。然《しか》しこの広大無辺《こうだいむへん》の生命《せいめい》の光明《こうみょう》の世界《せかい》が何故存在《なぜそんざい》するか、その中《なか》に粟粒《あわつぶ》の自己《じこ》が何故《なぜ》に自覚《じかく》されるか、この事《こと》を問《と》うても答《こた》えは得《え》られない。何《いず》れも人類《じんるい》に取《と》って不可思議《ふかしぎ》、不可得《ふかとく》、不可知《ふかち》である。極大《きょくだい》である宇宙《うちゅう》の無極《むきょく》も、一粒《ひとつぶ》の極小《きょくしょう》の微塵《みじん》として存在《そんざい》する自己《じこ》の所以《ゆえん》も共《とも》に不《ふ》可思議《かしぎ》、不可知《ふかち》である。「念仏《ねんぶつ》には、無義《むぎ》をもて義《ぎ》とす。不可称《ふかしょう》・不可説《ふかせつ》・不可思議《ふかしぎ》のゆへにと、おほせさふらひき。」（歎異抄《たんにしょう》）。

人間《にんげん》は此《こ》の宇宙《うちゅう》と自己《じこ》と云《い》う極大極小《きょくだいきょくしょう》の両極《りょうきょく》が存在《そんざい》することの不可思議《ふかしぎ》を超《こ》える事《こと》が出《で》来《き》ない。これを超《こ》えられないと識《し》る事《こと》はその世界《せかい》から喰《は》み出《だ》しもしなければ脱落《だつらく》もしないと識《し》る事《こと》であって、粟粒《あわつぶ》が如何《どう》転《ころ》んでも宇宙《うちゅう》の外《そと》に出《で》ないから大丈夫《だいじょうぶ》である。この大丈夫《だいじょうぶ》と思《おも》う自覚《じかく》が宗教《しゅうきょう》の上《うえ》の安心《あんしん》（安神《あんしん》）である。無限即有限《むげんそくゆうげん》の宇宙《うちゅう》のふところに抱《だ》かれて居《い》る赤子《あかご》であるから不安《ふあん》がないのである。「白雲影裏《はくうんえいり》、笑《わら》い呵々《かか》。」（碧巌録《へきがんろく》）と禅僧《ぜんそう》は哄笑《こうしょう》する。すべての宗教《しゅうきょう》と哲学《てつがく》の営《いとな》みはこの無限《むげん》の中《なか》の自己《じこ》の安心《あんしん》を情緒《じょうちょ》とし、此処《ここ》に根拠《こんきょ》を置《お》いて出発《しゅっぱつ》する。（『言霊百神《げんれいひゃくしん》』新装版《しんそうばん》19頁《ページ》、天之御中主神《あめのみなかぬしのかみ》 参照《さんしょう》）

さて無辺《むへん》の天頂《てんちょう》、紫微天宮《しびてんきゅう》から普《あまね》く宇宙《うちゅう》を見《み》おろして居《い》る者《もの》が存在《そんざい》するところのその紫微天宮《しびてんきゅう》とは具体的《ぐたいてき》、実際《じっさい》には何処《どこ》の事《こと》であろうかと云《い》うと、此《こ》の時改《ときあらた》めて気《き》が付《つ》くことはその無限《むげん》の時間《じかん》と空間中《くうかんちゅう》に浮遊《ふゆう》する微塵《みじん》としての自己《じこ》の存在《そんざい》である。宇宙《うちゅう》を見《み》そなはして居《い》る認識《にんしき》（知性《ちせい》）は此《こ》の微塵《みじん》の自己《じこ》を拠点《きょてん》として其処《そこ》から出発《しゅっぱつ》しレーダーのように放射《ほうしゃ》されていると云《い》う事《こと》であろう。無限無極《むげんむきょく》の宇宙《うちゅう》は伸縮変形自在《しんしゅくへんけいじざい》であって、紫微天宮《しびてんきゅう》はその中《なか》の何処《どこ》に存在《そんざい》しようと、其処《そこ》から宇宙認識《うちゅうにんしき》の知性《ちせい》が放射《ほうしゃ》されて居《い》る拠点《きょてん》がその紫微天宮《しびてんきゅう》である。その時《とき》、時間空間《じかんくうかん》の交点《こうてん》である「中今《なかいま》」now here《ナウヒア》に存《そん》する粟粒《あわつぶ》の自己《じこ》こそ実《じつ》は宇宙《うちゅう》レーダーの発信局《はっしんきょく》であって、それは宗教《しゅうきょう》で云《い》うならば神《かみ》の生宮《いくみや》（肉宮《にくみや》）である。その生宮《いくみや》に宿《やど》る宇宙性《うちゅうせい》（神性《しんせい》）は区々《くく》たる経験《けいけん》の累積推進《るいせきすいしん》によって宇宙《うちゅう》を手探《てさぐ》りに暗中模索《あんちゅうもさく》して居《い》るのではない。みずから発《はっ》する光《ひか》りを自在《じざい》に放射旋回《ほうしゃせんかい》して対象《たいしょう》としての宇宙《うちゅう》の内容《ないよう》の実相事実《じっそうじじつ》を発見《はっけん》し把握《はあく》する。「都《みやこ》は日月《じつげつ》の照《てら》すを要《えう》せず、神《かみ》の栄光《えいこう》これを照《てら》し、小羊《こひつじ》はその燈火《あかり》なり。」（新約《しんやく》 黙示録第二十一章《もくしろくだいにじゅういっしょう》）。この中今《なかいま》の自己《じこ》から発《はっ》する生命《いのち》の光《ひか》りこそ小羊《こひつじ》の灯火《あかり》である。

　この生命《いのち》の小羊《こひつじ》の知性《ちせい》の光明《こうみょう》は宇宙《うちゅう》に遍満《へんまん》する無礙光《むげこう》、無量寿光《むりょうじゅこう》の自覚《じかく》があって、小羊《こひつじ》は宇宙《うちゅう》の光明《こうみょう》を以《もっ》て自《みずか》ら神《かみ》として輝《かがや》き、その経綸《けいりん》を世界《せかい》に施行《せぎょう》する。小羊《こひつじ》が救世主《きゅうせいしゅ》であり、文明創造《ぶんめいそうぞう》の主体《しゅたい》である。但《ただ》し此《こ》の小羊《こひつじ》は彼一人《かれひとり》だけでは救世主《きゅうせいしゅ》としての完全《かんぜん》な機能《きのう》を発揮《はっき》し得《え》ない。小羊《こひつじ》には配偶者《はいぐうしゃ》が必要《ひつよう》である。これを小羊《こひつじ》の花嫁《はなよめ》と云《い》う。花嫁《はなよめ》の名《な》を「生命《いのち》の

城《まち》」と云《い》う。生命《いのち》の城《まち》（エデンの園《その》）は宇宙《うちゅう》の律法《りっぽう》（神《かみ》の掟《おきて》）である。（『言霊百神《げんれいひゃくしん》』新装《しんそう》版《ばん》17頁《ページ》参照《さんしょう》）

中今《なかいま》

時処位《じしょい》の立体的交点《りったいてきこうてん》、時空《じくう》の会合点《かいごうてん》に位《くらい》する微塵《みじん》の肉体《にくたい》を拠点《きょてん》とする光明《こうみょう》の淵源《えんげん》をアと名付《なづ》ける。そのアの光明《こうみょう》に照《て》らされてその姿《すがた》を現《あら》わすところの元《もと》の渾沌宇宙《こんとんうちゅう》のスと、そのスが僅《わず》かに感官感覚《かんかんかんかく》されたウの宇宙《うちゅう》、すなわち光明《こうみょう》アの対象《たいしょう》となる宇宙《うちゅう》をワと名付《なづ》ける。すなわち渾沌《こんとん》である無名宇宙《むめいうちゅう》のスからウが顕出《けんしゅつ》し、ウは光明《こうみょう》の主体《しゅたい》であるアと、光被《こうひ》の客体《きゃくたい》であるワとに剖《わか》れる。此《こ》のウ、ア、ワの始原《しげん》の弁証法的三角形《べんしょうほうてきさんかくけい》の成立《せいりつ》を天地剖判《てんちぼうはん》と云《い》う。「名無《なな》きは、天地《てんち》の始《はじ》めにして、名有《なあ》るは万物《ばんぶつ》の母《はは》なり。」（老子《ろうし》）であって、天地《あめつち》の始《はじ》めに先《ま》ず物事《ものごと》の名《な》が現《あら》われる。天地剖判《てんちぼうはん》と同時《どうじ》にその各部分《かくぶぶん》に夫々初《それぞれはじ》めて名《な》が定《さだ》まり、逆《ぎゃく》にその名《な》を以《もっ》て各部分《かくぶぶん》が呼《よ》ばれる事《こと》となるのである。ウ、ア、ワが言霊《げんれい》の出発《しゅっぱつ》である。言《げん》霊《れい》（名《な》）を用《もち》いずしてこの事《こと》を数《かず》を以《もっ》て説《と》いたのが「一《いち》は二《に》を生《しょう》じ、二《に》は三《さん》を生《しょう》じ、三《さん》は万物《ばんぶつ》を生《しょう》ず。」（老子《ろうし》）であり、概念《がいねん》を以《もっ》て説《と》いたのが「易《えき》に太極《たいきょく》あり、是《こ》れ両儀《りょうぎ》を生《しょう》ず。」（易経《えききょう》）である。古事記《こじき》では天之御中主神《あめのみなかぬしのかみ》（ウ）、高御産巣日神《たかみむすびのかみ》（ア）、神産巣日神《かみむすびのかみ》（ワ）の造化三神《ぞうかさんじん》として象徴的概念的《しょうちょうてきがいねんてき》に説《と》かれて居《い》る。以上《いじょう》を仮《かり》に図示《ずし》すれば次《つぎ》の如《ごと》くに描《えが》かれる。

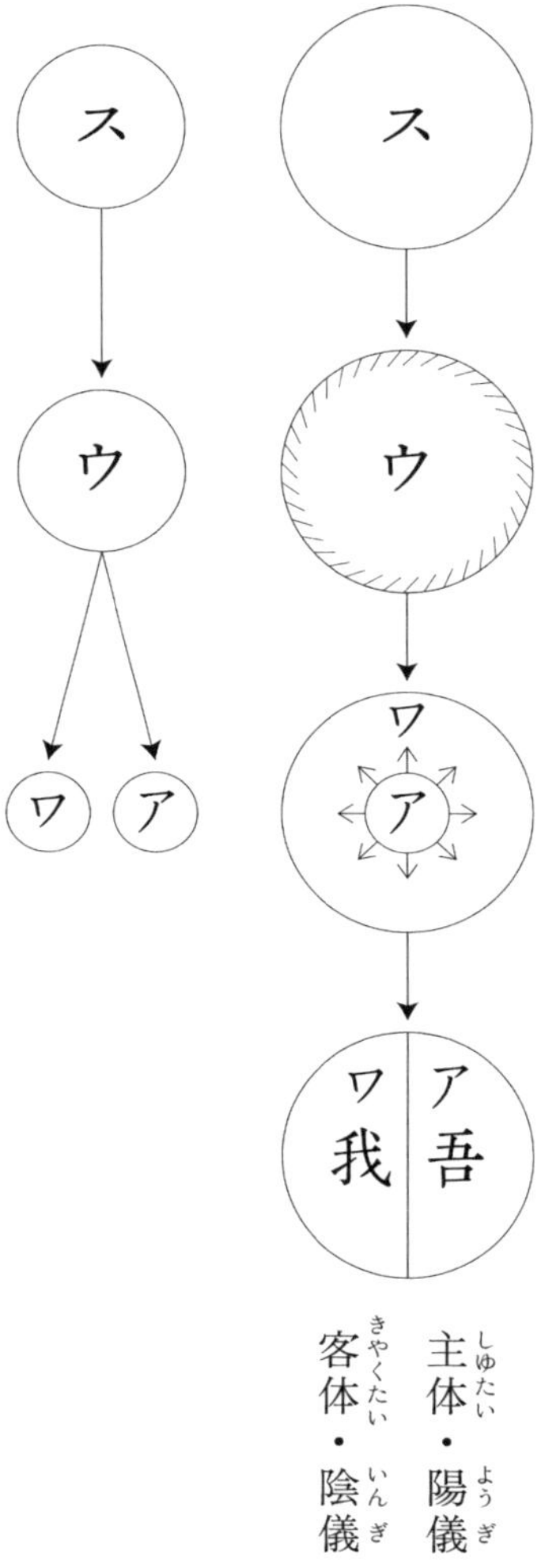

図表-1｜**天地剖判**

此処《ここ》で宇宙《うちゅう》には観《み》る者《もの》アと、観《み》られる者《もの》ワとの二《ふた》つが剖《わか》れて存在《そんざい》する事《こと》となる。易《えき》では前者《ぜんしゃ》を陽儀《ようぎ》、後者《こうしゃ》を陰儀《いんぎ》と云《い》う。主体《サブジエクト》と客体《オブジエクト》である。「陰陽不測《いんようふそく》」の宇宙《うちゅう》（神《かみ》）が初《はじ》めて陰《いん》陽《よう》の両儀《りょうぎ》に剖《わか》れるのである。アは渾沌《こんとん》を判断識別《はんだんしきべつ》して行《い》く認識《にんしき》と創造《そうぞう》の主体《しゅたい》であり、積極能動者《せっきょくのうどうしゃ》である。ワは渾沌《こんとん》から顕出《エマージ》して来《く》る対象《たいしょう》であり、消極受動者《しょうきょくじゅどうしゃ》である。暗黒《あんこく》であり陰《いん》である渾沌《こんとん》を包蔵《ほうぞう》して、能動者《のうどうしゃ》アの創造活動《そうぞうかつどう》に応《おう》じて次第《しだい》にその華麗繊細《かれいせんさい》な内容《ないよう》を顕《けん》現呈露《げんていろ》して来《く》るワ（汝《わ》）を「永遠《えいえん》の女性《じょせい》」（ゲーテ）と云《い》う。このス、ウ、ワの渾沌《こんとん》を永《えい》遠《えん》に追求《ついきゅう》し、その実相《じっそう》を顕現《けんげん》せしめる者《もの》が主体《しゅたい》である男性《だんせい》アである。神道《しんとう》ではワを神産巣《かみむす》日神《びのかみ》、アを高御産巣日神《たかみむすびのかみ》と云《い》う。この両神《りょうしん》はやがて生命《せいめい》の意志活動《いしかつどう》である伊邪那岐神《いざなぎのかみ》（イ・夫《おっと》）伊邪那美神《いざなみのかみ》（ヰ《ゐ》・妻《つま》）である。

この天地宇宙剖判《てんちうちゅうぼうはん》の出発《しゅっぱつ》は常《つね》に必《かなら》ず「中今《なかいま》」の時点質点《じてんしってん》に於《おい》て行《おこな》われ、各人《かくじん》が意識《いしき》するとせざるに拘《かかわ》らず、平常《へいじょう》には意識以前《いしきいぜん》の刹那《せつな》に於《お》ける知性《ちせい》の隠《かく》れたる活動《かつどう》である。易《えき》はこれを「太極《たいきょく》は両儀《りょうぎ》を生《しょう》ず」と云《い》う。宇宙《うちゅう》の初《はじ》めは今此処《いまここ》に有《あ》る。宇宙《うちゅう》は今《いま》、此処《ここ》に於《おい》て絶《た》えず剖判《ぼうはん》しつつある。富士山《ふじさん》は美《うつく》しい、セザンヌの画《え》は華《はな》やかだ、ベートーベンの曲《きょく》は素《す》晴《ば》らしいと認識判断《にんしきはんだん》する営《いとな》みはその都度必《つどかなら》ず実際《じっさい》には始原《しげん》の宇宙剖判《うちゅうぼうはん》のウアワの三位一体《さんみいったい》に帰《かえ》って其処《そこ》から一《ひと》つ一《ひと》つ新《あたら》しく出発《しゅっぱつ》して来《く》る。普通人《ふつうじん》の認識《にんしき》では生命《せいめい》の奥《おく》の絶《た》えざる宇宙剖判《うちゅうぼうはん》の作用《さよう》を無意識《むいしき》の裡《うち》に経過《けいか》して居《い》る。唯物論者《ゆいぶつろんしゃ》はもとより心理学者《しんりがくしゃ》、超心理学者《ちょうしんりがくしゃ》さえもが多《おお》く中今《なかいま》に於《お》て常《つね》に宇宙《うちゅう》が剖判《ぼうはん》しつつある事《こと》を忘却《ぼうきゃく》して居《い》る。政治家《せいじか》や産業人《さんぎょうじん》に於《お》ては猶更《なおさら》の事《こと》である。出発点《しゅっぱつてん》を忘《わす》れると帰趨結論《きすうけつろん》を見出《みいだ》し得《え》ない。思惟《しゆい》が中途《ちゅうと》の仮説《かせつ》、仮定《かてい》、信仰《しんこう》から出発《しゅっぱつ》するからである。実存《じつぞん》はウアワの三位一体《さんみいったい》を根底《こんてい》として中今《なかいま》に明滅《めいめつ》する生命《せいめい》の火花《ひばな》である。火花《ひばな》は中今《なかいま》に発《はっ》して中今《なかいま》に帰《かえ》る。

　ウ、ア、ワの三位一体的出発《さんみいったいてきしゅっぱつ》は必《かなら》ずしも神道独特《しんとうどくとく》のものではない。仏教《ぶっきょう》にもキリスト教《きょう》にも儒教《じゅきょう》にも回教《かいきょう》にも、そして体系《たいけい》を組立《くみた》てようとするすべての哲学《てつがく》に共通《きょうつう》する宇宙生命《うちゅうせいめい》の取《と》り扱《あつか》い方《かた》の最初《さいしょ》の原理《げんり》である。この第一《だいいち》の最初《さいしょ》の原理《げんり》がはっきりして居《い》ないと、思惟《しゆい》に概念《がいねん》や表象《ひょうしょう》の糟《かす》がこびり付《つ》いて居《い》て、明白《めいはく》な結論《けつろん》を出《だ》すことが不可能《ふかのう》な中途半端《ちゅうとはんぱ》なものに終《お》わる。マルクス、エンゲルスの哲学《てつがく》も、フロイトからユングに至《いた》る心理学《しんりがく》も途中《とちゅう》から出《で》て途中《とちゅう》で止《とど》まって居《い》る。ウ、ア、ワから出《で》て元《もと》のウ、ア、ワに帰《かえ》る循環《じゅんかん》の道《みち》が生命《いのち》の道《みち》

（ロゴス）の最《もつと》も始原《しげん》の姿《すがた》である。

実在五母音の顕現《じつざいごぼいんのけんげん》

「人間《にんげん》はか弱《よわ》い葦《あし》である。しかし、それは考える葦《かんがあし》である。」（パスカル）イエスが塵《ちり》であると説《と》いた微塵《みじん》は然《しか》し生命《せいめい》を今此処《いまここ》（中今《なかいま》）に宿《やど》して居《い》る質点《しってん》である。この中今《なかいま》の質点《しってん》は永劫《えいごう》に中今《なかいま》を保《たも》ったまま絶《た》えずオシレートして居《い》る。そのオシレーションの経過《けいか》を過去《かこ》に向《むか》って反省《はんせい》Nachdenken《ナーハデンケン》するとき経験的知識《けいけんてきちしき》が浮《うか》び出《で》る。この経験知《けいけんち》を言霊《げんれい》オ（ヲ）（緒《を》、生命《せいめい》の玉《たま》の緒《を》）と名《な》づける。経験知《けいけんち》とは歴史《れきし》であり、科学《かがく》でもある。

「牛《うし》が窓《まど》を横切《よこぎ》って行《い》く。何故《なぜ》にその尻尾《しっぽ》だけが何時《いつ》までも過《す》ぎ去《さ》らぬのか」と無門関《むもんかん》は質問《しつもん》を投《な》げかける。その今見《いまみ》えている尾《お》（オ）を捕《とら》えて引《ひ》き戻《もど》すと元《もと》の牛全体《うしぜんたい》がフィルムを逆転《ぎゃくてん》する様《よう》に帰《かえ》って来《く》る。これが言霊《げんれい》オの功能《くのう》である。だが帰《かえ》って来《き》た牛《うし》は実際《じっさい》ではなく観念《かんねん》であり映像《えいぞう》である。歴史《れきし》は中今《なかいま》に残《のこ》って居《い》るオ（尾《お》）を手繰《たぐ》って過去《かこ》の表象《ひょうしょう》を再現《さいげん》する。今日迄《こんにちまで》の歴史観《れきしかん》では過去《かこ》の経験《けいけん》の積重《つみかさ》なりが今《いま》であると考《かんが》えるが、実存《じつぞん》するものは中今《なかいま》であって、過去《かこ》は其処《そこ》から省《かえり》みられた観念《かんねん》である。実存《じつぞん》である中今《なかいま》の内容《ないよう》を後《うし》ろに引《ひ》き伸《の》ばしたものが歴史《れきし》である。中今《なかいま》は過去《かこ》のすべてを包蔵《ほうぞう》し、過去《かこ》は中今《なかいま》を拠点《きよてん》として始《はじ》まる。

過去《かこ》のすべては自覚無自覚《じかくむじかく》、意識無意識《いしきむいしき》を問《と》わず中今《なかいま》の生命《せいめい》の中《なか》に包蔵《ほうぞう》されて存在《そんざい》して居《い》る。中今《なかいま》のうちに過去《かこ》のすべてが記憶《きおく》されている。この記憶《きおく》を呼《よ》び戻《もど》せば千年前《せんねんまえ》、五千《ごせん》年昔《ねんむかし》の歴史《れきし》が帰《かえ》って来《く》る。この文字《もじ》を以《もっ》てせざる記憶《きおく》を acassic《アカシック》（aquarian《アクエリアン》）record《レコード》（閼伽《あか》宮歴史《みやれきし》）と云《い》う。一度世界《いちどせかい》に起《お》こった事《こと》は中今《なかいま》の生命《せいめい》に刻《きざ》み込《こ》まれて消《き》える事《こと》がない。アカ（閼伽《あか》）は五行《ごぎょう》、五大《ごだい》の「水《すい》」の義《ぎ》で、五母音《ごぼいん》のオ言霊《げんれい》に当《あた》る。若《も》しこの時中今《ときなかいま》の活動《かつどう》が過去《かこ》の部分的《ぶぶんてき》な、特殊《とくしゅ》の経験《けいけん》や、知識学説《ちしきがくせつ》や、習癖信仰等《しゅうへきしんこうなど》に拘束制約《こうそくせいやく》されて、言霊《げんれい》オの全面的《ぜんめんてき》な透徹《とうてつ》した自由《じゆう》な活動《かつどう》が不可能《ふかのう》になって居《い》る状態《じょうたい》を業《ごう》（カルマ）の催《もよお》しと云《い》う。業《ごう》（宿業《しゅくごう》）は部分的《ぶぶんてき》にしか働《はたら》かないオ言霊《げんれい》の桎梏《しっこく》であり霊紜《れいうん》である。

生命《せいめい》の創造活動《そうぞうかつどう》は更《さら》にいま一《ひと》つ中今《なかいま》から出発《しゅっぱつ》して未来《みらい》に向《むか》って思惟《しゆい》の触手《しょくしゅ》を伸《の》ばす。未《み》来《らい》に対《たい》して予想《よそう》し計画《けいかく》し命令《めいれい》し軌範《きはん》を樹《た》てる。「べし」を自己《じこ》と世界《せかい》に向《むか》って規定《きてい》する。この軌範《きはん》の権能《けんのう》を言霊《げんれい》エ（慧《え》）と云《い》う。この時《とき》、軌範《きはん》を設定《せってい》する材料《ざいりょう》となるものは、今日迄《こんにちまで》の哲学《てつがく》、宗教《しゅうきょう》の範囲内《はんいない》では過去《かこ》の経験的知識《けいけんてきちしき》オである。オの材料《ざいりょう》から「べし」を取捨選択《しゅしゃせんたく》して行《い》くからエは選《え》の義《ぎ》である。人類《じんるい》はみずから軌範《きはん》を樹立《じゅりつ》し、未来《みらい》を開拓《かいたく》し、文明《ぶんめい》を創《そう》造《ぞう》して行《い》く。エはDahrma《ダルマ》（法《ほう》）である。カントはオを純粋理性《じゅんすいりせい》reinen Vernunft《ライネン　フエアヌンフト》、エを実《じつ》践理性《せんりせい》praktischen Vernunft《プラクテイツシエン　フエアヌンフト》（kategorischer Imperativ《カテゴーリッシヤー　イムペラテイーフ》）と称《しょう》した。オ、エは人間《にんげん》の知性《ちせい》の左《さ》右両翼《ゆうりょうよく》である。軌範《きはん》の樹立施行者《じゅりつせぎょうしゃ》をImperator《インペラトル》（emperor《エンペラ》）と云《い》う。即《すなわ》ち転輪聖王《てんりんじょうおう》である。但《ただ》し転輪聖王《てんりんじょうおう》（仏陀《ぶつだ》）の場合《ばあい》は材料《ざいりょう》としてのオの内容《ないよう》も、選択方法《せんたくほうほう》としてのエの活用《かつよう》も精《せい》錬《れん》された種智布斗麻邇《しゅちふとまに》によって更《さら》に整理浄化《せいりじょうか》すなわち「禊祓《みそぎはらひ》」されるから、その経営《けいえい》、経《けい》綸《りん》、転輪《てんりん》に誤《あやま》りなきを期《き》する事《こと》が出来《でき》る。（後段《こうだん》「禊祓《みそぎはらひ》」参照《さんしょう》）

斯《か》くして以上《いじょう》の順序《じゅんじょ》で創造《そうぞう》の主体側《しゅたいがわ》にウアオエの四《よっ》つの知慧《ちえ》である権能《けんのう》が出揃《でそろ》い、これ

図表-2｜**過現未**

に呼応《こおう》するものとして客体側《きゃくたいがわ》にウワヲヱ《をゑ》の四知識《しちしき》の内容《ないよう》がやがて確立《かくりつ》する事《こと》となる。易《えき》ではこの四個《よんこ》の権能《けんのう》を四象《ししょう》と云《い》う。仏教《ぶっきょう》では四智《しち》、四天王《してんのう》、四護世《しごせい》と云《い》う。

だが以上《いじょう》の四功能《しこうのう》、四権能《しけんのう》までの所《ところ》ではこの様《よう》な創造《そうぞう》の権能《けんのう》が人間《にんげん》に内在《ないざい》する事《こと》が判《わか》ったまでの事《こと》であって、此《こ》の宇宙《うちゅう》に心象《しんしょう》、物象《ぶっしょう》を現出《げんしゅつ》し、世界《せかい》に文明《ぶんめい》を創造《そうぞう》する生命意志《せいめいいし》の活動《かつどう》は以上《いじょう》の四段階《よんだんかい》が出揃《でそろ》った後《あと》の第五《だいご》のイ、ヰ《ゐ》の段階《だんかい》に於《おい》て初《はじ》めてその作用《さよう》を現《あら》わして来《く》る。アオウエの主体側《しゅたいがわ》に在《あ》って万象《ばんしょう》を意識《いしき》し認識《にんしき》し創造《そうぞう》する能動的《のうどうてき》意志活動《いしかつどう》をイ（伊邪那岐《いざなぎ》）と云《い》う。そのイの創造的呼《そうぞうてきよ》びかけに応《おう》じて、ワヲ《を》ウヱ《ゑ》の客体側《きゃくたいがわ》に於《おい》て自《みずか》らの姿《すがた》を現《あら》わすところの被意識体《ひいしきたい》、被認識体《ひにんしきたい》、被創造体《ひそうぞうたい》が本具《ほんぐ》する因《いん》子《し》をヰ《ゐ》（伊邪那美《いざなみ》）と云《い》う。主体側《しゅたいがわ》のイは霊波《れいは》、思念波《しねんは》であり、客体側《きやくたいがわ》のヰ《ゐ》は電波《でんぱ》、放射線《ほうしやせん》と考《かんが》えてもよい。この二《ふた》つの波動《はどう》を十六名気《いざなぎ》（霊魂《れいこん》）、十六名波《いざなみ》（物質《ぶつしつ》、物体《ぶつたい》）と云《い》う。

斯《か》くして生命《せいめい》の実在《じつざい》としての権能《けんのう》は主体側《しゆたいがわ》ではアオウエイであり、客体側《きやくたいがわ》ではワヲ《を》ウヱ《ゑ》ヰ《ゐ》であり、各々《おのおの》五《いつ》つづつである。イとヰ《ゐ》である心霊《しんれい》と物体《ぶつたい》、陰《いん》と陽《よう》、雌雄《しゆう》、主客両実在《しゆきやくりようじつざい》が各々他《おのおのた》の四《よつ》つ（アオウエ、ワヲ《を》ウヱ《ゑ》）の権能《けんのう》を率《ひき》いて感応同交《かんのうどうこう》synchronize《シンクロナイズ》することによって、宇宙《うちゆう》の森羅万象《しんらばんしよう》が第三《だいさん》の子《こ》として生《う》まれて来《く》る。この五対五《ごたいご》すなわち十以外《じゆういがい》には宇宙《うちゆう》に生命《せいめい》の権能《けんのう》は存在《そんざい》しない。

然《しか》らばこの五《ご》と五同志《ごどうし》の実在《じつざい》がどうして感応同交《かんのうどうこう》するか、それは主体側《しゆたいがわ》に生命意志《せいめいいし》が発《はつ》現《げん》するための基本的《きほんてき》な律動《リズム》が本具《ほんぐ》され、客体側《きやくたいがわ》にも主体客体《しゆたいきやくたい》が誘《いざな》い合《あ》って現象《げんしよう》となって現《あら》われる基本《きほん》の律動《リズム》が存在《そんざい》するからであって、この双方《そうほう》の律動《リズム》がシンクロナイズする時《とき》、心象《しんしよう》として物象《ぶつしよう》として森羅万象《しんらばんしよう》が現前《げんぜん》するのである。この主体客体《しゆたいきやくたい》の双方《そうほう》が本具《ほんぐ》して居《い》る宇宙《うちゆう》の生命乃至物象《せいめいないしぶつしよう》の基本的《きほんてき》な律動《リズム》を父韻《ふいん》「チイキミヒリシニ」と云《い》う。

アオウエイを母音《ぼいん》、ワヲ《を》ウヱ《ゑ》ヰ《ゐ》を半母音《はんぼいん》と云《い》う。宇宙《うちゅう》を主客《しゅきゃく》として二分《にぶん》する陰陽両儀《いんようりょうぎ》の内容《ないよう》は四千年前《よんせんねんまえ》既《すで》に普《あまね》く世界人類《せかいじんるい》に識《し》られて居《い》た。創世記《そうせいき》にはエデンの園《その》の両端《りょうたん》に生命《いのち》の樹《き》、知識《ちしき》の樹《き》が相対《あいたい》して樹《た》って居《い》る。エジプトのオベリスクは必《かなら》ず雌雄《しゆう》が並《なら》んで居《い》た。仏《ぶっ》陀《だ》の住《す》まう祇園精舎《ぎおんしょうじゃ》の庭《にわ》に沙羅双樹《さらそうじゅ》があった。

この母音半母音《ぼいんはんぼいん》を合《あわ》せて一本《いっぽん》の樹《き》に象徴《しょうちょう》したものが印度《いんど》、秦《しん》、日本等《にほんなど》に存《そん》するパゴダ（五重塔《ごじゅうのとう》）である。同《おな》じ意味《いみ》の象徴《しょうちょう》で規模《きぼ》の大《おお》きいものはエジプトのピラミッドであり、マヤのジグラートである。また北欧《ほくおう》のイグドラジルの樹《き》でもある。何《いず》れも五重《ごじゅう》、五段《ごだん》の形態《けいたい》に作《つく》られる。東洋哲学《とうようてつがく》ではこの五段階《ごだんかい》を風水空火地《アオウエイ》（五大《ごだい》・印度《いんど》）木水金火土《アオウエイ》（五行《ごぎょう》・中華《ちゅうか》）と云《い》う。更《さら》に印度哲学《いんどてつがく》では Brahmā《ブラフマー》（ウ）、karma《カルマ》（オ）、Ātman《アートマン》（ア）、Dharma《ダルマ》（エ）、Prāna《プラーナ》（イ）と云《い》う。

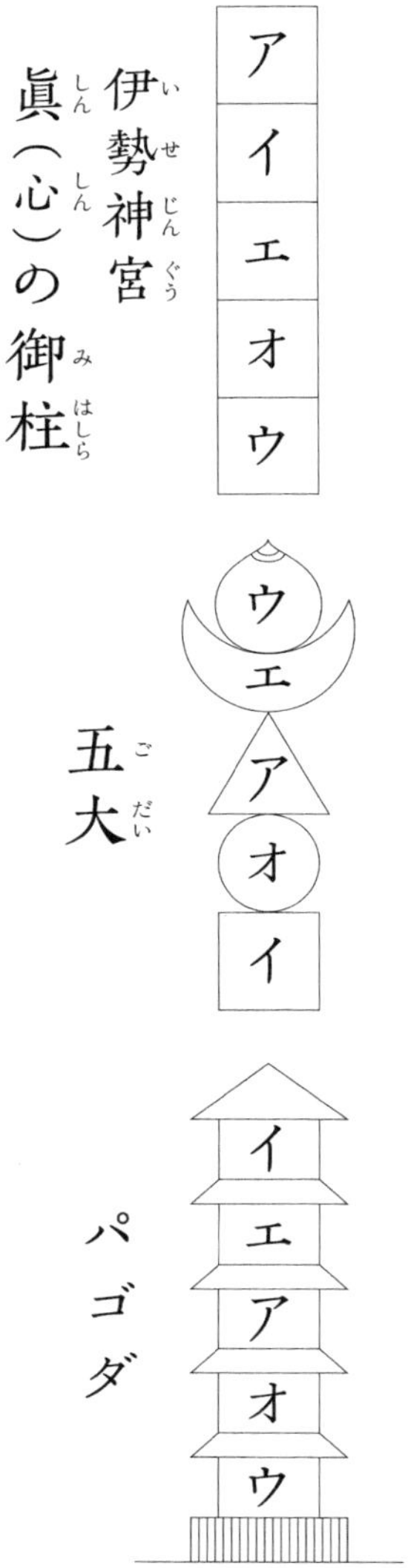

図表-3｜**五母音の象徴**

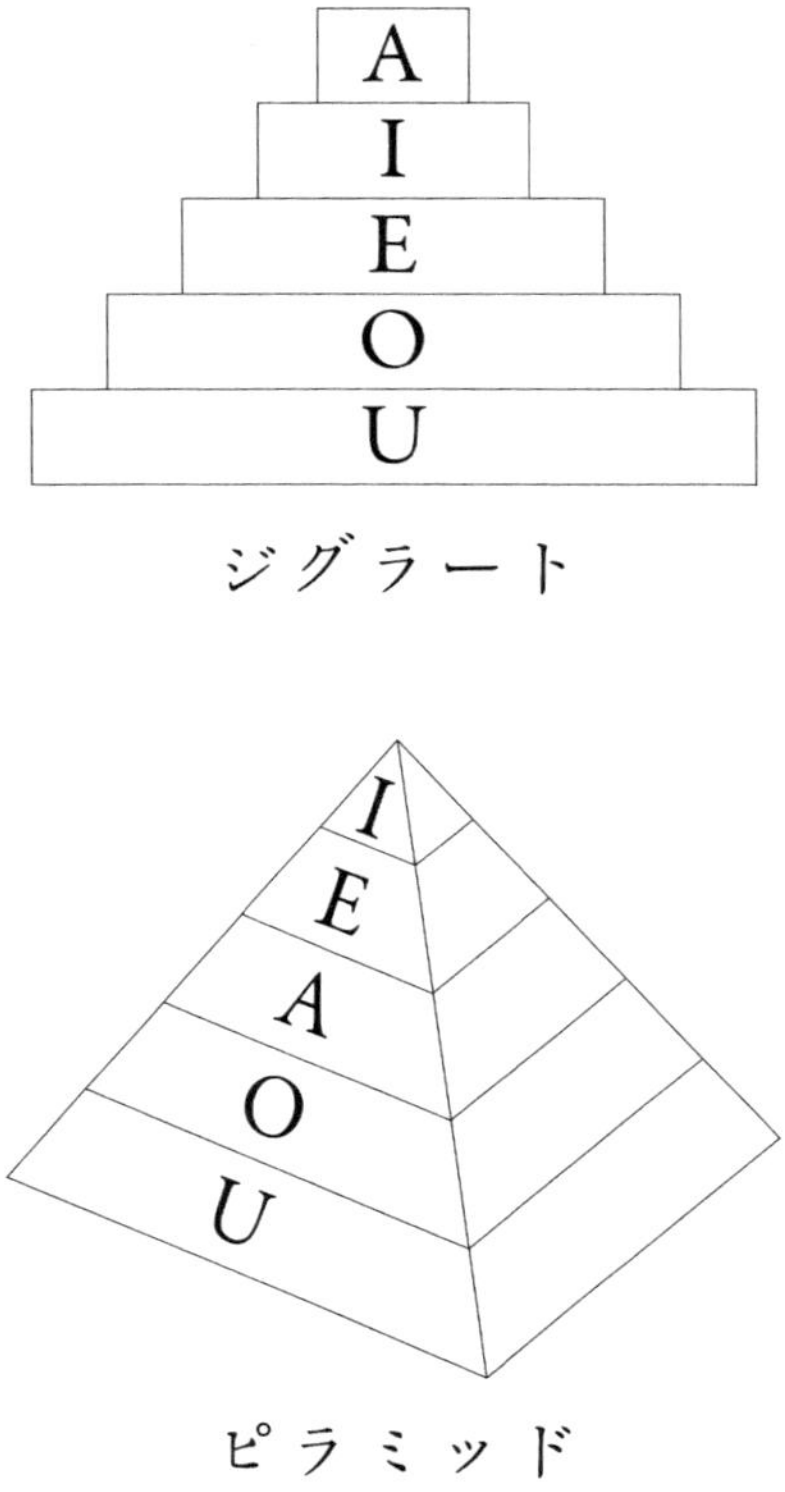

図表-4｜**ジグラートとピラミッド**

渾沌宇宙《こんとんうちゅう》（ス・ウ）がア・ワと剖判《ぼうはん》すると須臾《しゅゆ》にしてアオウエイ五個《ごこ》の生命《せいめい》の権能《けんのう》が現《あら》われる。この五《いつ》つの権能《けんのう》は同等《どうとう》の価値《かち》を持《も》つものではなく、また空間的《くうかんてき》な高低《こうてい》を示《しめ》すものではない。イエアオウの順序《じゅんじょ》に於《おい》て次元的《じげんてき》な価値《かち》の段階《だんかい》を示《しめ》している。魂《たましい》の修練《しゅうれん》の上《うえ》から説《と》くとウの次元《じげん》を組織《そしき》してオの次元《じげん》の人《ひと》となる。オの次元《じげん》を解説《かいせつ》してアの次元《じげん》に登《のぼ》る。エもイも同様《どうよう》である。

イエアオウは宇宙全体《うちゅうぜんたい》の同一時間空間《どういつじかんくうかん》の範囲《はんい》を夫々《それぞれ》の次元《じげん》として占有《せんゆう》して居《い》て、決《けっ》して他《た》の次元《じげん》と混同《こんどう》する事《こと》がない。ウ次元《じげん》のバラバラな感覚《かんかく》を以《もっ》てオ次元《じげん》の組織《そしき》された学問知《がくもんち》識《しき》の批判《ひはん》は出来《でき》ない。オの抽象的《ちゅうしょうてき》な学識《がくしき》を以《もっ》てア次元《じげん》の鋭敏正確《えいびんせいかく》な宗教的《しゅうきょうてき》、芸術的《げいじゅつてき》な直観《ちょっかん》認識《にんしき》に伍《ご》することは不可能《ふかのう》である。アの主観的《しゅかんてき》な直観《ちょっかん》のみを以《もっ》てエ次元《じげん》の普通的《ふつうてき》な当為《とうい》軌範《はん》を破《やぶ》ることは無理《むり》である。そしてウオアエの賢《さか》しらな四智《しち》を以《もっ》て最高《さいこう》のイ次元《じげん》の生命意《せいめいい》志《し》の公理《こうり》（律法《りっぽう》・law《ロウ》）を覆《くつが》えすわけには行《い》かない。「天地《てんち》の過《す》ぎ往《ゆ》かぬうちに、律法《おきて》の一《いっ》点《てん》、一画《いっかく》も廢《すた》ることなく、ことごとく全《まった》うせらるべし。」（新約《しんやく》マタイ伝第五章《でんだいごしょう》）と云《い》われる。宇宙生命《うちゅうせいめい》と人間社会《にんげんしゃかい》とは以上《いじょう》の如《ごと》く五《いつ》つの次元的段階《じげんてきだんかい》の重畳《ちょうじょう》として組織《そしき》されている。

然《しか》らばこのイエアオウは実際《じっさい》に何処《どこ》に如何《どう》存在《そんざい》して居《い》るかと問《と》うならば、試《こころ》みに青空《あおぞら》の下諸君《もとしょくん》の庭園《ていえん》や玄関先《げんかんさき》でも或《ある》いは道路《どうろ》の交差点《こうさてん》でも何処《どこ》ででも、五秒間直立不動《ごびょうかんちょくりつふどう》で居《い》るがよい。其処《そこ》に立《た》って居《い》る吾《あ》がすなわちアイエオウであり、生命《いのち》の樹《き》であり、パゴダ、ピラミッド、ジグラートである。然《さ》も生《い》けるピラミッド、生命《いのち》の樹《き》そのものである。これを「立禅《りつぜん》」と云《い》う。即《すなわ》ち人間《にんげん》吾《あ》はアイエオウの生命主体《せいめいしゅたい》の五権能《ごけんのう》を内包《ないほう》し活用《かつよう》している宇宙《うちゅう》の神《かみ》そのものである。ギザの大《だい》ピラミッドの前《まえ》にはスフィンクスが踞《つくば》って居《い》て、訪《たず》ねて来《く》るエディプス（オイディプス）に問《と》いかける。「人間《にんげん》とは何《なに》か?・」。その答《こた》えは後《うしろ》に聳《そび》えるピラミッドである。（『言霊百神《げんれいひゃくしん》』新装版《しんそうばん》22～27頁参照《ページさんしょう》）

現《げん》象《しょう》の原《げん》律《りつ》、八《はち》父《ふ》韻《いん》

主体《しゅたい》としては心象《しんしょう》、客体《きゃくたい》としては現象《げんしょう》である森羅万象《しんらばんしょう》はアとワ、すなわちイとヰ《ゐ》の霊波《れいは》、電波《でんぱ》の交流《こうりゅう》、感応同交《シンクロニゼーション》によって顕現《けんげん》する。主体《しゅたい》の知的活動《ちてきかつどう》と客体《きゃくたい》の物的波動《ぶってきはどう》とがぴったりと同調《どうちょう》した時物事《ときものごと》の象《しょう》が現前《げんぜん》する。勝《すぐ》れた画家《がか》、音楽家《おんがくか》、詩人《しじん》は主客《しゅきゃく》の同調《どうちょう》を正確《せいかく》に捕《とら》えて、これを微妙《びみょう》に表現《ひょうげん》する道《みち》を修練《しゅうれん》して居《い》る。「閑《しず》かさや岩《いわ》にしみ入《い》る蝉《せみ》の声《こえ》」（芭蕉《ばしょう》）。自《じ》己《こ》と境《さかい》（客体《きゃくたい》）がぴたりと一致《いっち》して居《い》る。これを宗教者《しゅうきょうしゃ》や哲学者《てつがくしゃ》が取《と》り扱《あつか》う時真理《ときしんり》の部分《ぶぶん》部分《ぶぶん》が示《しめ》される。

アとワ、イとヰ《ゐ》が感応同交《かんのうどうこう》して現象《げんしょう》を生《しょう》じる状《さま》を古神道《こしんとう》では男女《だんじょ》が結婚《けっこん》して子《こ》を産《う》むことに譬《たと》えて説《と》いて居《い》る。森羅万象《しんらばんしょう》は主客《しゅきゃく》、陰陽《いんよう》の間《あいだ》に生《しょう》じる子《こ》である。すべて神《かみ》の子《こ》、宇宙《うちゅう》の子《こ》である。観《み》る主体《しゅたい》と観《み》られる客体《きゃくたい》が正確《せいかく》に一致《いっち》した現象《げんしょう》を「実相《じっそう》」と云《い》う。これを訳《やく》せば real《リアル》 reality《リアリテイ》 , true《トウルー》 of《オブ》 reality《リアリテイ》 , pure《ピュア》 experience《エクスペリエンス》（William《ウイリアム》. James《ジエームズ》）である。眼《め》を閉《と》じて考《かんが》えた観念《かんねん》と、眼《め》を開《ひら》いて見《み》た象《すがた》とが一致《いっち》する時《とき》、言霊《げんれい》アの実相世界《じっそうせかい》の純粋境域《じゅんすいきょういき》である。

この時《とき》主体《しゅたい》アイがなければ客体《きゃくたい》ワヰ《ゐ》は無《な》い。無《な》いのではないが有《あ》るか無《な》いか判《わか》らない。逆《ぎゃく》に客体《きゃくたい》ワヰ《ゐ》がなければ主体《しゅたい》アイは孤立《こりつ》する。吾《あ》があるから汝《な》があり、汝《な》があるから吾《あ》がある。吾《あ》がなければ汝《な》は現象《げんしょう》せず、汝《な》がなければ吾《あ》は係《かか》る所《ところ》なき空《くう》である。敵《てき》（汝《な》）があるから味方《みかた》（吾《あ》）がある。「不倶戴天《ふぐたいてん》の敵《てき》」と云《い》うが、それはこよなく深《ふか》い縁《えん》である。「汝《なんぢ》の敵《てき》を愛《あい》せよ」（イエス）とは至言《しげん》である。「一《いち》は二《に》を生《しょう》じ、二《に》は三《さん》を生《しょう》じ、三《さん》は万物《ばんぶつ》を生《しょう》ず。」（老子《ろうし》）。二《に》であるワとアの感応同交《かんのうどうこう》によって元《もと》の一《いち》である宇宙《うちゅう》の中《なか》に第三《だいさん》のものとして現象《げんしょう》、森羅万象《しんらばんしょう》が生《しょう》ずる。

然《しか》し交流《こうりゅう》、感応同交《かんのうどうこう》と云《い》ってもアイエオウ（母音《ぼいん》）とワヰ《ゐ》ヱ《ゑ》ヲ《を》ウ（半母音《はんぼいん》）、主体《しゅたい》と客体《きゃくたい》が二本《にほん》の棒《ぼう》を針金《はりがね》でしばるようにいきなり直接結《ちょくせつむす》び付《つ》くわけではない。主体《しゅたい》から放射《ほうしゃ》される魂《たましい》の振動《しんどう》と客体《きゃくたい》から流《なが》れる物質的振動《ぶっしつてきしんどう》が交流《こうりゅう》するのである。精《くわ》しく言《い》えばアが発揮《はっき》する振動《しんどう》とワが発揮《はっき》する振動《しんどう》と、やがて更《さら》にオとヲ《を》、エとヱ《ゑ》、ウとウの振動《しんどう》が、そして宇宙生命《うちゆうせいめい》の全局《ぜんきよく》から言《い》う時《とき》イと井《ゐ》の振動《しんどう》が同調《どうちよう》する。アオウエイ側《がわ》の主体《しゆたい》の振動《しんどう》は人類生《じんるいせい》命固有《めいこゆう》の振動《しんどう》であり、ワヲ《を》ウヱ《ゑ》井《ゐ》側《がわ》の客体《きやくたい》の振動《しんどう》は大宇宙自然界固有《だいうちゆうしぜんかいこゆう》の振動《しんどう》である。人類《じんるい》は宇宙《うちゆう》の子《こ》であるから宇宙《うちゆう》の振動律《しんどうりつ》をそのまま心魂《しんこん》の振動律《しんどうりつ》として持《も》って生《う》まれて居《い》る。自《じ》分個人《ぶんこじん》の心《こころ》の動《うご》きではなくて、宇宙《うちゆう》の心《こころ》の動《うご》きである。宇宙《うちゆう》の子《こ》であるから同《おな》じ宇宙大自《うちゆうだいし》然《ぜん》の振動《しんどう》に当然《とうぜん》シンクロナイズする。

此処《ここ》で注意《ちゆうい》すべき事《こと》はアオウエイもワヲ《を》ウヱ《ゑ》井《ゐ》も宇宙《うちゆう》の実在《じつざい》であるから、それ自体《じたい》は動《うご》かない事《こと》である。動《うご》かぬと云《い》う事《こと》はそれ自身《じしん》では現象《げんしよう》を持《も》たぬと云《い》う事《こと》であって、アオウエイ（ワヲ《を》ウヱ《ゑ》井《ゐ》）は見《み》る事《こと》も聞《き》く事《こと》も触《ふ》れる事《こと》も出来《でき》ない。「真身《しんしん》は表象《ひようしよう》を絶《ぜつ》すれども雲霞《うんか》画《えが》き出《いだ》す補陀山《ふださん》」（浅草寺《せんそうじ》）と云《い》われる。然《しか》し実在《じつざい》であるから厳存《げんそん》する。仏教《ぶつきよう》で云《い》うなら衆生《しゆじよう》（ウ）・声聞《しようもん》（オ）・縁覚《えんがく》（ア）・菩薩《ぼさつ》（エ）・仏陀《ぶつだ》（イ）の五乗《ごじよう》は実在《じつざい》であって、それ自体《じたい》では相《そう》（象《しよう》）を現《あら》わす事《こと》がない。古神道《こしんとう》ではこの五《いつ》つ（十《じゆう》）の実在《じつざい》を「隠《かく》り神《かみ》」と云《い》う。またそれ自体動《じたいうご》くことがないからこの五《ご》を不動明王《ふどうみようおう》とも云《い》う、「五行不動《ごぎようふどう》」と云《い》う。青《あお》・黒《くろ》・白《しろ》・赤《あか》・黄《き》の五色《ごしよく》に明王《みようおう》の像《ぞう》が作《つく》られる。動《うご》くものは明王《みようおう》が背負《せお》っている火焔《かえん》であり、光《ひかり》、振動《しんどう》であって、明王自身《みょうおうじしん》は不動《ふどう》の実在《じつざい》である。これは現象以前《げんしょういぜん》の実在《じつざい》であるから、これを識《し》る道《みち》、表《あら》わす道《みち》は抽象的概念以外《ちゅうしょうてきがいねんいがい》にはない。母音《ぼいん》と半母音《はんぼいん》、主体《しゅたい》と客体《きゃくたい》を結《むす》び付《つ》けて現象《げんしょう》を生《しょう》ぜしめる媒体《ばいたい》は両者《りょうしゃ》が発揮《はっき》する振動《しんどう》であって、双方《そうほう》の振動《しんどう》がシンクロナイズするのである。その振動《しんどう》は主体《しゅたい》と客体《きゃくたい》を連鎖《れんさ》する意志《いし》、知性《ちせい》、感情《かんじょう》の「通《かよ》い道《みち》」である。その通《かよ》い道《みち》が父韻《ふいん》である。

客体《きゃくたい》が宇宙大自然《うちゅうだいしぜん》ではなく、同《おな》じく人間《にんげん》である場合《ばあい》に於《おい》ては双方共《そうほうとも》が宇宙《うちゅう》の子《こ》すなわち小宇宙《ミクロコスモス》であるから感応同交《かんのうどうこう》が可能《かのう》である事《こと》は当然《とうぜん》である。その卑近《ひきん》な例《れい》は男女《だんじょ》の恋愛《れんあい》である。宗教的《しゅうきょうてき》には「拈華微笑《ねんげみしょう》」や「唯仏与仏《ゆいぶつよぶつ》、乃能究尽《ないのうくじん》、諸法実相《しょほうじっそう》」（方便品《ほうべんぼん》）と云《い》う様《よう》な場合《ばあい》がその典型的《てんけいてき》な例《れい》である。この時前述《ときぜんじゅつ》した如《ごと》く感応同交《かんのうどうこう》が成立《せいりつ》するのは両者《りょうしゃ》が位《くらい》するアイエオウの同位次元段階《どういじげんだんかい》に於《おい》てである事《こと》を要《よう》する。ウの酔漢同志《すいかんどうし》が腕《うで》を組《く》んで歌《うた》い乍《なが》ら楽《たの》しげに夜《よる》の町《まち》を行《い》く。ウとオ、ウとア、アとエ、エとイ。オとア、オとエ、オとイ。アとエ、エとイのように次元段階《じげんだんかい》が齟齬《そご》するとき同調《どうちょう》は望《のぞ》み得《え》ない。然《しか》しこの時高《ときたか》い次元者《じげんしゃ》は相手《あいて》の低《ひく》い次元《じげん》まで降《お》りて行《い》ってその心《こころ》を汲《く》むことが出来《でき》る。帝尭《ていぎょう》は微服《びふく》して通衢《つうく》に立《た》って老人《ろうじん》の鼓腹撃攘《こふくげきじょう》の歌《うた》を聞《き》いた。

だが低《ひく》い次元《じげん》の者《もの》はより高《たか》い次元《じげん》に居《い》る者《もの》の感得《かんとく》する所《ところ》に同調《どうちょう》し得《え》ない。同調《どうちょう》し得《え》た如《ごと》く感《かん》ぜられても漠然《ばくぜん》たる所《ところ》が残《のこ》る。また勝《すぐ》れた音楽《おんがく》を聞《き》き、或《ある》いは高遠《こうえん》の説法《せっぽう》に接《せっ》する時《とき》それに恍惚陶酔《こうこつとうすい》して居《い》る間《あいだ》は一時的《いちじてき》には同調《どうちょう》が可能《かのう》である。然《しか》しその時間《じかん》が終《お》わるとまた元《もと》の自己《じこ》の次元境涯《じげんきょうがい》に戻《もど》ってしまう。これを幻滅《げんめつ》とも云《い》う。「元《もと》の木阿弥《もくあみ》」に帰《かえ》ると云《い》う。釈尊《しゃくそん》が阿弥陀経《あみだきょう》の説法《せっぽう》を終《お》わった時《とき》、聴衆《ちょうじゅ》は「歓喜信受《かんぎしんじゅ》、作礼爾去《さらいにこ》。」と記《しる》されてあるが、法華経《ほけきょう》の説法《せっぽう》の時《とき》のように「皆発無等等《かいほつむとうどう》。阿耨多羅三藐三菩提心《あのくたらさんみゃくさんぼだいしん》。」（観世音菩薩普門品《かんぜおんぼさつふもんぼん》）とは書《か》かれて居《い》ない。前者《ぜんしゃ》の聴衆《ちょうじゅ》は声聞縁覚《しょうもんえんがく》であり、後者《こうしゃ》は菩薩《ぼさつ》である。

人生《じんせい》は登山《とざん》に譬《たと》えられる。その頂《いただき》への路《みち》の順序《じゅんじょ》はウオアエイである。自分《じぶん》より高《たか》い芸術《げいじゅつ》、境涯《きょうがい》に接《せっ》する事《こと》があったら一時《いちじ》の感激《かんげき》に終《お》わらず、それに等《ひと》しかろうと自《みずか》らも山《やま》へ登《のぼ》って行《い》く事《こと》だ。馬太伝《マタイでん》を読《よ》んでイエスが神《かみ》の子《こ》である事《こと》を知《し》っても、初《はじ》めのうちはそれは単《たん》なる知識《ちしき》であり憧憬《どうけい》である。「イエスが神《かみ》の子《こ》である事《こと》を汝自《なんぢみずか》ら証明《あかし》せよ」。キリスト教全体《きょうぜんたい》を此《こ》の一個《いっこ》の禅《ぜん》の公案《こうあん》と考《かんが》えてよい。イエスを証明《しょうめい》する為《ため》には汝自《なんぢみずか》らがイエスの住《す》む境涯《きょうがい》に達《たつ》しなければならぬ。一粒《ひとつぶ》の豆《まめ》が豆《まめ》である事《こと》を具体的《ぐたいてき》に証明《しょうめい》するものは他《た》の一粒《ひとつぶ》の豆《まめ》である。「己《おのれ》をすて、己《おの》が十字架《じふじか》を負《お》ひて、我《われ》に従《したが》へ。」（新約《しんやく》マタイ伝第十六章《でんだいじゅうろくしょう》）。十二使徒《じゅうにしと》はイエスの言葉通《ことばとお》り十字架《じゅうじか》を負《お》った人々《ひとびと》であった。神《かみ》の子《こ》の証明自覚《しょうめいじかく》がみずからに樹《た》たぬ限《かぎ》り、それはまだキリスト信者《しんじゃ》、憧憬者《どうけいしゃ》、研究者《けんきゅうしゃ》に過《す》ぎない。

宇宙《うちゅう》と生命《せいめい》が同調《どうちょう》して現象《げんしょう》を生《しょう》ずるには相対《あいたい》する陰陽《いんよう》の両儀《りょうぎ》アオウエイ、ワヲ《を》ウヱ《ゑ》ヰ《ゐ》の五《いつ》つの権能《けんのう》（実在《じつざい》）の他《ほか》に、もう一《ひと》つその両儀《りょうぎ》を結《むす》び付《つ》ける綱《つな》（注連縄《しめなわ》）又《また》は橋《はし》（天《あめ》の浮《うき》橋《はし》）が作用《さよう》する生命及《せいめいおよ》び物質《ぶっしつ》の振動《しんどう》と云《い》う媒介《ばいかい》の活動《かつどう》を必要《ひつよう》とする。この媒介《ばいかい》の振動《しんどう》の基《き》本原律《ほんげんりつ》が簡潔《かんけつ》な人間《にんげん》の先天性《せんてんせい》として遠《とお》い昔《むかし》から既《すで》に発見《はっけん》されていたものがチヒシキミリイニの八《やっ》つの律動《りつどう》である。アオウエイを母音《ぼいん》と云《い》い、チヒシキミリイニを父韻《ふいん》と云《い》う。父韻《ふいん》は主体《しゅたい》アにあっては霊波《れいは》であり意志波《いしは》である。客体《きゃくたい》ワにあっては光波《こうは》、電波《でんぱ》、音波《おんぱ》であり放射線《ほうしゃせん》である。何《いず》れも波動《はどう》であって主体側《しゅたいがわ》を十六名岐《いざなぎ》、客体側《きゃくたいがわ》を十六名波《いざなみ》と云《い》う。

この双方《そうほう》の波《なみ》が同調《どうちょう》する時初《ときはじ》めて森羅万象《しんらばんしょう》が現前《げんぜん》する。放送局《ほうそうきょく》の電波《でんぱ》のサイクルを受信《じゅしん》機《き》のダイアルが同調《どうちょう》する時初《ときはじ》めてブラウン管《かん》の映像《えいぞう》となり、スピーカーの声《こえ》となる様《よう》なものである。宇宙自然界《うちゅうしぜんかい》には様々《さまざま》な発信装置《はっしんそうち》がある。人間《にんげん》は発信装置《はっしんそうち》と受信装置《じゅしんそうち》の双方《そうほう》の機能《きのう》を兼《か》ね具《そな》えて居《い》る。だから特《とく》に人《ひと》と人《ひと》との間《あいだ》に交互《こうご》に会話《かいわ》が成《な》り立《た》ち、恋愛《れんあい》や交際《こうさい》や交渉《こうしょう》が出来《でき》る。両者《りょうしゃ》の波《なみ》と波《なみ》とが調和《ちょうわ》した時《とき》が意見一致《いけんいっち》でありEinfürung《アインフユールング》である。調和《ちょうわ》を見《み》なければ反発《はんぱつ》し決裂《けつれつ》する。やがて闘争《とうそう》となり、戦争《せんそう》となる。

人《ひと》と人《ひと》との不調和《ふちょうわ》の原因《げんいん》には二《ふた》つある。一《ひと》つは主体《しゅたい》と客体《きゃくたい》が拠《よ》って立《た》つ五《いつ》つの次元《じげん》（母音《ぼいん》）の段階《だんかい》が一致《いっち》しない事《こと》である。もう一《ひと》つは両者《りょうしゃ》を結《むす》ぶ架《か》け橋《はし》（天《あめ》の浮橋《うきはし》、聖書《せいしょ》では「虹《にじ》」）すなわち震動《しんどう》する霊《れい》の波長《はちょう》と性状《せいじょう》が同調《どうちょう》しない事《こと》である。世界《せかい》の闘《たたか》いが個々《ここ》の思想《しそう》や信仰《しんこう》や政策《せいさく》や利害《りがい》の齟齬《そご》に由来《ゆらい》すると考《かんが》えることは現象《げんしょう》から見《み》た皮相《ひそう》の見解《けんかい》であって、生命《せいめい》の公理《こうり》である五《いつ》つの母音《ぼいん》の不一致《ふいっち》と八《やっ》つの父韻《ふいん》が同調《どうちょう》を得《え》ない所《ところ》に矛盾《むじゅん》の根本原因《こんぽんげんいん》が存《そん》する。此《こ》の生命《せいめい》の根底《こんてい》に存《そん》する先天《せんてん》の原理《げんり》から解決《かいけつ》して行《い》かなければ、如何《いか》ほど原水爆《げんすいばく》の製造《せいぞう》と使用《しよう》の禁止《きんし》に熱心《ねっしん》であろうと此《こ》の限《かぎ》り世界《せかい》は何時《いつ》までも相剋《そうこく》の坩堝《るつぼ》である。

創造《そうぞう》する宇宙《うちゅう》の生命意志《せいめいいし》の活動《かつどう》は根底《こんてい》にチヒキミイリシニの八律《はちりつ》の先天的律動《せんてんてきりつどう》（震動《しんどう》・

impulse《インパルス》）を具《そな》えて居《い》る。この律動《りつどう》は一万年昔人類《いちまんねんむかしじんるい》が既《すで》に生命《せいめい》の原律《げんりつ》として発見《はっけん》した所《ところ》であって、五《いつ》つの母音《ぼいん》アオウエイと同《おな》じく生命《せいめい》の基本的公理《きほんてきこうり》である。公理《こうり》は物心両者《ぶっしんりょうしゃ》に通《つう》じる先天性《せんてんせい》、先験《せんけん》、a priori《アプリオリ》, transcendental《トランセンデンタル》 character《キャラクター》である。先験《せんけん》とは経験以前《けいけんいぜん》に存在《そんざい》し、経《けい》験《けん》を経験《けいけん》たらしめる本来《ほんらい》の権能《けんのう》である。

だが宇宙《うちゅう》と生命《せいめい》に何故先天《なぜせんてん》があるか、先天《せんてん》が何故《なぜ》そう動《うご》くかと云《い》うことは不可知《ふかち》であって人間《にんげん》には説明《せつめい》は出来《でき》ない。そう動《うご》くからそうであるのである。その何故《なぜ》かの所以《ゆえん》は、不《ふ》可思議《かしぎ》の領域《りょういき》に属《ぞく》して、人類《じんるい》はその理由《りゆう》を明《あき》らかに為《な》し得《え》る能力《のうりょく》を持《も》って居《い》ない。公理《こうり》を公理《こうり》としてその儘《まま》に承服《しょうふく》、遵守《じゅんしゅ》、順応《じゅんのう》する以外《いがい》にはない。「念仏《ねんぶつ》には、無義《むぎ》をもて義《ぎ》とす。不可称《ふかしょう》・不可説《ふかせつ》・不可思議《ふかしぎ》のゆへにと、おほせさふらひき。」（歎異抄《たんにしょう》）親鸞《しんらん》のこの言葉《ことば》は呉々《くれぐれ》も味《あじ》わうべきである。故《ゆえ》に聖書《せいしょ》はこれを神《かみ》（絶対者《ぜったいしゃ》）の律法《りっぽう》（掟《おきて》）と云《い》う。この八律《はちりつ》に反抗《はんこう》しようとしても、その反抗悶掻《はんこうもが》きはその儘《まま》にこれに順応《じゅんのう》する道《みち》となる。自分《じぶん》の狭小《きょうしょう》な意志《いし》によって先天《せんてん》に反抗《はんこう》し、然《しか》もそのままにこれに順応《じゅんのう》せしめられ、制約《せいやく》され、拘束《こうそく》され、遂《つい》に破滅《はめつ》に陥《おちい》ることを宗教的《しゅうきょうてき》には「罰《ばつ》」と云《い》う。

八卦《はっけ》

陽儀《ようぎ》	乾《けん》	兌《だ》	離《り》	震《しん》	巽《そん》	坎《かん》	艮《ごん》	坤《こん》	陰儀《いんぎ》
	天《てん》	沢《たく》	火《か》	雷《らい》	風《ふう》	水《すい》	山《さん》	地《ち》	

河図《かと》

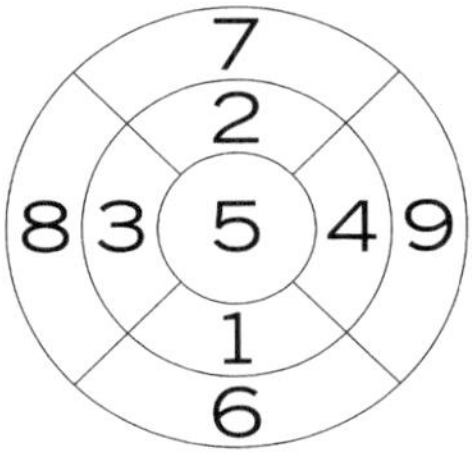

八咫鏡《やたのかがみ》の配列《はいれつ》

ア	タ	カ	マ	ハ	ラ	ナ	ヤ	サ	ワ
（全体《ぜんたい》）	創造《そうぞう》	収納《しゅうのう》	整理《せいり》	開顕《かいけん》	浸透《しんとう》	成熟《せいじゅく》	繁栄《はんえい》	調和《ちょうわ》	（客体《きゃくたい》）
（山腰《やまこし》氏《し》の説明《せつめい》）	陽出力《ようしゅつりょく》	陰掻力《いんそうりょく》	旋回力《せんかいりょく》	開発力《かいはつりょく》	螺婁力《らろうりょく》	吸引力《きゅういんりょく》	飛至力《ひしりょく》	透刺力《とうしりょく》	

洛書《らくしょ》

四《よん》	九《きゅう》	二《に》
三《さん》	五《ご》	七《なな》
八《はち》	一《いち》	六《ろく》

図表-5｜**八卦と八父韻**

チヒシキミリイニの宇宙生命《うちゆうせいめい》の八律《はちりつ》は古代既《こだいすで》に世界《せかい》に教伝《きようでん》されて居《い》た。今日顕著《こんにちけんちよ》に残《のこ》っているその典型《てんけい》は易《えき》の八卦《はつけ》である。本来《ほんらい》は音《おん》として声《こえ》として直截簡潔《ちよくさいかんけつ》に表現《ひようげん》されてある父《ふ》韻《いん》の八律《はちりつ》を象形文字《しようけいもじ》に表《あら》わし、概念《がいねん》と象徴《しようちよう》に示《しめ》して伝《つた》えられた。その伝承《でんしよう》された所《ところ》を解説《かいせつ》したものが孔子《こうし》の易繋辞伝《えきけいじでん》である。その初《はじ》め神農《しんのう》、伏羲《ふくぎ》の頃日本《ころにほん》から母音《ぼいん》、父韻《ふいん》が数《かず》の配《はい》列《れつ》として数《かぞ》えられた。「河《か》は図《と》を出《いだ》し、洛《らく》は書《しよ》を出《いだ》す、聖人《しようにん》これに則《のつと》る。」（易経《えききよう》）と伝《つた》えられて居《い》る。その後《のち》、孔子《こうし》が日本《にほん》へ来《き》た時《とき》、更《さら》に精《くわ》しい部分《ぶぶん》が教伝《きようでん》されたところを漢字《かんじ》と概《がい》念《ねん》を以《もつ》て布衍《ふえん》されたものが繋辞伝《けいじでん》である。

五《ご》行《ぎょう》、九《きゅう》星《せい》、十《じっ》干《かん》、十《じゅう》二《に》支《し》

五行五大《ごぎょうごだい》　木《もく》火《か》土《ど》金《ごん》水《すい》・地《ち》水《すい》風《ふう》火《か》空《くう》
九星《きゅうせい》　一《いっ》白《ぱく》、二《じ》黒《こく》、三《さん》碧《ぺき》、四《し》緑《ろく》、五《ご》黄《おう》、六《ろっ》白《ぱく》、七《しち》赤《せき》、八《はっ》白《ぱく》、九《きゅう》紫《し》
十干《じっかん》　甲《こう》乙《おつ》丙《へい》丁《てい》戊《ぼ》己《き》庚《こう》辛《しん》壬《じん》癸《き》
十二支《じゅうにし》　子《ね》丑《うし》寅《とら》卯《う》辰《たつ》巳《み》午《うま》未《ひつじ》申《さる》酉《とり》戌《いぬ》亥《い》

等《など》はその初《はじ》めは陰儀《いんぎ》、陽儀《ようぎ》、母音《ぼいん》、半母音《はんぼいん》、父韻《ふいん》である生命《せいめい》の先天的要素《せんてんてきようそ》を概念《がいねん》や文字《もじ》を以《もっ》て示《しめ》したものであったわけであるが、何時《いつ》の間《ま》にかこれ等《など》は陰儀《いんぎ》、客体《きゃくたい》のみの原理《げんり》として、他方《たほう》の陽儀《ようぎ》の主体性《しゅたいせい》が忘却《ぼうきゃく》され、陰儀《いんぎ》が陽儀《ようぎ》を、客体《きゃくたい》が主体《しゅたい》を拘束軌範《こうそくきはん》する法則《ほうそく》として操作《そうさ》される様《よう》になった。すなわち卜筮《ぼくぜい》、易占《えきせん》である。陽儀《ようぎ》の活動《かつどう》も陰儀《いんぎ》の顕現《けんげん》も同一《どういつ》

宇宙《うちゅう》の原理《げんり》原則《げんそく》に則《のっと》るものであり、両者《りょうしゃ》が同調《どうちょう》して森羅万象《しんらばんしょう》を生《しょう》ずるものであるから、その原則《げんそく》が一方《いっぽう》の客体側《きゃくたいがわ》にのみ存在《そんざい》すると考《かんが》え、その側《がわ》だけから理解《りかい》しようとする事《こと》は必《かなら》ずしも不合理《ふごうり》ではないが、但《ただ》し自己喪失《じこそうしつ》である。

この様《よう》に客体現象《きゃくたいげんしょう》の法則《ほうそく》から主体《しゅたい》を規律《きりつ》しようとするやり方《かた》を「天津金木《あまつかなぎ》」と云《い》う。金《かな》木《ぎ》とは金《かね》や木《き》の物体《ぶったい》を意味《いみ》し、唯物論《ゆいぶつろん》である。また一面《いちめん》にはこれは巫《ふ》（かんなぎ）術《じゅつ》でもある。今日《こんにち》世界《せかい》にはこの天津金木式《あまつかなぎしき》の易占術《えきせんじゅつ》、占星術《せんせいじゅつ》、推命学《すいめいがく》その他《た》の占合《うらない》が随所《ずいしょ》に行《おこな》われて居《い》る。この方法《ほうほう》では人間《にんげん》が陰儀《いんぎ》である「運命《うんめい》」の制約《せいやく》の下《もと》に置《お》かれて始終《しじゅう》これに操縦《そうじゅう》されることとなる。主体《しゅたい》すなわち陽儀《ようぎ》に立脚《りっきゃく》して自己《じこ》及《およ》び世界《せかい》の運命《うんめい》を創造《そうぞう》して行《い》く自由《じゆう》、自主《じしゅ》、自律性《じりつせい》に生《い》きて居《い》るのが本来《ほんらい》の人間《にんげん》の生命意志活動《せいめいいしかつどう》である。

このためモーゼは此《こ》の逆《ぎゃく》の方向《ほうこう》を厳《きび》しく戒《いまし》めた。「卜筮《うらなひ》する者《もの》邪法《じゃはふ》を行《おこ》なふ者《もの》禁厭《まじなひ》する者《もの》魔術《まじゅつ》を使《つか》ふ者《もの》　法印《はふいん》を結《むす》ぶ者《もの》憑鬼《くちよせ》する者《もの》巫覡《かんなぎ》の業《わざ》をなす者《もの》死人《しにん》に詢《とふ》ことをする者《もの》あるべからず…（中略《ちゅうりゃく》）…汝《なんぢ》が遂《おひ》はらふ故《ゆえ》の国々《くにぐに》の民《たみ》は邪法師《じゃはふし》卜筮師《うらなひし》などに聴《きく》ことをなせり然《され》ど汝《なんぢ》には汝《なんぢ》の神《かみ》エホバ然《しか》する事《こと》を許《ゆる》したまはず」（旧約《きゅうやく》申命記第十八章《しんめいきだいじゅうはっしょう》）。人間《にんげん》は神《かみ》の子《こ》であって創《そう》造《ぞう》の主体《しゅたい》であり、運命《うんめい》の自主的《じしゅてき》な操縦者《そうじゅうしゃ》である。たとえ如何《いか》なる「星《ほし》」、因縁《いんねん》、業《ごう》の下《もと》に生《う》まれようと、その星《ほし》を自由《じゆう》に正《ただ》しく転換《てんかん》して行《い》く。

易《えき》の五行八卦《ごぎょうはっけ》は日本《にほん》に言霊《げんれい》を学《まな》んだ神農《しんのう》、伏羲《ふくぎ》、孔子《こうし》等《ら》が父母子音《ふぼしいん》を概念《がいねん》と象形文字《しょうけいもじ》、易象《えきしょう》☷☰や数《かず》に翻訳《ほんやく》して教伝《きょうでん》したものである。易《えき》と同《おな》じく九星《きゅうせい》も次《つぎ》の如《ごと》く五黄《ごおう》を陰陽《いんよう》に分《わ》けて見《み》ると根底《こんてい》に言霊《げんれい》が存《そん》した事《こと》が肯《うなず》かれる。

図表-6｜**九星**

甲乙丙丁《こうおつへいてい》の十干《じっかん》は木火土金水《もくかどごんすい》の五行《ごぎょう》を兄弟《えと》に分《わ》けて母音半母音《ぼいんはんぼいん》を示《しめ》したものである。これを「きびつかみ」(吉備津神《きびつかみ》)と云《い》う。

甲《きのえ》	丙《ひのえ》	戊《つちのえ》	庚《かのえ》	壬《みずのえ》	陽儀《ようぎ》
ア	エ	イ	ウ	オ	
木《き》	火《ひ》	土《つ》	金《か》	水《み》	吉備津神《きびつかみ》
ワ	ヱ《ゑ》	ヰ《ゐ》	ウ	ヲ《を》	
乙《きのと》	丁《ひのと》	己《つちのと》	辛《かのと》	癸《みずのと》	陰儀《いんぎ》

図表-7｜**十干**

十二支《じゅうにし》「子《ね》丑《うし》寅《とら》卯《う》辰《たつ》巳《み》午《うま》未《ひつじ》申《さる》酉《とり》戌《いぬ》亥《い》」。十二獣説《じゅうにじゅうせつ》や欧州《おうしゅう》の占星術《せんせいじゅつ》は初《はじ》めから陰儀《いんぎ》(客体《きゃくたい》)の規律《きりつ》を示《しめ》すために定《さだ》められたもののようである。時間《じかん》、方位《ほうい》、季節等《きせつなど》の宇宙客体《うちゅうきゃくたい》の運行《うんこう》は十二数《じゅうにすう》を以《もっ》て取《と》り扱《あつか》うことが便利《べんり》である。欧州《おうしゅう》の占星術《せんせいじゅつ》は筆者《ひっしゃ》が知《し》る範囲内《はんいない》では四母音《しぼいん》を取《と》り扱《あつか》って、その発生運行《はっせいうんこう》の順序《じゅんじょ》として宇宙人生《うちゅうじんせい》を説《と》こうとして居《い》るようだ。是《これ》等《ら》何《いず》れにしても現代《げんだい》にあっては陰儀《いんぎ》（神産巣日《かみむすび》、客体《きゃくたい》—天津金木《あまつかなぎ》）に就《つ》いての説《せつ》として取《と》り扱《あつか》われて居《い》て、その陰儀《いんぎ》の原体《げんたい》として存《そん》する陽儀《ようぎ》（高御産巣日《たかみむすび》、主体《しゅたい》）の道《みち》の存在《そんざい》にはまだ一般《いっぱん》には気《き》が付《つ》かない。陽儀《ようぎ》を主体性《しゅたいせい》として取《と》り扱《あつか》って居《い》るのはキリスト教《きょう》や仏教《ぶっきょう》であるのだが、その取《と》り扱《あつか》い方《かた》は信仰《しんこう》としての範囲《はんい》を出《で》ることがない。

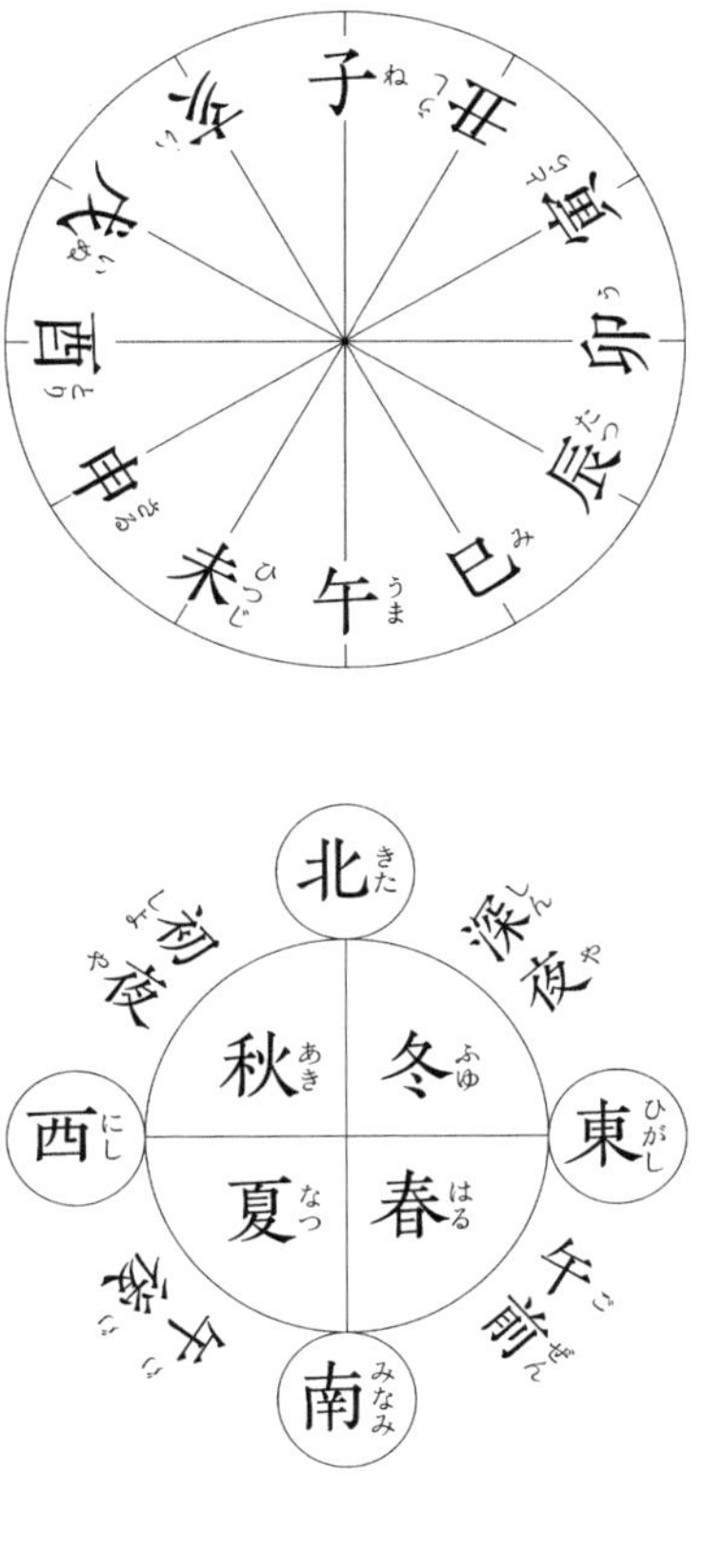

図表-8｜**十二支**

ASTROLOGY《アストロロジー》

AIEOU 五母音《ごぼいん》は
スイスのF.ジャコット氏《し》の説明《せつめい》

火《か》	♈	aries《アリエス》	牡羊《おひつじ》
	♌	leo《レオ》	獅子《しし》
	♐	sagittarius《サジタリアス》	射手《いて》
空《くう》	♊	gemini《ジエミニ》	双児《ふたご》
	♎	libra《リブラ》	天秤《てんびん》
	♒	aquarius《アクエリアス》	水瓶《みずがめ》
地《ち》	♉	taurus《タウリス》	牡牛《おうし》
	♍	virgo《ヴァルゴ》	乙女《おとめ》
	♑	capricorne《カプリコーン》	山羊《やぎ》
水《すい》	♋	cancer《キャンサー》	蟹《かに》
	♏	scorpio《スコーピオ》	蠍《さそり》
	♓	pisces《ピスケス》	魚《うお》

図表-9｜**アストロロジー**

父《ふ》韻《いん》の性《せい》質《しつ》

却《かえ》って説《と》く、初《はじ》め宇宙《うちゅう》はスであり、やがて漠然《ばくぜん》たるウであり、客体《きゃくたい》のみのワである。此《こ》の辺《へん》の悟《さと》りが般若心経《はんにゃしんぎょう》の説《と》く「空《くう》」である。「五蘊皆空《ごうんかいくう》」の世界《せかい》である。五蘊《ごうん》アオウエイがあるとしても自覚《じかく》を逆上《さかのぼ》った世界《せかい》であり、一物一塵《いちぶついちじん》も止《とど》めぬ清浄無垢《せいじょうむく》の無限《むげん》に透明《とうめい》な世界《せかい》である。その空《くう》の中《なか》に自覚《じかく》される五《いつ》つの次元《じげん》がたたなはって居《お》り、各々《おのおの》の次元《じげん》には客体的《きゃくたいてき》には宇宙《うちゅう》の物体《ぶったい》の震動《しんどう》がゆらめき、主体的《しゅたいてき》には人間《にんげん》の生命意志本具《せいめいいしほんぐ》の魂《たましい》の震動《しんどう》がたゆたって居《い》る。宇宙《うちゅう》の物体《ぶったい》と人間《にんげん》の霊魂《れいこん》とは同《おな》じ震動《しんどう》の原律《げんりつ》を持《も》って居《い》る。

薔薇《バラ》は本来赤《ほんらいあか》くない。ピアノはピンともポンとも鳴《な》っては居《い》ない。薔薇《バラ》が発《はっ》するものは幾《いく》オングストロームかの無色《むしょく》の光波《こうは》であり、ピアノの弦《げん》は無音《むおん》の空気震動《くうきしんどう》を輻射《ふくしゃ》している丈《だ》けである。薔薇《バラ》を赤《あか》しとする者《もの》はその光波《こうは》と同調《どうちょう》して、その波長《はちょう》を赤《あか》と認識自覚《にんしきじかく》する心《こころ》の波《なみ》が主体人間《しゅたいにんげん》からも発《はっ》するからである。ピアノのオクターヴを聞《き》く者《もの》は魂《たましい》の本具《ほんぐ》のオクターヴがそれに同調《どうちょう》し聞《き》き分《わ》けるからである。宇宙《うちゅう》（自然《しぜん》）の客体《きゃくたい》も人間《にんげん》の主体《しゅたい》の精神《せいしん》、霊魂《れいこん》も同一系列《どういつけいれつ》の気《き》（岐《き》）と波《なみ》（那美《なみ》）の震動《しんどう》を発《はっ》して居《い》る。

森羅万象《しんらばんしょう》はこの双《ふた》つの震動《しんどう》が同調《どうちょう》する時《とき》主体側《しゅたいがわ》に認識《にんしき》され、自覚《じかく》される。自覚《じかく》は主体側《しゅたいがわ》に於《おい》てのみ行《おこな》われ、客体側《きゃくたいがわ》にはその権能《けんのう》はない。ピアノは自分《じぶん》の音《おと》を識《し》らない。噴火山《ふんかざん》は自分《じぶん》が吐《は》き出《だ》す熔岩《ようがん》の温度《おんど》を知《し》らない。薔薇《バラ》を赤《あか》しと見《み》、ピアノの音《おと》をポンと聞《き》く者《もの》は人間《にんげん》及《およ》び他《た》の獣類《じゅうるい》のみである。「神言《かみいひ》たまひけるは我《わ》が我《われ》と汝等《なんぢら》および汝等《なんぢら》と偕《とも》なる諸《すべて》の生物《いきもの》の間《あひだ》に世々《よよ》限《かぎ》りなく為《な》す所《ところ》の（生命《いのち》）契約《けいやく》の徴《しるし》は是《これ》なり　我《われ》わが虹《にじ》を雲《くも》の中《うち》に起《おこ》さん是我《これわれ》と世《よ》との間《あひだ》の契約《けいやく》の徴《しるし》なるべし　即《すなは》ち我雲《われくも》を地《ち》の上《うへ》に起《おこ》す時虹雲《ときにじくも》の中《うち》に現《あらは》るべし」（旧約創《きゆうやくそう》世記第九章《せいきだいきゆうしよう》）。

客体《きやくたい》に於《おい》ては無自覚《むじかく》に発現《はつげん》し、主体《しゆたい》に於《おい》ては自覚《じかく》を以《もつ》て認識《にんしき》される波《なみ》と気《き》の震動《しんどう》は、それが感応同交《かんのうどうこう》した時《とき》、現象《げんしよう》となる原律《げんりつ》である。その震動《しんどう》は客体側《きやくたいがわ》に於《おい》ても主体側《しゆたいがわ》に於《おい》ても同《おな》じき一定《いってい》した律動《りつどう》の制約《せいやく》を有《ゆう》して居《い》る。聖書《せいしょ》はその制約《せいやく》（契約《けいやく》）の意義《いぎ》を虹《にじ》の八色《はっしょく》（七色《なないろ》）の律動《りつどう》として教《おし》えて居《い》る。「汝等生物《なんぢらいきもの》は万象《ばんしょう》を虹《にじ》の八色《はっしょく》を逸脱《いつだつ》する相《そう》に於《おい》て認識《にんしき》しようとしても不可能《ふかのう》である」。これがエホバの言葉《ことば》の意味《いみ》である。神《かみ》と生物《いきもの》との間《あいだ》の契約《けいやく》である。聖書《せいしょ》は此《こ》の客体《きゃくたい》と主体《しゅたい》の連繋《れんけい》を「虹《にじ》」と云《い》い、古神道《こしんとう》は「天《あめ》の浮橋《うきはし》」と云《い》う。或《あ》るいはアとワの間《あいだ》（淡路島《あわじしま》）を通《かよ》う（往来《おうらい》する）千《ち》（道《ち》）鳥《どり》とも云《い》う。此《こ》の天《あめ》の浮橋《うきはし》の原律《げんりつ》を人間《にんげん》の言語《げんご》の相《そう》を現《あら》わす原律《げんりつ》チヒシキミリイニとして、我等《われら》の遠《とお》い祖先人《そせんじん》が既《すで》に捕《とら》えて、我等《われら》に遺《のこ》し教《おし》えて呉《く》れた。「天《てん》にいます我《われ》らの父《ちち》よ、願《ねが》はくは御名《みな》の崇《あが》められん事《こと》を。」（新《しん》約《やく》マタイ伝第六章《でんだいろくしょう》）。これは主《しゅ》の祈《いの》りであるが、父《ちち》の名《な》とは森羅万象《しんらばんしょう》を顕出《けんしゅつ》せしめる生命《いのち》の原律《げんりつ》、父韻《ふいん》のことである。

八父韻《はちふいん》は循環《じゅんかん》する。これを万物《ばんぶつ》の色相《しきそう》の循環率《じゅんかんりつ》と云《い》う。八律《はちりつ》の変化《へんか》を一循環《いちじゅんかん》すると、その循環率《じゅんかんりつ》から不覊勝手《ふきかって》に逸脱《いつだつ》する事《こと》なく、より高《たか》い次元《じげん》、より重厚《じゅうこう》な世界《せかい》に飛躍《ひやく》して其処《そこ》でまた新《あたら》しく、然《しか》も同《おな》じ八律《はちりつ》の循環《じゅんかん》が始《はじ》まる。循環《じゅんかん》が終《お》わるとより高《たか》い次元《じげん》に登《のぼ》るが、新《あら》たな循環《じゅんかん》の原律《げんりつ》そのものには変化《へんか》はない。万物《ばんぶつ》の色相《しきそう》は八律《はちりつ》を周期《しゅうき》として巻貝《まきがい》（螱貝《きさがい》）の様《よう》にスパイラルの形態《けいたい》で次元《じげん》の階段《かいだん》を登《のぼ》り且《か》つ降《お》りる。

紅《べに》 赤《あか》 橙《だいだい》 緑《みどり》 黄《き》 青《あお》 藍《あい》 紫《むらさき》の八律《はちりつ》を一巡《いちじゅん》すると、不可視《ふかし》の紫外線《しがいせん》を新《あたら》しい出発点《しゅっぱつてん》としてレントゲン線《せん》、アルファ、ベータ、ガンマ線等《せんなど》のより微細《びさい》な震動《しんどう》の系列階段《けいれつかいだん》に入《はい》る。ガンマ線《せん》の系列《けいれつ》が終《お》わるとまた新《あら》たな、更《さら》により微細《びさい》な震動《しんどう》の系列《けいれつ》が始《はじ》まる。又逆《またぎゃく》に紅色以前《べにいろいぜん》の世界《せかい》に在《あ》ってはこれもまた不可視《ふかし》の赤外線《せきがいせん》の系列《けいれつ》を逆行《ぎゃっこう》して、高周波電波《こうしゅうはでんぱ》やレーザー光《こう》線《せん》やテレビ用電波《ようでんぱ》の波長《はちょう》の長《なが》い系列《けいれつ》を後戻《あともど》りして、その周期律《しゅうきりつ》が終《お》わると、更《さら》により低調《ていちょう》な震動《しんどう》の世界《せかい》に還《かえ》る。ピアノ鍵盤《けんばん》もオクターヴの右《みぎ》により高《たか》いオクターヴがあり、左《ひだり》にはより低《ひく》いオクターヴが並《なら》ぶ。音《おと》のオクターヴは高低共《こうていとも》に或程度《あるていど》まで循環《じゅんかん》を重畳《ちょうじょう》すると音《おと》として聞《き》く事《こと》が出来《でき》なくなる。高音《こうおん》は一秒二万《いちびょうにまん》サイクルの震動《しんどう》、低音《ていおん》は五十《ごじゅう》サイクルで音《おと》が消《き》えてしまう。ピアノのキイは一三八個以上《ひゃくさんじゅうはちこいじょう》は並《なら》ばない。音波《おんぱ》、電波《でんぱ》、光波《こうは》、電磁波《でんじは》にせよ科学的《かがくてき》な客体《きゃくたい》の震動《しんどう》は八律《オクターヴ》を原律《げんりつ》とし循環《じゅんかん》する。それと同《おな》じく宇宙生命《うちゅうせいめい》の主体側《しゅたいがわ》の人間《にんげん》の魂《たましい》の変化《へんか》の相《そう》も八律《はちりつ》を以《もっ》て循環《じゅんかん》して、高低《こうてい》の次元《じげん》を登《のぼ》り降《お》りする。然《しか》し次元《じげん》は変化《へんか》しても八相《はっそう》の循環率《じゅんかんりつ》は変化《へんか》する事《こと》がない。此《こ》の時人間《ときにんげん》の場合《ばあい》チヒキミヒリイニのオクターヴの循環《じゅんかん》はウオアエイの五段階《ごだんかい》に制約《せいやく》されて、此《こ》の五《いつ》つ以外《いがい》、上《うえ》にも下《した》にも超《こ》ゆることを得《え》ない。

科学《かがく》はウ言霊《げんれい》を拠点《きょてん》として宇宙自然界《うちゅうしぜんかい》の客体側《きゃくたいがわ》に即《そく》してその原則原律《げんそくげんりつ》の開明《かいめい》に素晴《すば》らしい進捗《しんちょく》を示《しめ》して居《い》る。然《しか》し科学一般《かがくいっぱん》は客体《きゃくたい》を観《み》ている生命《せいめい》の自覚者《じかくしゃ》としての主体《しゅたい》が存《そん》する事《こと》を忘却《ぼうきゃく》し失念《しつねん》して居《い》る。知《し》らないのではないが存在《そんざい》する主体《しゅたい》の権能《けんのう》と原律《げんりつ》を捨象《しゃしょう》し、客体《きゃくたい》のみを抽象《アブストラクト》して取《と》り扱《あつか》って居《い》る。だから科学全般《かがくぜんぱん》の有機性《ゆうきせい》、綜合性《そうごうせい》が出《で》て来《こ》ない。換《かん》言《げん》すれば科学自体《かがくじたい》には生命《せいめい》がない。無自覚《むじかく》であり盲目《もうもく》である。

然《しか》しこの事《こと》はあながち科学者《かがくしゃ》の迂闊《うかつ》のためではなく、実《じつ》は生命《せいめい》の主体側《しゅたいがわ》の取《と》り扱《あつか》いに任《にん》じるべき仏教《ぶっきょう》やキリスト教《きょう》やユダヤ教《きょう》を担当《たんとう》する者《もの》が主体側《しゅたいがわ》の先天的原理《せんてんてきげんり》である古来《こらい》の教義教理《きょうぎきょうり》（ドグマ）を釈《と》くことを今日《こんにち》に及《およ》んでもなお怠《おこた》って居《い》るためである。宇宙《うちゅう》の両儀《りょうぎ》は陰《いん》と陽《よう》、客体《きゃくたい》と主体《しゅたい》である。現代文明《げんだいぶんめい》は陰儀《いんぎ》のみが異状《いじょう》に発達《はったつ》した跛行状態《はこうじょうたい》にある。人《にん》間《げん》が月面《げつめん》を散策《さんさく》しても、火星《かせい》に触手《しょくしゅ》を伸《の》ばしても、この事《こと》が人間生命《にんげんせいめい》に、その幸福《こうふく》に取《と》って何《なん》の意義《いぎ》があるか答《こた》えを出《だ》す事《こと》が出来《でき》ない。科学《かがく》の有機化《ゆうきか》、生命化《せいめいか》は文明創造《ぶんめいそうぞう》の能動者《のうどうしゃ》である生命主体《せいめいしゅたい》の権能《けんのう》とその活動《かつどう》の原律《げんりつ》を明《あき》らかにして科学《かがく》に参与《さんよ》、協調《きょうちょう》する時初《ときはじ》めて解《かい》決《けっ》する問題《もんだい》である。

　地《ち》なる母《はは》の名《な》はアオウエイ、天《てん》なる父《ちち》の名《な》はチヒシキミリイニである。イエスはこの父《ちち》の名《な》を知《し》って居《い》た筈《はず》であるが、ことさらに祈《いの》りの対象《たいしょう》として神秘《しんぴ》の中《なか》に隠《かく》して置《お》いた。時《とき》が未《いま》だ致《いた》らぬ間《あいだ》の処置《しょち》である。イエスもまたユダヤの予言者《よげんしゃ》の一人《ひとり》である。これを唯一《ゆいいつ》のメシヤとして祭《まつ》り上《あ》げたのは弟子《でし》ペトロのローマ・カソリック教会《きょうかい》の仕事《しごと》であって、イエスが説《と》いた所《ところ》を旧約《きゅうやく》のモーゼの五書《ごしょ》に照合《しょうごう》して理解《りかい》すれば、ユダヤ教《きょう》がキリスト教《きょう》を敵視《てきし》する理由《りゆう》はなく、またキリスト教《きょう》がユダヤ教《きょう》を軽《かろ》んじるいわれがなくなる。

　古代日本語《こだいにほんご》、大和言葉《やまとことば》の子音《しいん》は必《かなら》ず八《やっ》つの父韻《ふいん》の律《りつ》（天《てん》なる父《ちち》の名《な》）と四《よっ》つの実在《じつざい》としての母音《ぼいん》（地《ち》なる母《はは》の権能《けんのう》）の結合《けつごう》によって創生《そうせい》され、万象万霊《ばんしょうばんれい》の三十二《さんじゅうに》の実相《じっそう》の単元《たんげん》（原素《げんそ》）を現出《げんしゅつ》する。また更《さら》に一方《いっぽう》から考《かんが》えると此《こ》の実相《じっそう》は陰儀《いんぎ》（客体《きゃくたい》）と陽儀《ようぎ》（主体《しゅたい》）の感応同交《かんのうどうこう》の状態《じょうたい》であって、双《ふた》つの震動《しんどう》が縄《なわ》の如《ごと》くに糾《あざな》われて結合《けつごう》される。（『言霊百神《げんれいひゃくしん》』新《しん》装版《そうばん》30～34頁《ページ》、１５４～１６２頁《ページ》参照《さんしょう》）

現象《げんしょう》の単元《たんげん》、子音《しいん》

科学《かがく》は素晴《すば》らしい発達過程《はったつかてい》を辿《たど》って居《い》るが、未《いま》だ完結《かんけつ》されては居《い》ない。有機《ゆうき》と無機《むき》と科学《かがく》全体《ぜんたい》の体系展相《たいけいてんそう》が組織《そしき》されて居《い》ない。この事《こと》は生命《せいめい》のない盲目《もうもく》（無自覚《むじかく》）の科学自体《かがくじたい》の努力《どりょく》のみを以《もっ》てしては不可能《ふかのう》である。そのためには陰儀《いんぎ》であり客体《きゃくたい》である宇宙自然《うちゅうしぜん》の学《がく》の一端《いったん》である科学《かがく》を科学《かがく》しつつある者《もの》、すなわち陽儀《ようぎ》であり主体《しゅたい》である所《ところ》の、創造《そうぞう》する生命意志活動《せいめいいしかつどう》である言霊《げんれい》の協力《きょうりょく》と援助《えんじょ》と指導《しどう》を待《ま》たねばならぬ。ここで暫《しば》らく未完成《みかんせい》の科学《かがく》の推進《すいしん》を科学《かがく》者《しゃ》に任《まか》せて置《お》いて、科学《かがく》を科学《かがく》する生命主体《せいめいしゅたい》の原理《げんり》の開顕《かいけん》を進《すす》めて行《い》かなければならぬ。

古神道《こしんとう》はこの事《こと》を「天照大御神《あまてらすおほみかみ》、高御産巣日神《たかみむすびのかみ》の命《みこと》（御言《みこと》）」という。七百年前《ななひゃくねんまえ》日蓮《にちれん》は「日本開顕《にほんかいけん》、戒壇建立《かいだんこんりゅう》」と予言《よげん》した。森羅万象《しんらばんしょう》の真諦《しんたい》を識《し》る為《ため》に森羅万象《しんらばんしょう》を森羅万象《しんらばんしょう》たらしめている者《もの》、すなわち陽儀《ようぎ》、主体《しゅたい》の活動《かつどう》に就《つ》いて筆《ふで》を進《すす》める。古神道《こしんとう》はこの活動《かつどう》を「岐《き》美二神《みにしん》の創造《そうぞう》」と云《い》い、易《えき》では「大行《たいこう》」と称《しょう》した。この大行《たいこう》の出発《しゅつぱつ》に到《いた》るまでの先天先験《せんてんせんけん》の顕現《けんげん》の経過《けいか》を図《ず》を以《もっ》て示《しめ》そう。この先天《せんてん》を古事記《こじき》は「天津神諸《あまつかみもろもろ》の命《みこと》」と称《しょう》する。西欧《せいおう》のカントが思索《しさく》した先天《せんてん》である十二範疇《じゅうにはんちゅう》と、東洋《とうよう》の我々《われわれ》が祖先《そせん》から数千年継承《すうせんねんけいしょう》して来《き》た先天《せんてん》の内容《ないよう》を改《あらた》めて比較《ひかく》して頂《いただ》こう。

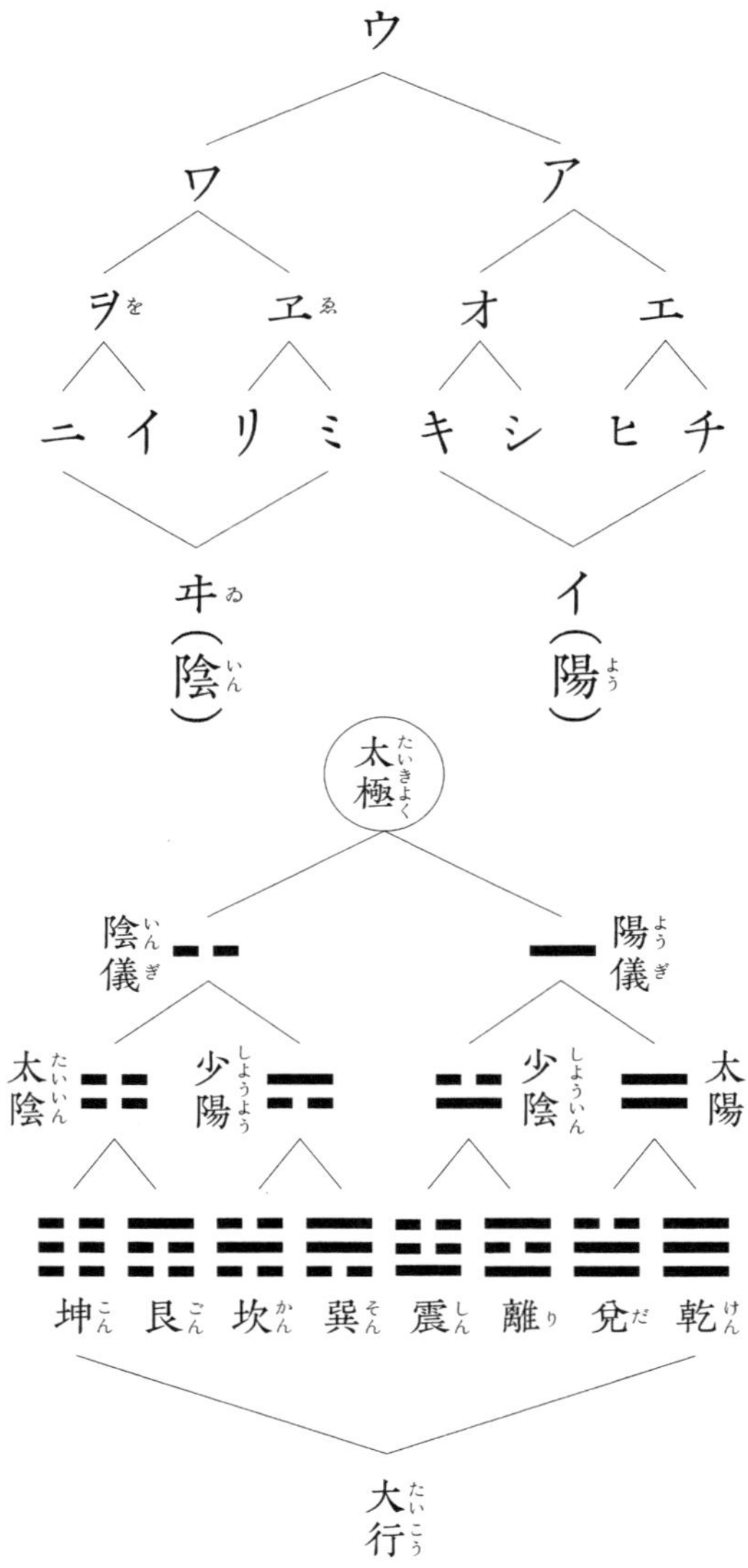

図表-10｜**天津磐境**

既《すで》に五《いつ》つづつの母音《ぼいん》、半母音《はんぼいん》と八《やっ》つの父韻《ふいん》の意義《いぎ》を明《あき》らかにした。初《はじ》めの母音《ぼいん》アオウエイは陽儀《ようぎ》（主体《しゅたい》・男性《だんせい》）であり、半母音《はんぼいん》ワヲ《を》ウヱ《ゑ》ヰ《ゐ》は陰儀《いんぎ》（客体《きゃくたい》・女性《じょせい》）であった。此《こ》の男性《だんせい》アと女性《じょせい》ワが合体《がったい》して夫婦《ふうふ》と云《い》う一組《ひとくみ》の創造者《そうぞうしゃ》となる時《とき》、その活動《かつどう》の原律或《げんりつある》いは媒介《ばいかい》として父韻《ふいん》が現《あら》われて、先天《せんてん》がいよいよ具体的《ぐたいてき》に活動《かつどう》する。この第二《だいに》の後天《こうてん》の創造《そうぞう》の段階《だんかい》にあっては、アオウエイの母音《ぼいん》は母《はは》（卵子《らんし》）の如《ごと》くであり、チヒシキミリイニの父韻《ふいん》は父《ちち》（精子《せいし》）の如《ごと》くである。この時創造《ときそうぞう》する父母《ふぼ》の間《あいだ》から幾人《いくにん》の如何《いか》なる子《こ》が生《う》まれて来《く》るかと云《い》うことが次《つぎ》の問題《もんだい》である。その生《う》まれ出《で》る子《こ》を子音《しいん》と云《い》う。子音《しいん》は精神現象《せいしんげんしょう》の単元《たんげん》（モナド）である。その基本数《きほんすう》を云《い》えば三十二《さんじゅうに》（四十《よんじゅう》）個《こ》である。夫婦《ふうふ》が結合《けつごう》して子《こ》が生《う》まれた時《とき》、親《おや》と云《い》う一《ひと》つの理体《りたい》となる。完全《かんぜん》な健康《けんこう》を保《たも》った一組《ひとくみ》の夫婦《ふうふ》の間《あいだ》には三十二人《さんじゅうににん》の子《こ》が生《う》まれることが自然《しぜん》の原則《げんそく》である。父母音《ふぼいん》の間《あいだ》には三十二《さんじゅうに》の子音《しいん》が生《う》まれる。

創造《そうぞう》し且《か》つ変化《へんか》する生命意志《せいめいいし》は生命活動《せいめいかつどう》を現《あら》わす五《いつ》つの段階《だんかい》の一番奥《いちばんおく》に位《くらい》する精神的実在《せいしんてきじつざい》であるが、それは未《いま》だ知性《ちせい》ではない。震動《しんどう》である生命活動《せいめいかつどう》は先《ま》ずこの意志《いし》（イ・ヰ《ゐ》）の段階《だんかい》に於《おい》て奥底《おうてい》に発現《はつげん》し、その律動《りつどう》を他《た》の四《よっ》つの知性《ちせい》に伝達《でんたつ》し、アオウエ四智《しち》の活動《かつどう》が促《うなが》される。此《こ》の最初《さいしょ》の生命意志《せいめいいし》の律動《りつどう》の発現《はつげん》がない時《とき》は他《た》の四智《しち》の活動《かつどう》は起《おこ》らない。満腹時《まんぷくじ》には山海《さんかい》の珍味《ちんみ》にも食欲《しょくよく》が湧《わ》かぬ。枯木寒厳《こぼくかんがん》に拠《よ》れば西施《せいし》の容顔《ようがん》にも情《じょう》は動《うご》かず、札束《さつたば》と紙屑《かみくず》の区別《くべつ》がない、生命意志《せいめいいし》が四《よっ》つの知性《ちせい》の上《うえ》に展開《てんかい》して初《はじ》めて森羅万象《しんらばんしょう》が生《しょう》じる。

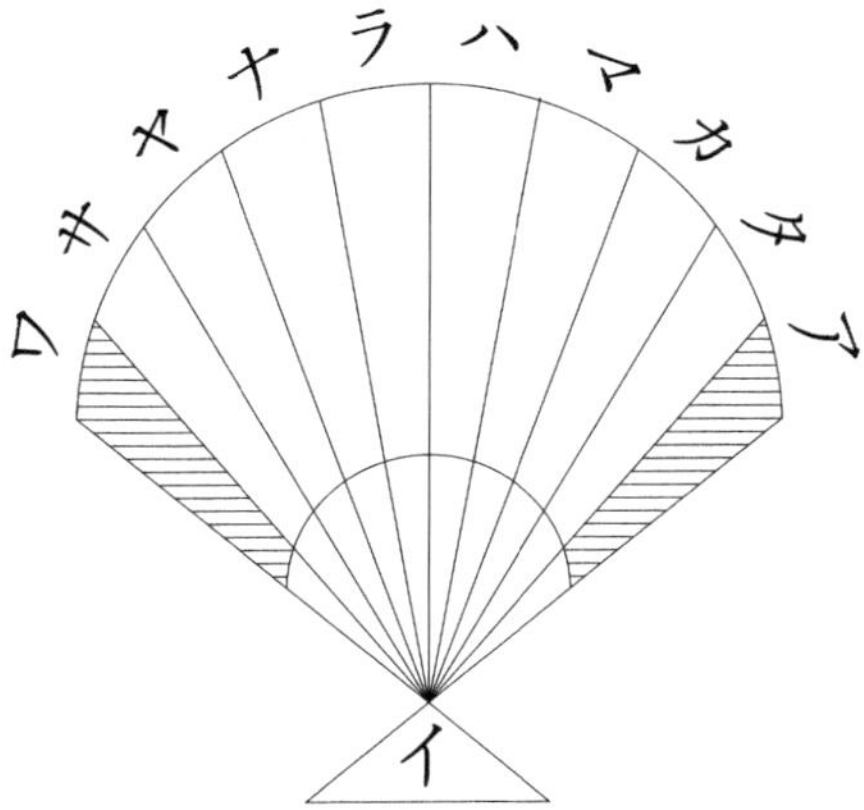

図表-11｜奥義（扇）

意志活動《いしかつどう》イ・ヰは現象以前《げんしょういぜん》の先天《せんてん》に属《ぞく》する公理《こうり》の動《うご》きである。「収《おさ》むれば風《かぜ》そよとも吹《ふ》かず、開《ひら》けば万象歴然《ばんしょうれきぜん》」と云《い》う。これは禅語《ぜんご》であるが、古神道《こしんとう》はこれを扇《おうぎ》（奥義《おうぎ》）に象徴《しょうちょう》して居《い》る。閉《と》じれば一本《いっぽん》のアオウエイ（親骨《おやぼね》）であり、開《ひら》けば八律《はちりつ》（中骨《なかぼね》）が現象《げんしょう》として姿《すがた》を現《あら》わす。この時《とき》イ・ヰは扇《おうぎ》の要《かなめ》（神名目《かなめ》）に当《あた》る。然《しか》もその活動《かつどう》の公理《こうり》は遠《とお》い昔《むかし》既《すで》に人類《じんるい》に明《あき》らかにされて居《い》るものであって、言語《げんご》であるその公理《こうり》がすなわち「天《てん》に在《まし》ます父《ちち》の名《な》」であり、父韻《ふいん》である。

八律《はちりつ》の父韻《ふいん》は四段階《よんだんかい》の母音《ぼいん》に作用《さよう》し受胎《じゅたい》されて、ここに4×8＝32の子音《しいん》が生《う》まれて来《く》る。子音《しいん》は創世記《そうせいき》に於《おい》ては生命《いのち》の樹《き》の葉《は》として象徴《しょうちょう》され、黙示録《もくしろく》には「その樹《き》の葉《は》は諸国《しょこく》の民《たみ》を医《いや》すなり。」（新約《しんやく》黙示録第二十二章《もくしろくだいにじゅうにしょう》）と記《しる》されてある。人間《にんげん》に自律性《じりつせい》、自主性《じしゅせい》がある所以《ゆえん》は生命意志父韻《せいめいいしふいん》を自己操作《じこそうさ》する権能《けんのう》があるからである。

万象《ばんしょう》は陽儀《ようぎ》（主体《しゅたい》）と陰儀《いんぎ》（客体《きゃくたい》）の感応同交《かんのうどうこう》によって顕現《けんげん》する。その媒介《ばいかい》をなすものは父韻《ふいん》である。陽《よう》と陰《いん》の震動《しんどう》は縄《なわ》を糾《あざな》う様《よう》にからみ合《あ》って現《あら》われて来《く》る。この作用《さよう》を象徴《しょうちょう》

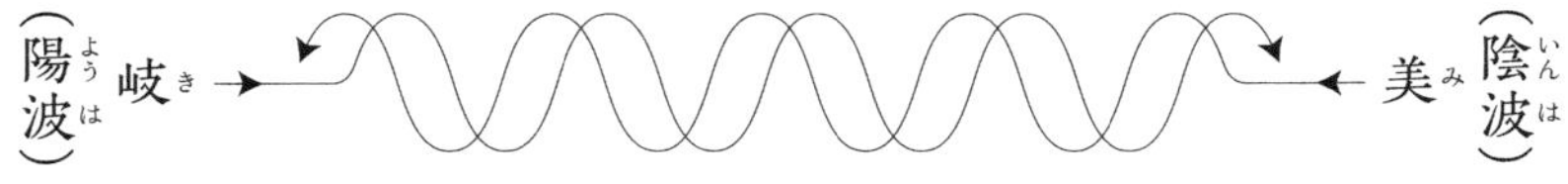

図表-12｜**七五三縄**

したものが神社神道《じんじゃしんとう》の祭典《さいてん》に用《もち》いられる七五三《しめ》（〆《しめ》）縄《なわ》である。

陰《いん》（客体《きゃくたい》）の波動《はどう》と陽《よう》（主体《しゅたい》）の霊動《れいどう》は形《かたち》は同《おな》じだが方向《ほうこう》は相反《あいはん》する。陰波《いんは》は陽極《ようきょく》に達《たつ》して停止《ていし》し、陽《よう》の霊波《れいは》は陰極《いんきょく》に届《とど》いた時《とき》、吸収《きゅうしゅう》されてしまう。その進行《しんこう》の間《あいだ》に感応《かんのう》同交《どうこう》が行《おこな》われる。陽《よう》からはタカサハと云《い》う陽性積極音《ようせいせっきょくおん》が発《はっ》せられ、それが陰《いん》に近付《ちかづ》く過程《かてい》に於《おい》てヤマラナと云《い》う陰性《いんせい》消極音《しょうきょくおん》に呼応《こおう》され具体化《ぐたいか》されて行《い》く。

この陰陽《いんよう》の震動《しんどう》は糾《あざな》われてハーモニーを現出《げんしゅつ》するが、然《しか》し無差別《むさべつ》に混同《こんどう》される事《こと》はない。陽《よう》は陽《よう》であることを持続《じぞく》し乍《なが》ら陰《いん》と調和《ちょうわ》し、客体《きゃくたい》は客体性《きゃくたいせい》を保《たも》ちながら主体《しゅたい》と調和《ちょうわ》する。糾《あざな》われた縄《なわ》のよりを釈《と》けば陰《いん》は単《たん》なる物質波《ぶっしつは》であり、陽《よう》は主観的《しゅかんてき》な霊波《れいは》である。この物質《ぶっしつ》の波動《はどう》（客《きゃく》）と精神《せいしん》のリズム（主《しゅ》）が錯雑《さくざつ》して区別《くべつ》がつかなくなった状態《じょうたい》が耐《た》え難《がた》い雑音《ざつおん》であり、精神的《せいしんてき》には錯《さく》乱状態《らんじょうたい》である。響《ひび》くものと聞《き》くものとが常《つね》に区別《くべつ》されて居《い》る状態《じょうたい》に置《お》かなければならない。戦場《せんじょう》の凄《すさ》まじい混雑《こんざつ》と轟音《ごうおん》を心《こころ》で識別《しきべつ》し得《え》ない司令官《しれいかん》は指揮《しき》を誤《あやま》る。

鳴《な》る者《もの》と聞《き》く者《もの》、見《み》える者《もの》と観《み》る者《もの》とが各々純粋性《おのおのじゅんすいせい》を持続《じぞく》しながら和《わ》して行《い》く所《ところ》に現象《げんしょう》認識《にんしき》の妙諦《みょうてい》がある。これが混乱《こんらん》した迷《まよ》いと、冷静《れいせい》な悟《さと》りの区別《くべつ》である。然《しか》し此《こ》の陰陽持続《いんようじぞく》の両者《りょうしゃ》の波動《はどう》はそのまま永久《えいきゅう》に連続《れんぞく》するわけではなく、主体的《しゅたいてき》にも客体的《きゃくたいてき》にも八律《はちりつ》の周期律《しゅうきりつ》によって締《し》めくくられる。その周期律《しゅうきりつ》の一巡《いちじゅん》が終《お》わった所《ところ》が客体《きゃくたい》に格《いた》った所《ところ》であり、主体《しゅたい》が客体《きゃくたい》に自己《じこ》を現《あら》わした所《ところ》であり、客体《きゃくたい》が主体《しゅたい》に摂取《せっしゅ》された所《ところ》である。両者《りょうしゃ》が相互《そうご》に至《いた》ることによって、そのジンテーゼとして新《あら》たに生《う》まれて来《き》たものは主体《しゅたい》（父《ちち》）でもなく、客体《きゃくたい》（母《はは》）でもなく、同時《どうじ》に主体《しゅたい》であり客体《きゃくたい》である所《ところ》の第三《だいさん》の現象《げんしょう》そのものの単元《たんげん》、すなわちその始原《しげん》である子音《しいん》である。子音《しいん》には四段階《よんだんかい》、四系列《よんけいれつ》がある。

生命《せいめい》の最奥《さいおう》の意志活動《いしかつどう》であるイ・チヒシキミリイニ、ヰ《ゐ》の律動《りつどう》は、次《つぎ》でウ・ウの権能段《けんのうだん》階《かい》に作用《さよう》してツフスクムルユヌ（感覚《かんかく》）の子音単元《しいんたんげん》を生《しょう》じ、更《さら》にオ・ヲ《を》段《だん》に作用《さよう》してトホソコモロヨノ（経験智《けいけんち》）の世界《せかい》を展開《てんかい》し、更《さら》にア・ワ段《だん》に作用《さよう》してタハサカマラヤナ（純粋経験《じゅんすいけいけん》）の子音《しいん》を創《つく》り、更《さら》にエ・ヱ《ゑ》段《だん》に流《なが》れてテヘセケメレヱ《ゑ》ネ（理性《りせい》）の境域《きょういき》に上昇《じょうしょう》する。斯《か》くして高低合計三十二個《こうていごうけいさんじゅうにこ》の子音《しいん》が生《う》まれる。聖書《せいしょ》はこれを生命《いのち》の樹《き》（主体《しゅたい》）と知識《ちしき》の樹《き》の間《あいだ》に繁茂《はんも》する「生命《いのち》の樹《き》の葉《は》」と云《い》う。葉《は》は言葉《ことば》（子音《しいん》）の象徴《しょうちょう》である。三十二子音《さんじゅうにしいん》、八父韻《はちふいん》、五母音《ごぼいん》、五半母音《ごはんぼいん》を合《あ》わせて五十音《ごじゅうおん》（四十八音《しじゅうはちおん》）となる。この五十音《ごじゅうおん》がモーゼの言《い》う「神《かみ》の口《くち》より出《い》づる言葉《ことば》―Manna《マンナ》」である。古代日本語《こだいにほんご》でもこれを真奈《まな》（真名《まな》）と云《い》い、仏教《ぶっきょう》では摩尼《まに》と云《い》う。このマニを組《く》み合《あ》わせて心象《しんしょう》と物象《ぶっしょう》のすべての森羅万象《しんらばんしょう》の夫々《それぞれ》の複雑《ふくざつ》な名称《めいしょう》を造《つく》る。恰《あたか》も百余個《ひゃくよこ》の元素《げんそ》が組《く》み合《あ》わされて複雑《ふくざつ》な有機《ゆうき》、無機《むき》の物質《ぶっしつ》を作《つく》ることと同《おな》じである。マナは凡《およ》そ人類《じんるい》が用《もち》うる総《すべ》ての言葉《ことば》の原典《げんてん》であり要素《ようそ》である。

創世記第十三章《そうせいきだいじゅうさんしょう》に記《しる》される如《ごと》く、エホバが言葉《ことば》を乱《みだ》して以来世界《いらいせかい》の言葉《ことば》は多岐多様《たきたよう》に岐《わか》れて、統一《とういつ》と法則《ほうそく》を失《うしな》い、例《たと》えば境《さかい》を接《せっ》して居《い》るフランスとドイツの間《あいだ》でもその儘《まま》では会話《かいわ》が通《つう》じなくなって居《い》るが、逆《ぎゃく》にその多岐多様《たきたよう》な言語《げんご》を元《もと》の「神《かみ》の口《くち》より出《い》づる言《ことば》に由《よ》る」

（新約《しんやく》 マタイ伝第四章《でんだいよんしょう》）、五十音《ごじゅうおん》に還元《かんげん》することによって「民《たみ》は一《ひとつ》にして皆一《みなひとつ》の言語《ことば》を用《もち》ふ」（旧約《きゅうやく》 創世記第十一章《そうせいきだいじゅういっしょう》）とある、その昔先天《むかしせんてん》から生《う》まれたままの清浄《せいじょう》な言葉《ことば》すなわち思惟《しゆい》に容易《ようい》に復帰《ふっき》することが出来《でき》る。実際《じっさい》に筆者《ひっしゃ》は言霊《げんれい》を英語《えいご》やフランス語《ご》やドイツ語《ご》を交《まじ》えて講義《こうぎ》して居《い》る。それでいて結構欧米人《けっこうおうべいじん》に納得《なっとく》して貰《もら》える。言霊《げんれい》は国語以前《こくごいぜん》の道《みち》（言《こと》葉《ば》・ロゴス）である。

主体《しゅたい》である生命意志《せいめいいし》が湧《わ》き出《で》て客体《きゃくたい》に結《むす》び付《つ》く精神《せいしん》の中枢《ちゅうすう》を古代語《こだいご》で「天《あめ》の真奈井《まない》」と云《い》う。頭脳《ずのう》の思惟中枢《しゆいちゅうすう》である。その中枢《ちゅうすう》を構成《こうせい》する言語《げんご》の先天《アプリオリ》（公理《こうり》・axiom《アクシアム》）は母音《ぼいん》、半母音《はんぼいん》、父韻《ふいん》の十四個《じゅうよんこ》の音《おん》であり、それは精神本具《せいしんほんぐ》の権能《けんのう》とその発現《はつげん》の律動《りつどう》である。この十四《じゅうよん》の先天《せんてん》が結合《けつごう》、交流《こうりゅう》して三十二子音《さんじゅうにしいん》が創造《そうぞう》される。子音《しいん》は人間《にんげん》と宇宙大自然《うちゅうだいしぜん》との協調《きょうちょう》作業《さぎょう》によって産《う》み出《だ》される所《ところ》の後天《ポステリオリ》であって、三十二子音《さんじゅうにしいん》を数学《すうがく》で云《い》ったら代表的《だいひょうてき》、典型《てんけい》的《てき》な「定理《ていり》」theorem《セオラム》である。この三十二《さんじゅうに》の現象《げんしょう》の様相《ようそう》を仏教《ぶっきょう》では仏陀《ぶつだ》の三十二相《さんじゅうにそう》と云《い》う。また観世音菩薩《かんぜおんぼさつ》の三十二《さんじゅうに》（三十三《さんじゅうさん》）応身《おうじん》とも云《い》う。

天《あめ》の真奈井《まない》から生命《せいめい》の智慧《ちえ》が清水《しみず》のように滾々《こんこん》と湧《わ》き出《で》る。陰陽主客《いんようしゅきゃく》が調和《ちょうわ》して生《う》まれるところの清浄無垢《せいじょうむく》な、そして宝石《ほうせき》のように美《うつく》しい万象《ばんしょう》の実相《じっそう》である。三十二《さんじゅうに》の子音《しいん》は或《ある》ものはルビーに、或物《あるもの》はサファイヤに、エメラルドに象徴《しょうちょう》される、これ等《ら》の宝石《ほうせき》を糸《いと》で連《つら》ねて手《て》に掛《か》ける珠子《ビーズ》、首《くび》に架《か》けるロザリーは、仏教《ぶっきょう》にせよキリスト教《きょう》にせよ、いずれも言《げん》霊《れい》の象徴呪物《しょうちょうじゅぶつ》である。言霊《げんれい》をコトタマと云《い》うが、それは魂《たましい》の義《ぎ》でもあり、また珠玉《しゅぎょく》に比喩《ひゆ》象徴《しょうちょう》されていると云《い》う意味《いみ》でもある。

「あらたふと青葉若葉《あおばわかば》の日《ひ》の光《ひかり》」（芭蕉《ばしょう》）。実相《じっそう》は光《ひか》り輝《かがや》いて居《い》る。先天十四音《せんてんじゅうよんおん》を以《もっ》て構成《こうせい》された天《あめ》の真奈井《まない》から実相《じっそう》の精髄《せいずい》である光《ひか》り輝《かがや》く子《こ》（子音《しいん》）が次々《つぎつぎ》に躍《おど》り出《で》て来《く》る。人間《にんげん》は陰陽《いんよう》の合体《がったい》であり、母音《ぼいん》・半母音《はんぼいん》又《また》は母音《ぼいん》・父韻《ふいん》の結合《けつごう》であり、霊魂《れいこん》と肉体《にくたい》の綜合体《そうごうたい》である。その合体《がったい》、結合《けつごう》、綜合《そうごう》が如何《いか》なる順序《じゅんじょ》で如何《いか》に行《おこな》われて居《い》るか、古事記《こじき》は「大事忍《おほごとおし》男神《をのかみ》」以下三十二神《いかさんじゅうにしん》の誕生《たんじょう》として漢字《かんじ》の概念《がいねん》を呪文的《じゅもんてき》に駆使《くし》して説《と》いて居《い》る。この事《こと》は前《ぜん》著《ちょ》『言霊百神《げんれいひゃくしん》』の中《なか》で先師《せんし》山腰明將《やまこしあきまさ》氏《し》が伝《つた》えた所《ところ》に従《したが》って詳述《しょうじゅつ》した。

タトヨツテヤユエケメ（一《いち》）
クムスルソセホヘ（二《に》）
フモハヌラサロレノネカマナコ（三《さん》）

これは呪文《じゅもん》ではない。子音《しいん》が生《う》まれる順序《じゅんじょ》をすなわち、「神《かみ》の口《くち》より出《い》づる言葉《ことば》」の発生《はっせい》の実際《じっさい》の経過《けいか》を述《の》べたものである。

（一《いち》）、天《あめ》の真奈井《まない》の扉《とびら》を開《ひら》いて全陽性《ぜんようせい》であるタ音《おん》がいきなり躍《おど》り出《で》て来《く》る。大事忍男神《おほごとおしをのかみ》と云《い》う。易《えき》で示《しめ》せば☰の卦《け》であり、仏教《ぶっきょう》を借《か》りて云《い》えば一大事因縁《いちだいじいんねん》と云《い》う。何故《なぜ》人間《にんげん》が言《げん》語《ご》を発《はつ》し、その言語《げんご》によって森羅万象《しんらばんしょう》を認識表現《にんしきひょうげん》するか、それは人間精神《にんげんせいしん》の先天的基本構《せんてんてききほんこう》造《ぞう》がトヨ（十四個《じゅうよんこ》）の父母音《ふぼいん》であることに存《そん》し、その先天《せんてん》が意識以前《いしきいぜん》の無意識《むいしき》の段階《だんかい》に於《お》いて活動《かつどう》し組合《くみあ》わされて言語即心象即現象《げんごそくしんしょうそくげんしょう》として全宇宙《ぜんうちゅう》の内容《ないよう》を識別表現《しきべつひょうげん》する。その宇宙《うちゅう》の全内容《ぜんないよう》の全的端的《ぜんてきたんてき》な顕現出発《けんげんしゅっぱつ》がタ（田《た》、五十音図《ごじゅうおんず》）音《おん》である。識別表現《しきべつひょうげん》はそのまま創造《そうぞう》であり、人間《にんげん》は中今《なかいま》の各瞬間毎《かくしゅんかんごと》に宇宙《うちゅう》の創造《そうぞう》を行《おこな》っている造物主《ぞうぶつしゅ》すなわち神《かみ》である。

(二《に》)、湧《わ》き出《で》て来《く》る知情意《ちじょうい》の各々《おのおの》が確実《かくじつ》に自己《じこ》を表現《ひょうげん》するに必要《ひつよう》な肉体発声器官機能《にくたいはっせいきかんきのう》を使役《しえき》して言語《げんご》の要素《ようそ》が構成《こうせい》されて行《い》く様相《ようそう》である。

(三《さん》)、音波《おんぱ》となった意志《いし》の波動《はどう》が、息吹《いぶき》で体外《たいがい》に出《で》て空中《くうちゅう》を飛翔伝達《ひしょうでんたつ》され、その音《おん》が耳朶《みみたぶ》に入《はい》り鼓膜《こまく》を刺激《しげき》して、中耳《ちゅうじ》を経《へ》て元《もと》の出発点《しゅつぱつてん》である頭脳《ずのう》の思惟中枢《しゆいちゅうすう》へ帰《かえ》って行《い》って「聞《き》こし召《め》」される。若《も》しくはその音波《おんぱ》が他人《たにん》の耳《みみ》に入《はい》って聞《き》かれて言葉《ことば》として承認《しょうにん》される過程《かてい》である。

一般《いっぱん》に誰《だれ》も気《き》が付《つ》かぬ事《こと》だが、此処《ここ》で注意《ちゅうい》しなければならぬのは、人間《にんげん》の発《はっ》する音波《おんぱ》は耳《みみ》に聞《き》かれ、頭脳《ずのう》に認識《にんしき》されて初《はじ》めて言葉《ことば》(ナ・名《な》、コ・子《こ》)となることである。真奈井《まない》から出《で》た当初《とうしよ》は無音《むおん》の理念《りねん》であり、空中《くうちゅう》に漂《ただよ》って居《い》る間《あいだ》は無音《むおん》の空気震動《くうきしんどう》(音波《おんぱ》)に過《す》ぎない。言葉《ことば》は自己又《じこまた》は他人《たにん》に聞《き》かれて初《はじ》めて言葉《ことば》となるのである。この人間《にんげん》の機能《きのう》を忍穂耳命《おしほみみのみこと》と云《い》う。言葉《ことば》を聞《き》く生命《せいめい》の作用《さよう》である。

人間《にんげん》は自分《じぶん》で発《はっ》した言葉《ことば》を自分《じぶん》で聞《き》いて自分《じぶん》で確証《かくしよう》する。すなわち頭脳《ずのう》の真奈井《まない》から発《はっ》した言葉《ことば》は再《ふたた》び真奈井《まない》に還《かえ》って来《き》て出発《しゅつぱつ》の時《とき》の理念《りねん》と帰還《きかん》の時《とき》の言葉《ことば》の姿《すがた》が照合《しょうごう》されて、其処《そこ》に存在《そんざい》する先天《せんてん》によって誤《あやま》りなき事《こと》が自証《じしょう》される。この途中《とちゅう》で障害《しょうがい》や混乱《こんらん》が起《お》こって自証《じしょう》がなされない言葉《ことば》は夢中《むちゅう》の譫言《たはごと》であり、上《うわ》すべりの観念《かんねん》であり、うろ覚《おぼ》え、聞《き》きかじりの言葉《ことば》である。日本人《にほんじん》が昔《むかし》から親《した》しんで来《き》た和歌《わか》や俳諧《はいかい》は自《みずか》らの言葉《ことば》を自《みずか》ら正《ただ》しく納得《なっとく》し、人《ひと》にも納得《なっとく》させるための修練《しゅうれん》である。以上《いじょう》を省《かえり》みれば夕音以下三十二音《おんいかさんじゅうにおん》の誕生《たんじょう》の順序《じゅんじょ》を現代《げんだい》の学問《がくもん》の範囲内《はんいない》で説明《せつめい》すれば子音発生《しいんはっせい》のサイコロジーであり同時《どうじ》にそのメカニズムである。

宇宙生命《うちゅうせいめい》の権能五《けんのうご》と五《ご》、その律動《りつどう》の八相《はっそう》と、其処《そこ》から産《う》まれ出《で》て来《く》る三十二《さんじゅうに》の実相《じっそう》を以《もっ》て全局《ぜんきょく》とする言霊五十音《げんれいごじゅうおん》は、その宇宙《うちゅう》の基礎公理《きそこうり》であり、生命《せいめい》の先天《せんてん》（先験《せんけん》）であり、更《さら》にその先天《せんてん》から発《はっ》した実相《じっそう》（定理《ていり》）の精髄《せいずい》であって、これを煩雑《はんざつ》な概念《がいねん》や、不確実《ふかくじつ》な比論《ひろん》や象徴《しょうちょう》を以《もっ》て表現《ひょうげん》するのではなく、直截端的《ちょくせつたんてき》な言語《げんご》の単音《たんおん》を以《もっ》てさながらに写《うつ》し現《あら》わし、且《か》つその五十個《ごじゅっこ》の単音《たんおん》の組《く》み合《あ》わせによって複雑《ふくざつ》な宇宙生命《うちゅうせいめい》の組織構造《そしきこうぞう》の全貌《ぜんぼう》、すなわち心象《しんしょう》、物象《ぶっしょう》の全局《ぜんきょく》を命名《めいめい》し表現《ひょうげん》する。五十音《ごじゅうおん》は宗教《しゅうきょう》の教理《きょうり》（ドグマ）や象徴比喩《しょうちょうひゆ》や哲学《てつがく》の命題《めいだい》を超越《ちょうえつ》して、更《さら》にその奥《おく》に存《そん》する生命《せいめい》の真《しん》の実在《じつざい》と真実相《しんじつそう》（実存《じつぞん》）である。聖書《せいしょ》はこれを「太初《はじめ》に言《ことば》あり、言《ことば》は神《かみ》と偕《とも》にあり、言《ことば》は神《かみ》なりき。」（新約《しんやく》ヨハネ伝第一章《でんだいいっしょう》）と云《い》い、また言霊《げんれい》を称《しょう》して「神《かみ》の口《くち》より出《い》づる凡《すべ》ての言《ことば》（マンナ）に由《よ》る」（新約《しんやく》マタイ伝第四章《でんだいよんしょう》）と云《い》う。仏教《ぶっきょう》では法華経《ほけきょう》に「仏所護念《ぶつしょごねん》」、阿弥陀経《あみだきょう》に「一切諸仏所護念経《いっさいしょぶつしょごねんきょう》」と云《い》う。儒教《じゅきょう》では「先王《せんのう》の結縄《けつじょう》の政《まつりごと》」と謂《い》われる所《ところ》のものである。五千年昔人類《ごせんねんむかしじんるい》の前《まえ》から姿《すがた》を没《ぼっ》した言《こと》葉《ば》なる神《かみ》は、明治以来《めいじいらい》の幾人《いくにん》かの先師先輩《せんしせんぱい》の研究《けんきゅう》を経《へ》て、今再《いまふたた》び我等《われら》の許《もと》にその姿《すがた》を顕《あら》わした。

「みたまあがり、去《い》にませし神《かみ》は今《いま》ぞ来《き》ませる。玉箱持《たまばこも》ちて去《さ》りたる御魂《みたま》、魂返《たまか》へしなせそ」これは石上神宮《いそのかみじんぐう》の神歌《かみうた》であり、予言《よげん》である。玉箱《たまばこ》（玉手箱《たまてばこ》）は言霊《げんれい》を納《おさ》めた箱《はこ》、すなわち五十音図《ごじゅうおんず》である。三千年《さんぜんねん》の空白《くうはく》の後《のち》にその玉箱《たまばこ》が再《ふたた》び帰《かえ》って来《き》た。予言通《よげんとお》り予定《よてい》された時期《じき》に帰《かえ》って来《き》た玉箱持《たまばこも》てる御魂《みたま》はも早《は》や再《ふたた》び（天《てん》に）帰《かえ》ることはない。

キリスト教《きょう》とユダヤ教《きょう》とそしてマホメット教《きょう》の秘密《ひみつ》であるエデンの園《その》は五千年昔《ごせんねんむかし》、経綸《けいりん》者《しゃ》の計画《けいかく》によって閉鎖《へいさ》されて、其処《そこ》に到《いた》る道《みち》はケルビム（アオウエ四母音《しぼいん》）と「自《おのづ》から旋《め》転《ぐ》る焰《ほのお》の剣《つるぎ》」（チヒシキミリイニ）八父韻《はちふいん》の謎《なぞ》によって護《まも》られて、その中《なか》に入《はい》る便《べん》を失《うしな》って居《い》たが、母音《ぼいん》と父韻《ふいん》とそして子音《しいん》の実体《じったい》が開明《かいめい》された事《こと》によって、人類《じんるい》は自由《じゆう》にエデンに出入《でいり》して、秘《ひ》められて居《い》た神《かみ》の智慧《ちえ》、人間《にんげん》の最高《さいこう》の叡智《えいち》を活用《かつよう》する事《こと》が出来《でき》るようになった。法華経《ほけきょう》の秘密《ひみつ》である「仏所護念《ぶつしょごねん》」すなわち「摩尼宝珠《まにほうじゅ》」が五十音言霊《ごじゅうおんげんれい》、布斗麻邇《ふとまに》として公開《こうかい》された事《こと》によって、三千年間《さんぜんねんかん》の菩提樹《ぼだいじゅ》の蔭《かげ》で涅槃《ねはん》の眠《ねむ》りを続《つづ》けて居《い》た仏陀《ぶつだ》は漸《ようや》くに再《ふたた》び眼覚《めざ》め起《た》ち上《あ》がって眷族《けんぞく》の無数《むすう》の菩薩達《ぼさつたち》を率《ひき》いて普《あまね》く世界《せかい》を説法遊行《せっぽうゆぎょう》し、その無上《むじょう》正覚《しょうかく》（阿耨多羅三藐三菩提《あのくたらさんみゃくさんぼだい》）を以《もっ》て人類《じんるい》を指導《しどう》する時代《じだい》となった。別《べつ》の表現《ひょうげん》を以《もっ》てすれば西方十万億土《さいほうじゅうまんおくど》に居《い》ると説《と》かれていた阿弥陀如来《あみだにょらい》がその「四十八願《しじゅうはちがん》」（言霊《げんれい》）の自覚《じかく》を成就《じょうじゅ》して、その四十八《しじゅうはち》の法《ほう》を転輪《てんりん》して此《こ》の娑婆世界《しゃばせかい》にそのままに極楽浄土《ごくらくじょうど》の荘厳《しょうごん》を現《げん》ずる時《とき》となったのである。（『言霊百神《げんれいひゃくしん》』新装版《しんそうばん》１５８頁《ページ》参照《さんしょう》）

五《ご》十《じゅう》音《おん》図《ず》の誕《たん》生《じょう》

初《はじ》めエデンの園《その》にはアダムが一人《ひとり》住《す》んで居《い》た。神《かみ》はアダムの肋骨《ろっこつ》を以《もっ》てその妻《つま》イヴを創《つく》った。人類《じんるい》の文明《ぶんめい》は言葉《ことば》と文字《もじ》とやがて数《かず》を以《もっ》て構成《こうせい》される。アダムは言葉《ことば》であり、イヴはその言葉《ことば》を眼《め》に見《み》える様《よう》にし、且《か》つ時間《じかん》を経《へ》て伝達保存《でんたつほぞん》する方法《ほうほう》である文字《もじ》である。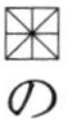の図《ず》をアダムの肋骨《ろっこつ》と云《い》い、大八島国《おほやしまのくに》と云《い》い、易《えき》の洛書《らくしょ》の型《かた》である。五十音《ごじゅうおん》を表《あら》わす古《こ》代《だい》の代表的《だいひょうてき》な文字《もじ》は此《こ》の図《ず》から構成《こうせい》された大八島文字《おほやしまもじ》である。

イヴはこの洛書《らくしょ》の原型《げんけい》から造《つく》られた。そしてエデンの園《その》はこの五十《ごじゅう》の幾何学的文字《きかがくてきもじ》の配《はい》列《れつ》によって正確《せいかく》にその形態構造《けいたいこうぞう》が示《しめ》された。聖書《せいしょ》の神話《しんわ》、教理《きょうり》（ドグマ）はこの様《よう》に言語《げんご》と文字《もじ》の原理《げんり》によって開明《かいめい》しなければならぬ。聖書《せいしょ》の開明《かいめい》は同時《どうじ》に神道《しんとう》の復原《ふくげん》である。古《こ》事記《じき》では五十音言霊《ごじゅうおんげんれい》の文字《もじ》による表現《ひょうげん》を「火之迦具土神《ほのかぐつちのかみ》」と云《い》う。迦具突智《かぐづち》は書《か》く土《つち》で

イヴ（文字《もじ》）を以《もつ》て示《しめ》された
エデンの園《その》

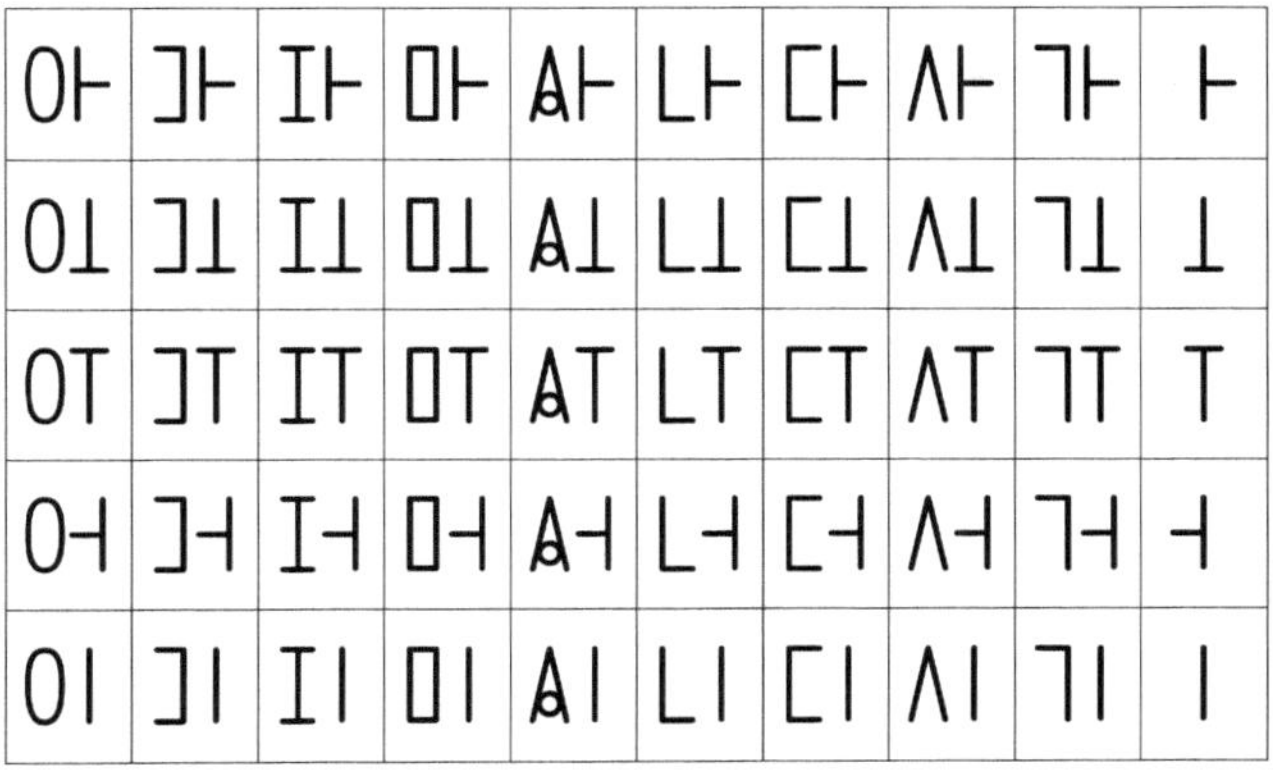

	ワ	サ	ヤ	ナ	ラ	ハ	マ	カ	タ	ア
（を）	ヲ									オ
	ウ									ウ
（ゑ）	ヱ									エ
（ゐ）	ヰ	シ	イ	ニ	リ	ヒ	ミ	キ	チ	イ

父《ちち》の名《な》（父韻《ふいん》）

図表-13｜**エデンの園（一）**

Garden《ガーデン》 of《オブ》 Eden《エデン》（象徴図《しようちよう ず》）

AOUEI・生命《いのち》の樹《き》・Wa《ワ》 Wo《(を)ヲ》 Wu《ウ》 We《(ゑ)ヱ》 Wi《(ゐ)ヰ》・知識《ちしき》の樹《き》

生命《いのち》の樹《き》の葉《は》（子音《しいん》）・32 枚《まい》

生命《いのち》の河《かわ》・4

A《ア》・Pison《ピソン》……宗教《しゆうきよう》・芸術《げいじゆつ》

O《オ》・Hiddekel《ヒデケル》……科学《かがく》・歴史《れきし》

U《ウ》・Euphrate《ユフラテ》……産業《さんぎよう》・経済《けいざい》

E《エ》・Gihon《ギホン》……道徳《どうとく》・政治《せいじ》

図表-14｜**エデンの園（二）**

Stone《ストーン》 henge《ヘンジ》の原理《げんり》

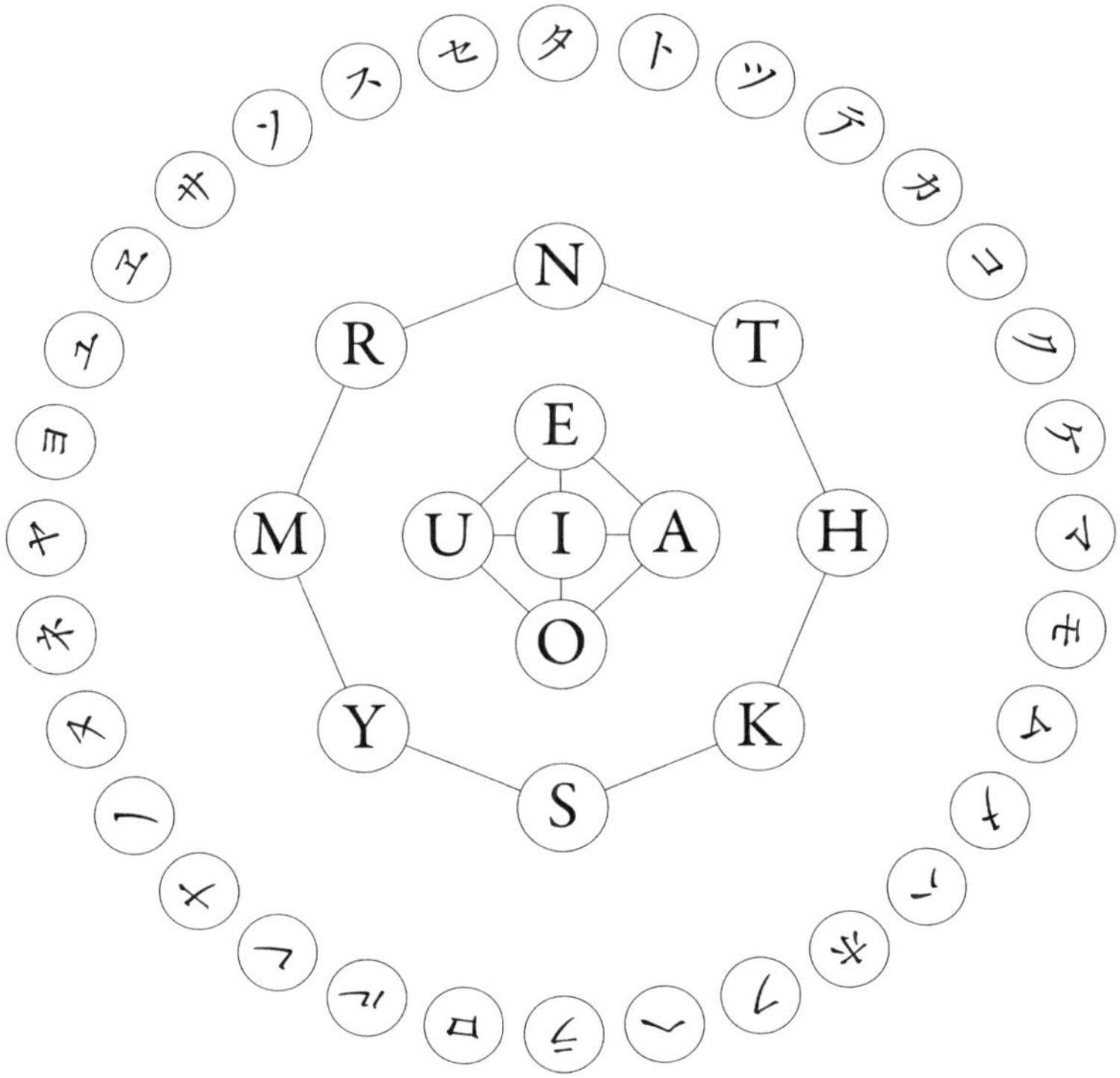

ヨーロッパ各地《かくち》に現存《げんぞん》するギリシャ・ローマ時代以前《じだいいぜん》の Celt《ケルト》（Kelt《ケルト》）文明《ぶんめい》の遺跡《いせき》の巨石《きよせき》Stone《ストーン》 henge《ヘンジ》（circle《サークル》）は母音《ぼいん》・父韻《ふいん》・子音《しいん》の象徴的配列《しょうちょうてきはいれつ》である

図表-15｜**ストーン・ヘンジの原理**

あって、パピルスも竹帛《ちくはく》も無《な》かったその頃《ころ》の文字《もじ》は粘土盤《ねんどばん》の上《うえ》に刻《きざ》まれた。すなわちclay《クレイ》tablet《タブレット》のことである。タブレットの上《うえ》には母音《ぼいん》、半母音《はんぼいん》、父韻《ふいん》、子音《しいん》が区別《くべつ》されて配列《はいれつ》された。（『言霊百神《げんれいひゃくしん》』新装版《しんそうばん》164頁《ページ》参照《さんしょう》）

五十音《ごじゅうおん》の図表《ずひょう》の作成《さくせい》によって宇宙生命《うちゅうせいめい》の陽儀《ようぎ》と陰儀《いんぎ》の交渉《こうしょう》は一段落《いちだんらく》を告《つ》げた。他面《ためん》からこれを見《み》れば生命《せいめい》の権能《けんのう》（実在《じつざい》）とその活動《かつどう》（律動《りつどう》）の所産《しょさん》としての一切《いっさい》の基本的要素《きほんてきようそ》が簡潔《かんけつ》な言語《げんご》の単音《たんおん》として把握自覚《はあくじかく》され、同時《どうじ》に文字《もじ》として表現《ひょうげん》され伝承《でんしょう》される事《こと》となったのである。五十音図《ごじゅうおんず》は生命《せいめい》の実在実存《じつざいじつぞん》である意志《いし》と知性《ちせい》と感情《かんじょう》の一切《いっさい》を含《ふく》む精神活動《せいしんかつどう》の典範《てんぱん》であり原図《げんず》である。この原実在実存《げんじつざいじつぞん》を仏教《ぶっきょう》では種智《しゅち》（一切種智《いっさいしゅち》）と云《い》う。この種智《しゅち》を出来上《できあ》がったままの素朴《そぼく》な状態《じょうたい》に配列《はいれつ》したものを「天津菅麻《あまつすがそ》」と称《しょう》する。

この主体《しゅたい》が客体《きゃくたい》と協力《きょうりょく》して創造《そうぞう》したままの素朴《そぼく》な言霊図《げんれいず》の内容《ないよう》の夫々《それぞれ》をも一度改《いちどあらた》めて検討《けんとう》し、これを自覚《じかく》に登《のぼ》らせて、五十音以上《ごじゅうおんいじょう》に種智《しゅち》はなく、五十音以下《ごじゅうおんいか》では種智《しゅち》の全部《ぜんぶ》を尽《つく》し得《え》ないその一切種智《いっさいしゅち》を整理《せいり》して、人類《じんるい》の個人《こじん》と家族《かぞく》と社会国家《しゃかいこっか》の生活《せいかつ》と経営《けいえい》の上《うえ》の永遠《えいえん》不滅《ふめつ》の理想《りそう》の典範《てんぱん》に組立《くみた》てる事《こと》がこれからの為事《しごと》である。それは譬《たと》えば摩尼宝珠《まにほうじゅ》と喩《たと》えられる宝石珠玉《ほうせきしゆぎよく》の全部《ぜんぶ》をちりばめて、王《おう》の王《おう》である救世主《きゆうせいしゆ》が頭《あたま》に戴《いただ》く荘厳絢爛《そうごんけんらん》たる冠《かんむり》を作成《さくせい》する操作《そうさ》である。冠《かんむり》は神理《かむり》であって、これを被《かぶ》る仕事《しごと》は五十音《ごじゆうおん》の律法《りつぽう》を奉載《ほうたい》して文明《ぶんめい》を指導《しどう》する道《みち》（ロゴス）をあらわすことの為事《しごと》である。古代《こだい》ギリシャで勝者《しようしや》が頂《いただ》いた月桂冠《げつけいかん》も、イエスが被《かぶ》らせられた茨《いばら》の冠《かんむり》も、原義《げんぎ》は何《いず》れも律法《りつぽう》の奉載者《ほうたいしや》、実行者《じつこうしや》の義《ぎ》である。冠《かんむり》はまた笠《かさ》（傘《かさ》）でもある。「かさをさすなる春日山《かすがやま》（三笠山《みかさやま》）」（狂言記《きようげんき》）と古歌《こか》に云《い》う。五十音《ごじゆうおん》図《ず》（笠《かさ》）には天津菅麻《あまつすがそ》、天津金木《あまつかなぎ》、天津太祝詞《あまつふとのりと》と云《い》う三《みつ》つの代表的《だいひようてき》な型式《かたしき》（笠《かさ》）がある。

宇宙《うちゆう》は物質《ぶつしつ》であり同時《どうじ》に霊魂《れいこん》である。生命《せいめい》は肉体《にくたい》と心霊《しんれい》の結合《けつごう》であり、そのco-operation《コーオペレイション》である。肉体《にくたい》のない心《こころ》はなく、心《こころ》が動《うご》かぬ肉体《にくたい》は気絶者《きぜつしや》か死体《したい》である。死体《したい》は物体《ぶつたい》に過《す》ぎない。外界《がいかい》の動《うご》きは直《ただ》ちに心《こころ》の動《うご》きに転換《てんかん》する。心《こころ》は神経《しんけい》を操作《そうさ》して肉体《にくたい》に指令《しれい》して操縦《そうじゆう》する。霊肉《れいにく》は相互《そうご》に働《はたら》き合《あ》う。これを感応同交《かんのうどうこう》と云《い》う。心《こころ》が肉体《にくたい》に隷属《れいぞく》すると見《み》る唯物史観《ゆいぶつしかん》や西洋医学《せいよういがく》の一面《いちめん》は、宇宙《うちゆう》の自覚体《じかくたい》すなわち神《かみ》としての人間《にんげん》の自由《じゆう》、自律《じりつ》性《せい》を放棄《ほうき》するものであり、「三界唯心《さんがいゆいしん》、万法唯識《まんぼうゆいしき》」（臨済録《りんざいろく》）と観《み》る仏教哲学《ぶつきようてつがく》の一面《いちめん》は自主《じしゆ》性《せい》の氾濫《はんらん》であり、精神力《せいしんりょく》だけで戦争《せんそう》は勝《か》てると思《おも》った曾《かつ》ての日本人《にほんじん》の幼稚《ようち》な偏見《へんけん》であった。

神道言霊《しんとうげんれい》はその何《いず》れの片方《かたほう》の立場《たちば》も採《と》らぬ。双方《そうほう》が持《も》つ同《おな》じ実在《じつざい》であるアオウエイ・ワヲ《を》ウヱ《ゑ》ヰ《ゐ》が協力共同《きょうりょくきょうどう》して、双方《そうほう》から互《たが》いに放射《ほうしゃ》される八父韻《はちふいん》を操縦《そうじゅう》して第三《だいさん》の子《こ》である心象《しんしょう》、物象《ぶっしょう》である現象《げんしょう》を生《しょう》じる。現象《げんしょう》は宇宙《うちゅう》の第三《だいさん》の子《こ》である。「一《いち》は二《に》を生《しょう》じ、二《に》は三《さん》を生《しょう》じ、三《さん》は万物《ばんぶつ》を生《しょう》ず。」（老子《ろうし》）と説《と》かれた。一《いち》、二《に》、三《さん》の数理《すうり》にウ（全体《ぜんたい》）、ワ（容体《ようたい》）、ア（主体《しゅたい》）の三音《さんおん》を結《むす》び、これに八父韻《はちふいん》を作用《さよう》せしむる時万物《ときばんぶつ》が生《しょう》ずる。八父韻《はちふいん》（八卦《はっけ》）を駆使《くし》して万物《ばんぶつ》を創造《そうぞう》し万機《ばんき》を処置《しょち》する活動《かつどう》を易《えき》では「大行《たいこう》」と云《い》う。斯《か》くして三十二子《さんじゅうにし》音《いん》が生《う》まれ、父母音《ふぼいん》と共《とも》に五十音《ごじゅうおん》（四十八音《しじゅうはちおん》）の物理学《ぶつりがく》で云《い》えば宇宙《うちゅう》の陽子《ようし》と電子《でんし》と原素《げんそ》の全体《ぜんたい》が主体《しゅたい》の自覚《じかく》の全貌《ぜんぼう》として出揃《でそろ》う。この時人類《ときじんるい》の智慧《ちえ》は更《さら》に進《すす》んでこの五十音《ごじゅうおん》を幾《き》何学文字《かがくもじ》に表現《ひょうげん》して、その素朴的素材的《そぼくてきそざいてき》な構成《こうせい》を粘土盤《ねんどばん》の上《うえ》に配列《はいれつ》した。即《すなわ》ち「書《か》く土《つち》」（迦具土《かぐつち》）である。爾後《じご》文明《ぶんめい》の指導原理《しどうげんり》（ロゴス）完成《かんせい》のための思索《しさく》はこの五十音《ごじゅうおん》の（粘土《ねんど》盤《ばん》）文字《もじ》の操作《そうさ》によってなされるのである。（『言霊百神《げんれいひゃくしん》』新装版《しんそうばん》１５５頁《ページ》参照《さんしょう》）

五《ご》十《じゅう》音《おん》図《ず》の整《せい》理《り》

先《ま》ず五十音図表《ごじゅうおんずひょう》word《ワード》 chart《チャート》を観察《かんさつ》する時《とき》、これは言葉《ことば》の全体的集積《ぜんたいてきしゅうせき》であり、同時《どうじ》にその文字《もじ》の堆積《たいせき》である事《こと》が理解《りかい》される。然《しか》も人間《にんげん》が操作《そうさ》する言葉《ことば》（智慧《ちえ》）の内容《ないよう》は此《こ》の五十個《ごじゅっこ》以下《か》でも以上《いじょう》でもなく、これが完全数《かんぜんすう》であって、然《しか》も欠《か》くる所《ところ》はない。人間《にんげん》はこの五十個《ごじゅっこ》の要素《ようそ》の上《うえ》に全精神《ぜんせいしん》を委《ゆだ》ね、同時《どうじ》にその知情意《ちじょうい》の活動《かつどう》の限界《げんかい》を自覚《じかく》する。人間《にんげん》の精神活動《せいしんかつどう》が無限《むげん》に複雑《ふくざつ》なものであるように見《み》える事《こと》は、この一定数《いっていすう》に限定《げんてい》されて居《い》る種智《しゅち》が無限《むげん》に複雑《ふくざつ》なコンビネーションで集散離合《しゅうさんりごう》するからであって、それは丁度一定数《ちょうどいっていすう》の盤面《ばんめん》と白黒《しろくろ》の石《いし》を持《も》った碁《ご》や、一定《いってい》の数《かず》と機能《きのう》を持《も》った将棋《しょうぎ》の駒《こま》が無限《むげん》に変化《へんか》する局面《きょくめん》を展開《てんかい》する事《こと》と同《おな》じである。

この一定《いってい》の数《かず》と機能《きのう》の限界《げんかい》を越《こ》えた世界《せかい》を観念的《かんねんてき》に考《かんが》える事《こと》が出来《でき》る。然《しか》しその考《かんが》えはすべてフィクションであり、空想《くうそう》であり、虚数《きょすう》$\sqrt{-1}$の世界《せかい》である。スウェーデンボルグやストリンドベリのオカルティシズムは表現方法《ひょうげんほうほう》が特殊《とくしゅ》なものであっただけで、実体《じったい》はキリスト教《きょう》に即《そく》した理性的《りせいてき》なものであったが、現代《げんだい》のオカルティシズムやS・Fの世界《せかい》は殆《ほとん》ど全《ぜん》部観念《ぶかんねん》の主観遊戯《しゅかんゆうぎ》の範囲《はんい》を出《で》ない。五十音図《ごじゅうおんず》は内部《ないぶ》の主体的精神的宇宙全図《しゅたいてきせいしんてきうちゅうぜんず》である。これを「あめのまだらこま」（天《あめ》の斑馬《まだらこま》）と云《い》う。仏教《ぶっきょう》で仏《ほとけ》、菩薩《ぼさつ》の絵姿《えすがた》を配列《はいれつ》して示《しめ》した内面《ないめん》の宇宙図《うちゅうず》を曼荼羅《マンダラ》と云《い》うが、粘土盤文字《ねんどばんもじ》のまだらこまも、胎蔵《たいぞう》・金剛《こんごう》の両法界《りょうほっかい》を示《しめ》す美麗《びれい》な絵画曼荼羅《かいがマンダラ》も、表現《ひょうげん》の形式《けいしき》が異《こと》なるだけで同《おな》じ宇宙図《うちゅうず》を示《しめ》している。斑《まだら》も曼荼羅《マンダラ》も同義《どうぎ》語《ご》である。

本書《ほんしょ》の初《はじ》め人間《にんげん》は不可知界《ふかちかい》、不可思議界《ふかしぎかい》に囲《かこ》まれて居《い》て、無限即有限《むげんそくゆうげん》であるその制約《せいやく》を越《こ》える事《こと》は出来《でき》ない、その限界《げんかい》の内部《ないぶ》で生存《せいぞん》し生活《せいかつ》して居《い》る大宇宙《だいうちゅう》の籠《かご》の鳥《とり》である事《こと》を説《と》いた。五十音粘土盤文字《ごじゅうおんねんどばんもじ》はその拡《ひろ》がりの限界《げんかい》と限界内部《げんかいないぶ》の要素《ようそ》と動《うご》き方《かた》の様式《ようしき》の全部《ぜんぶ》を網《もう》羅《ら》している。その要素様式規律《ようそようしききりつ》は人間《にんげん》が人間《にんげん》たる所以《ゆえん》の全貌《ぜんぼう》であって「神《かみ》の律法《おきて》」と聖書《せいしょ》に説《と》かれてある所《ところ》もこの五十音文字《ごじゅうおんもじ》に表現《ひょうげん》された言葉《ことば》を以《もっ》てする制約《せいやく》であり軌範《きはん》に他《ほか》ならぬ。この制約《せいやく》を象徴的《しょうちょうてき》に説《と》いたものがエデンの園《その》である。

人間《にんげん》の可知界《かちかい》、可能界《かのうかい》の全景《ぜんけい》を示《しめ》した粘土盤《ねんどばん》の五十音《ごじゅうおん》の内容《ないよう》の夫々《それぞれ》として、即《すなわ》ち人間《にんげん》の人間性《にんげんせい》として我々《われわれ》は改《あらた》めて何《なに》と何《なに》を自覚《じかく》しなければならぬか。先《ま》ず気《き》が付《つ》くのは五十音図《ごじゅうおんず》の両端《りょうたん》に陽儀《ようぎ》（生命《いのち》の樹《き》）としてアオウエイ、陰儀《いんぎ》（知識《ちしき》の樹《き》）としてワヲ《を》ウヱ《ゑ》ヰ《ゐ》が一対《いっつい》の大樹《たいじゅ》又《また》は柱《はしら》、オベリスクとして樹《た》って居《い》る事《こと》である。五十音図《ごじゅうおんず》の縦《たて》の行《ぎょう》は五段階《ごだんかい》に仕切《しき》られている。先《ま》ず素朴的《そぼくてき》な初歩《しょほ》の思惟《しゆい》を以《もっ》て此《こ》の五段階《ごだんかい》を如何《いか》に理解《りかい》するか。この理解《りかい》は究極的《きゅうきょくてき》には一《ひと》つものになるが、初歩的《しょほてき》な思惟《しゆい》を以《もっ》てする時《とき》これを主体側《しゅたいがわ》（陽儀《ようぎ》）から見《み》る時《とき》と客体側《きゃくたいがわ》（陰儀《いんぎ》）から見《み》る時《とき》で見《み》えて来《く》るものが相違《そうい》する。客体《きゃくたい》から異《こと》なる時本来《ときほんらい》五《ご》であるものが初《はじ》めは三《さん》として、三《さん》にしか見《み》えない。これを「みつはのめ」（三《み》つ葉《は》の目《め》）と云《い》う。

陰儀《いんぎ》（客体《きゃくたい》）のワヲ《を》ウヱ《ゑ》ヰ《ゐ》にあってはヲ《を》とエが漠然《ばくぜん》として顕《あらわ》れず、ワウヰ《ゐ》の三音《さんおん》、三権《さんけん》能《のう》が先《ま》ず観取《かんしゅ》される。この三《みっ》つは「天《てん》・人《じん》・地《ち》」の三《さん》である。ワは感覚《かんかく》に写《うつ》った有《あ》りの儘《まま》の万物《ばんぶつ》の客観現象《きゃっかんげんしょう》、ヰ《ゐ》は宇宙自然界《うちゅうしぜんかい》の運行《うんこう》とその生物《せいぶつ》の生命意志活動《せいめいいしかつどう》の法則性《ほうそくせい》であって、此《こ》の間《あいだ》にあってウ（人間《にんげん》）の感覚《かんかく》はこのワとヰ《ゐ》を識別《しきべつ》する機能《きのう》を発揮《はっき》する。斯《か》くして先《ま》ず宇宙《うちゅう》は天《てん》・人《じん》・地《ち》の三《さん》を以《もっ》て構成《こうせい》されていると云《い》う素朴《そぼく》な理解《りかい》がなされる。

他方陽儀《たほうようぎ》（主体《しゅたい》）のアオウエイから観《み》る時《とき》は先《ま》ず自己内面《じこないめん》の智性《ちせい》であるオウエの三音《さんおん》、三権能《さんけんのう》が先頭《せんとう》に顕《あら》われて、他《た》の二《ふた》つアとイ（天《てん》と地《ち》）が何物《なにもの》であるかは未《いま》だ正確《せいかく》な認識《にんしき》として出《で》て来《こ》ない。オは経験知《けいけんち》（純粋理性《じゅんすいりせい》）であり、エは選択判断知《せんたくはんだんち》（実践理性《じっせんりせい》）である。

〇　オ　ウ　エ　〇　（生命《いのち》の樹《き》・陽《よう》・主体《しゅたい》）

ワ　〇　ウ　〇　ヰ《ゐ》　（知識《ちしき》の樹《き》・陰《いん》・客体《きゃくたい》）

言霊五十音図《げんれいごじゅうおんず》を神道《しんとう》で箱《はこ》あるいは舟《ふね》と云《い》う。玉手箱《たまてばこ》・玉匣《たまくしげ》・御舟代《みふなしろ》等《など》と云《い》う。「汝松木《なんぢまつのき》をもて汝《なんぢ》のために方舟《はこぶね》を造《つく》り方舟《はこぶね》の中《うち》に房《ま》を作《つく》り瀝青《やに》をもて其内外《そのうちそと》を塗《ぬ》るべし　汝《なんぢ》かく之《これ》を作《つく》るべし即《すなは》ち其方舟《そのはこぶね》の長《ながさ》は三百《さんびやく》キユビト其濶《そのひろさ》は五十《ごじゆう》キユビト其高《そのたかさ》は三十《さんじゆう》キユビト…（中略《ちゆうりやく》）…下牀《した》と二階《にかい》と三階《さんがい》とに之《これ》を作《つく》るべし　視《み》よ我洪水《われこうずい》を地《ち》に起《おこ》して凡《すべ》て生命《いのち》の氣息《いき》ある肉《にく》なる者《もの》を天下《てんか》より剪滅《ほろぼ》し絶《たた》ん地《ち》にをる者《もの》は皆死《みなし》ぬべし　然《され》ど汝《なんぢ》とは我《われ》わが契約《けいやく》をたてん汝《なんぢ》は汝《なんぢ》の子等《こら》と汝《なんぢ》の妻《つま》および汝《なんぢ》の子等《こら》の妻《つま》とともに其方舟《そのはこぶね》に入《い》るべし又《また》諸《もろもろ》の生物《いきもの》総《すべ》て肉《にく》なる者《もの》を

ば汝《なんぢ》 各《おのおの》 其二《そのふたつ》を方舟《はこぶね》に挈《たづさ》へいりて汝《なんぢ》とともに其生命《そのいのち》を保《たも》たしむべし其等《それら》は牝牡《めを》なるべし」
(旧約《きゆうやく》 創世記第六章《そうせいきだいろくしよう》)。

これはノアの方舟《はこぶね》である。四角《しかく》(方《はこ》)な箱《はこ》の舟《ふね》であり、正《まさ》に言霊《げんれい》を配列《はいれつ》した音図《おんず》である。大《おお》きさが、上中下三段《じようちゆうげさんだん》に作《つく》られたとあるから、これは三十数《さんじゆうすう》を内容《ないよう》とする三十音図《さんじゆうおんず》であると云《い》えよう。創世記第二章《そうせいきだいにしよう》の生命《いのち》の樹《き》はアオウエイ、知識《ちしき》の樹《き》はワヲ《を》ウヱ《ゑ》ヰ《ゐ》と考《かんが》える時《とき》、三十音図《さんじゆうおんず》では五母音《ごぼいん》のうちの二段階《にだんかい》が欠除《けつじよ》している。その残《のこ》りの三段階《さんだんかい》はオウエであるか、ワウヰ《ゐ》であるかのいずれかである。以上《いじよう》を考《かんが》えて行《い》く時《とき》、ノアの方舟《はこぶね》は現実《げんじつ》の船《ふね》ではなくて、種智言霊《しゆちげんれい》を配列《はいれつ》した文明《ぶんめい》の、然《しか》し未完成《みかんせい》の指導原理《しどうげんり》の一《ひと》つであった事《こと》が首肯《しゆこう》される。

古《ふる》くセム、ハム、ヤペテの頃《ころ》は言霊《げんれい》(律法《りつぽう》)の研究《けんきゆう》が普《あまね》く世界《せかい》の関心事《かんしんじ》であった。今日《こんにち》の科学者《かがくしや》が陽子《ようし》・電子《でんし》・原子《げんし》の研究《けんきゆう》に専念《せんねん》する如《ごと》く、内面《ないめん》の種智言霊《しゆちげんれい》の開明《かいめい》はその時代《じだい》の人類《じんるい》の最高《さいこう》の関心事《かんしんじ》であった。言霊五十音《げんれいごじゆうおん》は遠《とお》く八千年昔既《はつせんねんむかしすで》に完成《かんせい》されたもので、その様《よう》相《そう》の象徴的伝承《しようちようてきでんしよう》が創世記第一章《そうせいきだいいつしよう》やその他仏教《たぶつきよう》の曼荼羅等《マンダラなど》の記録表現《きろくひようげん》である。エデンの園閉《そのへい》鎖《さ》として伝《つた》えられる五十音原理《ごじゆうおんげんり》の隠没《おんもつ》と共《とも》に人類《じんるい》は例《たと》えばノアの時《とき》に於《お》ける如《ごと》く、またその後《のち》のユダヤの予言者《よげんしや》やカバリストの如《ごと》く、この原理《げんり》を復原《ふくげん》しようと渾身《こんしん》の研究努力《けんきゆうどりよく》を続《つづ》けて今日《こんにち》に到《いた》っている。

然《しか》しその努力《どりよく》が実《みの》りかけて五十音種智《ごじゆうおんしゆち》が復元《ふくげん》されそうになると、その都度文明《つどぶんめい》の指導経綸者《しどうけいりんしや》（聖書《せいしよ》ではエホバと云《い》う）の手《て》によって人間《にんげん》の折角《せつかく》の努力《どりよく》が破壊《はかい》された。「エホバ言《いひ》たまひけるは視《み》よ民《たみ》は一《ひとつ》にして皆一《みなひとつ》の言語《ことば》を用《もち》ふ今既《いますで》に此《これ》を為《な》し始《はじ》めたり然《され》ば凡《すべ》て其為《そのなさ》んと図《はか》る事《こと》は禁止《とど》め得《う》られざるべし　去来我等降《いざわれらくだ》り彼処《かしこ》にて彼等《かれら》の言語《ことば》を淆《みだ》し互《たがひ》に言語《ことば》を通《つう》ずることを得《え》ざらしめんと　エホバ遂《つい》に彼等《かれら》を彼処《かしこ》より全地《ぜんち》の表面《おもて》に散《ちら》したまひければ彼等邑《かれらまち》を建《たつ》ることを罷《やめ》たり　是故《このゆえ》に其名《そのな》はバベル（淆乱《みだれ》）と呼《よ》ばる」（旧約創世記第十一章《きゆうやくそうせいきだいじゆういつしよう》）

五十音《ごじゆうおん》の正式《せいしき》の原理《げんり》は神代《かみよ》の日本《にほん》の天津日嗣《あまつひつぎ》の教庁《きようちよう》の伝統《でんとう》として継承《けいしよう》されて来《き》たが、その宗家《そうけ》の日本皇室《にほんこうしつ》にあった原理《げんり》も二千年昔《にせんねんむかし》、崇神天皇《すじんてんのう》によって神社神道《じんじやしんとう》の形《かたち》で（伊勢《いせ》）神宮《じんぐう》に奉祭隠匿《ほうさいいんとく》された。天武天皇《てんむてんのう》の時《とき》に及《およ》んでその隠匿《いんとく》された原理《げんり》が呪文《じゆもん》の形《かたち》に編輯《へんしゆう》されて今日《こんにち》に伝《つた》えられたものが古事記及《こじきおよ》び日本書紀或《にほんしよきある》いは大祓祝詞《おほはらひのりと》であって、科学文明《かがくぶんめい》が極度《きよくど》に発達《はつたつ》を見《み》ようとする現代《げんだい》に到《いた》って、その宇宙《うちゆう》の客観像《きやつかんぞう》である科学《かがく》と並行《へいこう》して、古代《こだい》の五十音《ごじゅうおん》の内面的生命《ないめんてきせいめい》の律法《りっぽう》（ロゴス）が我々《われわれ》の努力《どりょく》によって、人類文明《じんるいぶんめい》の経営指導者《けいえいしどうしゃ》の予《よ》定通《ていとお》り計画通《けいかくとお》りに復元開顕《ふくげんかいけん》された。前述《ぜんじゅつ》の如《ごと》く玉箱《たまばこ》（五十音図《ごじゅうおんず》）を携《たずさ》えて帰《かえ》って来《き》た人類《じんるい》の魂《みたま》はも早《は》や再《ふたた》び（天《てん》に）帰《かえ》ることはない。エデンの園《その》の扉《とびら》が再《ふたた》び開《あ》けたからにはも早《は》や永遠《えいえん》に閉《とざ》される事《こと》がない。

オウエが主眼《しゅがん》か、ワウヰ《ゐ》が主眼《しゅがん》かなどと色々《いろいろ》と考察《こうさつ》が巡《めぐ》らせられて行《い》くうちに段々《だんだん》に五十音《ごじゅうおん》の内容《ないよう》が自覚《じかく》されて行《い》く。そこで此《こ》の素朴《そぼく》な五十音図表《ごじゅうおんずひょう》の周囲《しゅうい》に四角《しかく》な枠《わく》を廻《めぐ》らせて一応人間《いちおうにんげん》の種智《しゅち》の全貌《ぜんぼう》が集《あつ》められた。然《しか》し此《こ》のまとまりはその後《のち》なお幾多《いくた》の整理検討《せいりけんとう》を必要《ひつよう》とする未《ま》だ未《ま》だ雑然《ざつぜん》たる集合《しゅうごう》に過《す》ぎない。

この未整理《みせいり》の五十音《ごじゅうおん》の集合《しゅうごう》を呪文《じゅもん》で「和久産巣日《わくむすび》」と云《い》う。周囲《しゅうい》に枠《わく》をめぐらす事《こと》である。その図《ず》を観察《かんさつ》すると周囲《しゅうい》にアオウエ四母音《しぼいん》とチキシヒミリイニ八父韻《はちふいん》と、イヰ《ゐ》の親音《しんいん》（子《こ》を産《う》んで親《おや》となった陰陽両儀《いんようりょうぎ》）の計十四音《けいじゅうよんおん》が並《なら》んで居《い》るから、これを十四《じゅうよん》で構成《こうせい》された容物《いれもの》（枠《わく》）すなわち「豊宇気《とようけ》」と云《い》う。うけは受《うけ》であり槽《うけ》、盃《うき》である。

森羅万象《しんらばんしょう》は陽儀《ようぎ》subject《サブジエクト》と陰儀《いんぎ》object《オブジエクト》の和合《わごう》によって産《う》まれる。最初《さいしょ》に産《う》まれて出《で》るものは単純《たんじゅん》な感覚《かんかく》（ウ）の映像《えいぞう》であるが、五智《ごち》を生命《せいめい》の内容《ないよう》とする人間《にんげん》は他《た》の動植物《どうしょくぶつ》と異《こと》なって、更《さら》にオ（経験《けいけん》の組織《そしき》）、ア（実相《じっそう》の確立《かくりつ》）、エ（行動《こうどう》の自主選択《じしゅせんたく》）、そして右《みぎ》の四智《しち》の総合態《そうごうたい》、指導者《しどうしゃ》としての先天《せんてん》に則《そく》したイ（生命意志《せいめいいし》の自覚《じかく》）がある。更《さら》に人間《にんげん》は主体《しゅたい》と客体《きゃくたい》と、及《およ》び主客《しゅきゃく》を結《むす》ぶ媒介《ばいかい》である宇宙生命《うちゅうせいめい》の律動《りつどう》（八律《はちりつ》）を操作《そうさ》して宇宙《うちゅう》の律法《りっぽう》（掟《おきて》）を自覚《じかく》し、その宇宙《うちゅう》の象《ぞう》を主体《しゅたい》でも客体《きゃくたい》でもない、同時《どうじ》に主体《しゅたい》でも客体《きゃくたい》でもある第三《だいさん》の子《し》音《いん》、実相《じっそう》、現象《げんしょう》として自覚《じかく》し、これを言語《げんご》の相《そう》に於《おい》て表現《ひょうげん》し伝達《でんたつ》する権能《けんのう》を発揮《はっき》する。また更《さら》にその母《はは》・父《ちち》・子《こ》の三態《さんたい》の言語《げんご》を文字《もじ》に現《あら》わし、その文字《もじ》を操作《そうさ》して言語《げんご》だけではなお不充分《ふじゅうぶん》である精神活動《せいしんかつどう》を補足《ほそく》する。主体客体《しゅたいきゃくたい》の和合《わごう》によって五十音図表《ごじゅうおんずひょう》が生《う》まれた時《とき》、陰陽《いんよう》、主客《しゅきゃく》の合作協力《がっさくきょうりょく》の仕事《しごと》は一段落《いちだんらく》を告《つ》げる。この一段落《いちだんらく》とは宇宙《うちゅう》の生命意志《せいめいいし》を自覚《じかく》し、これを操作《そうさ》して文明《ぶんめい》の創造《そうぞう》を行《おこな》う神《かみ》そのものである人間《にんげん》の誕生《たんじょう》である。古事記《こじき》はこの一段《いちだん》落《らく》を迦具土神《かぐつちのかみ》が生《う》まれた後《あと》、陰神伊邪那美命《いんしんいざなみのみこと》の美蕃登《みほと》が焼《や》けて、これ以上子《いじょうこ》を産《う》むことが出来《でき》なくなって神避《かむさ》りましたと呪示《じゅじ》して居《い》る。

芸《げい》術《じゅつ》の意《い》義《ぎ》と限《げん》界《かい》

北斎《ほくさい》が富士山《ふじさん》を見《み》ている。初《はじ》め眼《め》に映《えい》じたのは単純漠然《たんじゅんばくぜん》たる自然現象《しぜんげんしょう》としての富士山《ふじさん》であるが、この時彼《ときかれ》の芸術的直観《げいじゅつてきちょっかん》が働《はたら》いて彼独特《かれどくとく》の富士山《ふじさん》の絵《え》が描《えが》かれる。その富士山《ふじさん》は自《し》然界《ぜんかい》の富士山《ふじさん》ではなくて、第三《だいさん》の富士山《ふじさん》であり、北斎《ほくさい》（人間《にんげん》）が自覚《じかく》した富士山《ふじさん》である。ゴッホが向日葵《ひまわり》の画《え》を描《えが》いた時《とき》、それは既《すで》に花瓶《かびん》に挿《さ》された自然《しぜん》の向日葵《ひまわり》ではない。ベートーベンが月光《げっこう》の曲《きょく》を作曲《さっきょく》した時《とき》、その曲《きょく》は自然界《しぜんかい》の月光《げっこう》と彼《かれ》の微妙《びみょう》な聴覚《ちょうかく》が感得《かんとく》した第《だい》三《さん》の月光《げっこう》である。

斯《かく》の如《ごと》く陰儀《いんぎ》（客体《きゃくたい》）と陽儀《ようぎ》（主体《しゅたい》）の合作《がっさく》によって創造《そうぞう》された第三《だいさん》の子《こ》が芸術《げいじゅつ》（ア）である。精《くわ》しく云《い》えばアとワが合体《がったい》したワ（和《わ》）である。主客《しゅきゃく》が協力《きょうりょく》して産《う》んだ宇宙曼荼羅《うちゅうマンダラ》の夫々《それぞれ》の部分《ぶぶん》である。芸術《げいじゅつ》が産《う》まれた時《とき》、客体《きゃくたい》、対象《たいしょう》であった富士山《ふじさん》も向日葵《ひまわり》も月《つき》の光《ひかり》りも元《もと》の大自然界《だいしぜんかい》（ウ）に帰《かえ》って行《い》く。陰儀《いんぎ》が元《もと》のウに帰《かえ》った後《あと》に残《のこ》された子《こ》すなわち芸術作品《げいじゅつさくひん》をフランス人《じん》は同《おな》じくobje《オブジエ》と呼《よ》ぶ。それは陽儀《ようぎ》（主体《しゅたい》）と一《ひと》つになった第二次《だいにじ》（三次《さんじ》）的《てき》な陰儀《いんぎ》object《オブジエクト》の姿《すがた》である。夫婦《ふうふ》の間《あいだ》に生《う》まれた子供《こども》は妻《つま》の応佐変身《おうさへんしん》であり、その遺身《かたみ》である。

北斎《ほくさい》やゴッホや他人《たにん》の芸術《げいじゅつ》の限界《げんかい》に就《つ》いてばかり述《の》べて来《き》た。筆者自身《ひっしゃじしん》のエピソードを述《の》べよう。昭和三十六年《しょうわさんじゅうろくねん》から三十九年《さんじゅうくねん》まで六郷《ろくごう》の小《ちい》さな無格神社《むかくじんじゃ》の留守番《るすばん》をして居《い》た。毎《まい》日二時間位《にちにじかんくらい》は六郷土堤《ろくごうどて》をランニングや速歩《そくほ》する事《こと》を日課《にっか》の一《ひと》つとして居《い》た。言葉《ことば》の微妙《びみょう》なニュアンスの練習《れんしゅう》の為《ため》に自分《じぶん》は学生時代《がくせいじだい》から和歌《わか》や俳句《はいく》をよく作《つく》った。

十一月《じゅういちがつ》の末《すえ》の或日《あるひ》の夕方《ゆうがた》、土堤《どて》を歩《ある》いて居《い》た時《とき》句《く》が出来《でき》た。「秋風《あきかぜ》や土堤《どて》の飯場《はんば》に灯《ひ》がともる」。何《なん》の工事《こうじ》の飯場《はんば》か知《し》らぬが、これは句《く》になって居《い》ると思《おも》った。そう思《おも》ったと同時《どうじ》に自分《じぶん》は愕然《がくぜん》として反省《はんせい》した。西風《にしかぜ》が薄寒《うすさむ》い暮方《くれがた》のバラックの飯場《はんば》に労務者《ろうむしゃ》が帰《かえ》って来《く》る、お内儀《ないぎ》さんが夕食《ゆうしょく》の仕度《したく》をして居《い》る。この風景《ふうけい》を冷静《れいせい》な第三者《だいさんしゃ》として客観的《きゃっかんてき》に眺《なが》めて居《い》る事《こと》は生命《せいめい》の学《がく》である言霊《げんれい》の行者《ぎょうじゃ》の態度《たいど》ではない。此《こ》の句《く》を最後《さいご》として自分《じぶん》は句作《くさく》に心《こころ》を労《ろう》することは止《とど》めることに決心《けっしん》した。自分《じぶん》の俳句《はいく》は此処《ここ》までで終《お》わった。

そして此《こ》の時《とき》から先師《せんし》山腰明将《やまこしあきまさ》氏《し》の薄《うす》い冊子《さっし》「言霊《げんれい》」を下敷《したじ》きにして、自分自身《じぶんじしん》の言霊《げんれい》学《がく》として『言霊百神《げんれいひゃくしん》』の執筆《しっぴつ》を始《はじ》めた。観《み》るもの、眺《なが》めるものより自《みずか》ら創《つく》るものへ転換《てんかん》した。芭蕉《ばしょう》は彼《かれ》の俳諧《はいかい》を実務《じつむ》の役《やく》に立《た》たぬ遊戯《ゆうぎ》であると断《ことわ》って居《い》る（奥《おく》の細道《ほそみち》）。だが言霊《げんれい》は客観《きゃっかん》でも主観《しゅかん》でもない。主客双方《しゅきゃくそうほう》を揚棄《ようき》して自《みずか》ら創造《そうぞう》する第三《だいさん》の道《みち》の種子《しゅし》であり、軌範《きはん》である。日本《にほん》の文学者《ぶんがくしゃ》の中《なか》にはよい作品《さくひん》を残《のこ》し乍《なが》ら自殺《じさつ》する者《もの》が少《すく》なくない。その理由《りゆう》は社《しゃ》会的《かいてき》に見《み》て色々《いろいろ》と論議《ろんぎ》されて居《い》るだろう。然《しか》し自分《じぶん》にもその心境《しんきょう》がよく判《わか》るような気《き》がする。芭蕉《ばしょう》や親鸞《しんらん》や道元等《どうげんら》をあれ程迄《ほどまで》に美《うつく》しく説《と》いた川端康成《かわばたやすなり》氏《し》が何故《なぜ》みずから生命《せいめい》を断《た》ったか。現在《げんざい》の世《よ》の中《なか》ではそれ以上先《いじょうさき》に進《すす》む道《みち》を索《たず》ねても見付《みつ》からなかったからであろう。生《せい》命《めい》を学《まな》ぶ者《もの》は何《なん》の理由《りゆう》にもせよみずから生命《せいめい》を断《た》つことは有《あ》り得《え》べからざる事《こと》である。キリスト教《きょう》が自殺《じさつ》を罪悪《ざいあく》とする所以《ゆえん》はここにある。自分《じぶん》は芸術《げいじゅつ》アの境域《きょういき》を越《こ》えたも一《ひと》つ先《さき》の生命《せいめい》に即《そく》した道《みち》の行者《ぎょうじゃ》である。言霊《げんれい》イの道《みち》を菩薩行《ぼさつぎょう》エとして精励《せいれい》することが自分《じぶん》の行《い》き方《かた》である。

今少《いますこ》し芸術《げいじゅつ》に就《つ》いて述《の》べる。芸術作品《げいじゅつさくひん》は宇宙生命《うちゅうせいめい》の部分《ぶぶん》であり断片《だんぺん》である。この故《ゆえ》に画《え》には額縁《がくぶち》があり、楽譜《がくふ》には終止符《しゅうしふ》があり、オペラもドラマも舞台《ぶたい》と云《い》う仕切《しき》られた空間《くうかん》、限《かぎ》られた時間内《じかんない》で、演《えん》じられる。夫々《それぞれ》一局部《いちきょくぶ》であるからである。然《しか》し同《おな》じ主客両儀《しゅきゃくりょうぎ》の創造《そうぞう》に係《かか》わるものであっても、言霊布斗麻邇《げんれいふとまに》の世界《せかい》には額縁《がくぶち》や終止符《しゅうしふ》や舞台《ぶたい》と云《い》う時間《じかん》と空間《くうかん》の制約《せいやく》がない。全生命《ぜんせいめい》の然《しか》も永遠《えいえん》に継続《けいぞく》される不滅不変《ふめつふへん》の自己表現自己顕現《じこひょうげんじこけんげん》である。ダンテの言葉《ことば》を借《か》りれば永遠《えいえん》のDivine Comedy《デヴァイン コメディ》である。勿論五十音図表《もちろんごじゅうおんずひょう》は四角《しかく》な枠《わく》を以《もっ》て囲《かこ》まれているが、それは全宇宙《ぜんうちゅう》の球《きゅう》（円《えん》）形《けい》がそのまま四角《しかく》に整理《せいり》されたものであって、音図《おんず》の枠《わく》は可知《かち》と不可知《ふかち》、可能《かのう》と不可能《ふかのう》、存在《そんざい》と非存在《ひそんざい》の限界《げんかい》を示《しめ》すものである。これを七五三縄《しめなわ》と云《い》う。その四角《しかく》な枠《わく》の内部《ないぶ》が全宇宙《ぜんうちゅう》が運行《うんこう》し、全生命《ぜんせいめい》が活動《かつどう》する永遠《えいえん》の舞台《ぶたい》である。

歴《れき》史《し》上《じょう》から見《み》た言《げん》霊《れい》

此《こ》の所《ところ》をもう一歩《いっぽ》布衍《ふえん》して経験智《けいけんち》才に訴《うった》えて一面歴史的《いちめんれきしてき》に説明《せつめい》しよう。「民《たみ》は一《ひとつ》にして皆《みな》一《ひとつ》の（一系列《いちけいれつ》の）言語《ことば》を用《もち》ふ」（旧約《きゅうやく》創世記第十一章《そうせいきだいじゅういっしょう》）。その頃《ころ》その言葉《ことば》（ロゴス）はギリシャ神話《しんわ》、北欧神話《ほくおうしんわ》、エジプトの古代建造物《こだいけんぞうぶつ》、古代中国説話《こだいちゅうごくせつわ》に象徴《しょうちょう》され飜案《ほんあん》され具象化《ぐしょうか》された。やがてモーゼ、釈迦《しゃか》、老子《ろうし》、孔子《こうし》、イエス、マホメット等《ら》が日本《にほん》を訪《おとず》れて神代上古《かみよじょうこ》の天皇《てんのう》に就《つ》いてコトタマを学《まな》んで帰《かえ》った時《とき》、それを各民族《かくみんぞく》の宗教《しゅうきょう》として比喩《ひゆ》と象徴《しょうちょう》と概念《がいねん》（教理《ドグマ》）に編纂《へんさん》して教伝《きょうでん》した。

彼等《かれら》、教主教祖達《きょうしゅきょうそたち》は単《たん》に智識《ちしき》、信仰《しんこう》として教伝《きょうでん》したばかりでなく、難解《なんかい》である言霊《げんれい》を彼等《かれら》みずから率先《そっせん》して、その国家《こっか》の上《うえ》に、国家《こっか》として、民族民衆《みんぞくみんしゅう》の上《うえ》に身《み》を以《もっ》て実践窮行《じっせんきゅうこう》し、且《か》つ民族《みんぞく》に実行《じっこう》せしめた。その実践《じっせん》の記録《きろく》が新旧約聖書《しんきゅうやくせいしょ》であり、法華経《ほけきょう》である。言霊《げんれい》は生《せい》命《めい》の法則《ほうそく》であるから実践《じっせん》せずしてこれを弄《もてあそ》べば、実質《じっしつ》の無《な》い観念《かんねん》の遊戯《ゆうぎ》に終《お》わる。

またフトマニの或部分《あるぶぶん》は古代印度哲学《こだいいんどてつがく》として紹介《しょうかい》され、老子《ろうし》や孔子《こうし》によって中華哲学《ちゅうかてつがく》（易《えき》）として教伝《きょうでん》された。降《くだ》って日本《にほん》では神武天皇以後是等《じんむてんのういごこれら》の儒仏二教《じゅぶつにきょう》の外国文化《がいこくぶんか》が逆輸入《ぎゃくゆにゅう》されて来《き》て特《とく》に仏教《ぶつきょう》とユダヤ教《きょう》（景教《ネストリアン》）に基《もと》づいて絢爛《けんらん》たる飛鳥朝《あすかちょう》の造形美術《ぞうけいびじゅつ》すなわち像法宗教《ぞうほうしゅうきょう》として展開《てんかい》された。是等《これら》の悠遠《ゆうえん》な歴史的事実《れきしてきじじつ》の経路《けいろ》は今日《こんにち》の歴史学《れきしがく》や考古学《こうこがく》がまだ到達《とうたつ》して居《い》ない今《いま》より三千年以上《さんぜんねんいじょう》を遡《さかのぼ》る昔《むかし》からの消息《しょうそく》である。

爾来約二千年間日本《じらいやくにせんねんかんにほん》では像法末法時代《ぞうほうまっぽうじだい》が経過《けいか》した。明治維新前後《めいじいしんぜんご》に至《いた》って突然《とつぜん》に民間《みんかん》宗教《しゅうきょう》としてシャーマニズムである黒住《くろずみ》、天理《てんり》、大本《おおもと》その他《た》の神憑《かみがか》りと予言《よげん》の宗教《しゅうきょう》が現《あら》われた。是等民間宗教《これらみんかんしゅうきょう》の出現《しゅつげん》は二千年《にせんねん》、三千年《さんぜんねん》の間隠《あいだかく》されて居《い》た日本人《にほんじん》の潜在意識《せんざいいしき》、祖先《そせん》からの遺伝的記憶《いでんてききおく》がようやく眼覚《めざ》め始《はじ》めた事《こと》であって、その説《と》こうとする核心《かくしん》は何《いず》れも、我等《われら》日本人並《にほんじんなみ》に世界《せかい》の各民族《かくみんぞく》がその昔用《むかしもち》いて居《い》た「唯一《ただひと》つの言葉《ことば》」である言霊《げんれい》の再自覚《さいじかく》、再《さい》出現《しゅつげん》に関《かん》する端緒《たんしょ》であり予告《よこく》である。然《しか》し折角眼覚《せっかくめざ》めかけた維新前後《いしんぜんご》の宗教運動《しゅうきょううんどう》もその真《しん》相《そう》に到達《とうたつ》し得《え》ない後継者達《こうけいしゃたち》の手《て》によって或《ある》いは個人《こじん》の魂《たましい》や生活《せいかつ》の平穏《へいおん》を求《もと》める民間宗教《みんかんしゅうきょう》、或《ある》いはその予言《よげん》が神秘観《しんぴかん》を以《もっ》て逆用《ぎゃくよう》されて鬼面《きめん》を以《もっ》て人心《じんしん》を催眠《さいみん》、霊縛《れいばく》して無為《むい》と待望《たいぼう》だけを事《こと》とさせる宗教団体《しゅうきょうだんたい》に転落《てんらく》して今日《こんにち》に到《いた》っている。

以上簡単《いじょうかんたん》に筋道《すじみち》だけを掻《か》いつまんで説《と》いたが、その初《はじ》め唯一系列《ゆいいつけいれつ》の言葉《ことば》であったコトタマは世界《せかい》のすべての宗教及《しゅうきょうおよ》び神話《しんわ》の原型《げんけい》であり、哲学《てつがく》の公理《こうり》であり、芸術《げいじゅつ》の淵源《えんげん》である。然《しか》しコトタマ自体《じたい》は何人《なんぴと》の宗教《しゅうきょう》でも何処《どこ》の民族《みんぞく》の神話《しんわ》でも、誰《だれ》の哲学《てつがく》でも芸術《げいじゅつ》でもない。個人《こじん》のものではなく、先天《せんてん》に立脚《りっきゃく》した、人間本具《にんげんほんぐ》の大自然性《だいしぜんせい》、神性《しんせい》そのものである。換言《かんげん》すればこれを実行《じっこう》する者《もの》が救世主《きゅうせいしゅ》であり、これを把持継承《はじけいしょう》する者《もの》を天津日嗣《あまつひつぎ》と云《い》う。この故《ゆえ》にコトタマに格《いた》るために信仰《しんこう》は不要《ふよう》である。祈《いの》りも不要《ふよう》である。また特別《とくべつ》な修練《しゅうれん》も鍛錬《たんれん》も必要《ひつよう》としない。言霊《げんれい》の練習《れんしゅう》と称《しょう》して「南無妙法蓮華経《なむみょうほうれんげきょう》」の題目《だいもく》や「南無阿弥陀仏《なむあみだぶつ》」の称名《しょうみょう》に真似《まね》て「アイウエオ、カキクケコ、サシスセソ……」と五十音《ごじゅうおん》の誦唱《じゅしょう》を事《こと》として言霊《げんれい》の修業《しゅぎょう》であると教《おし》える宗教団体《しゅうきょうだんたい》や道場《どうじょう》があるが、ナンセンスであり笑止《しょうし》である。その平常心《へいじょうしん》のおのずからなる軌範《きはん》、律法《りっぽう》がすなわちコトタマである。最《もっと》も普遍的《ふへんてき》な本質的《ほんしつてき》なコトタマであるが「百姓《ひゃくせい》は日《ひ》に用《もち》いて知《し》らず。」（易経《えききょう》）であって、これが世界《せかい》に於《お》ける言霊《げんれい》の現状《げんじょう》である。

太古人類《たいこじんるい》が先天《せんてん》の把握《はあく》によって構成《こうせい》した大自然界《だいしぜんかい》のウ、すなわちワヲ《を》ウヱ《ゑ》ヰ《ゐ》object《オブジェクト》と、アオウエイsubject《サブジェクト》と、そしてこの左右《さゆう》を結《むす》ぶ媒介《ばいかい》である八律《はちりつ》の父韻《ふいん》によって産《う》み出《だ》された第三《だいさん》の子音《しいん》を綜合《そうごう》した布斗麻邇《ふとまに》五十音《ごじゅうおん》及《およ》び五十音文字《ごじゅうおんもじ》は右《みぎ》に説《と》いた芸術《げいじゅつ》（ア）の創造《そうぞう》の場《ば》合《あい》と同《おな》じく、陽儀《ようぎ》（主体《しゅたい》・男神《おがみ》・夫神《おっとがみ》）から見《み》れば陰儀《いんぎ》（客体《きゃくたい》・女神《めがみ》・妻神《つまがみ》）のわすれがたみである。此処《ここ》までは言霊《げんれい》も今日《こんにち》の芸術《げいじゅつ》、哲学《てつがく》、宗教《しゅうきょう》も同《おな》じであるが、これから先《さき》に相《そう》違《い》が岐《わか》れて行《い》く。

芸術《げいじゅつ》、哲学《てつがく》、宗教《しゅうきょう》の作品《さくひん》や命題《めいだい》は言霊《げんれい》ア段《だん》まで到達《とうたつ》した宇宙像《うちゅうぞう》、生命像《せいめいぞう》の断片的部分《だんぺんてきぶぶん》であり、若《も》しくは言霊《げんれい》エ段《だん》の道徳性《どうとくせい》を開顕実践《かいけんじっせん》しようとする切実《せつじつ》な努力《どりょく》のあらわれであるが、いずれも全局《ぜんきょく》を尽《つ》くして居《い》ない。此《こ》の所《ところ》を更《さら》にもう一歩超脱揚棄《いっぽちょうだつようき》した言霊布斗麻邇《げんれいふとまに》は人類《じんるい》の先天《せんてん》の全部《ぜんぶ》であるイ言霊《げんれい》の境域《きょういき》を根底《こんてい》として、全体性《ぜんたいせい》と普遍妥当性《ふへんだとうせい》を余蘊《ようん》なく発揮《はっき》し、人《じん》類《るい》がその生命《せいめい》を、すなわちその生物学的《せいぶつがくてき》な種《しゅ》specie《スピーシー》を持続《じぞく》する限《かぎ》り永遠《えいえん》に恒常不変《こうじょうふへん》の原則《げんそく》として構成《こうせい》されるのである。

父《ふ》韻《いん》の発《はっ》見《けん》

宇宙生命《うちゅうせいめい》の律法《りっぽう》である五十音図《ごじゅうおんず》を創造《そうぞう》されたobject《オブジェクト》として、かたみとして残《のこ》して陰儀《いんぎ》（客体《きゃくたい》）は元《もと》の宇宙大自然界《うちゅうだいしぜんかい》（ウ）の境域《きょういき》に帰《かえ》って行《い》った。ここでしばらく神話《しんわ》としての古《こ》事記《じき》の記述《きじゅつ》に従《したが》って『言霊百神《げんれいひゃくしん》』に用《もち》いた説明方法《せつめいほうほう》を踏襲《とうしゅう》して行《い》く。妻神伊邪那美命《つまがみいざなみのみこと》は子《こ》を産《う》み尽《つく》して病《や》み臥《こ》やし、間《ま》もなく元《もと》の渾沌《こんとん》の世界《せかい》（黄泉国《よもつくに》、冥府《よみ》、陰府《よみ》）へ神避《かむさ》りました。扨《さ》てこの時《とき》、改《あらた》めてその陰儀《いんぎ》（陰神《いんしん》）が残《のこ》して行《い》った子供《こども》の五十音図表《ごじゅうおんずひょう》clay tablet《クレイ タブレット》の陽儀《ようぎ》アオウエイと陰儀《いんぎ》ワヲ《を》ウヱ《ゑ》ヰ《ゐ》の間《あいだ》を行《い》ったり来《き》たりして調《しら》べて見《み》ると、その最下段《さいかだん》のイヰ《ゐ》の間《あいだ》にチヒシキミリイニの八父韻《はちふいん》が並《なら》んでいることが発見《はっけん》される。八父韻《はちふいん》は四母音《しぼいん》と呼《よ》び合《あ》って三十二子音《さんじゅうにしいん》の声《こえ》となる原動《げんどう》のひびき（震動《しんどう》）である。

母音《ぼいん》アオウエイは永久《えいきゅう》に同《おな》じ調子《ちょうし》で鳴《な》るのみで、変化《へんか》することのない梵《ぼん》（ブラフマー）

の永遠《えいえん》の鳴動《めいどう》である。そのブラフマーの最高《さいこう》の位置《いち》に位《くらい》するPrāna《プラーナ》（生命意志《せいめいいし》）イの内容《ないよう》である八父韻《はちふいん》そのものは、辛《かろ》うじてかすれた響《ひび》きだけのもので、それ自体《じたい》では発音《はつおん》する事《こと》は困難《こんなん》である。母音《ぼいん》に変化《へんか》の律《リズム》である父韻《ふいん》が作用《さよう》して、初《はじ》めて明白《めいはく》に発音《はつおん》され、且《か》つ聞《き》き得《う》る音声子音《おんせいしいん》となる。ヨーロッパでイタリア語《ご》は子音《しいん》に必《かなら》ず母音《ぼいん》が伴《ともな》って居《い》るから聞《き》き易《やす》い。ドイツ語《ご》は例《たと》えばNitzsche《ニーチエ》の如《ごと》く父韻《ふいん》（子音《しいん》）が五《いつ》つも連続《れんぞく》する。古事記《こじき》では父韻《ふいん》を「泣沢女《なきさわめ》」と云《い》う。声《こえ》を出《だ》して泣《な》き騒《さわ》ぐと云《い》う意味《いみ》である。

父韻《ふいん》は前述《ぜんじゆつ》の如《ごと》く此岸《しがん》（吾《あ》）と彼岸《ひがん》（汝《な》）の間《あいだ》を渡《わた》す形而上《けいじじよう》の橋《はし》、言葉《ことば》の橋《はし》であるから「天《あめ》の浮橋《うきはし》」と云《い》う。生命《いのち》の樹《き》と知識《ちしき》の樹《き》の間《あいだ》を結《むす》ぶ天上《てんじよう》（雲《くも》の上《うえ》）の橋《はし》であるから「虹《にじ》」（旧約《きゆうやく》 創世記第九章《そうせいきだいきゆうしよう》）と云《い》う。ア（吾《あ》）とワ（汝《な》）の間《あいだ》を絶《た》えず往復《おうふく》して知情意《ちじようい》を交換《こうかん》する役目《やくめ》に任《にん》ずるから「淡路島通《アワじしまかよ》ふ千鳥《ちどり》」とも云《い》う。その男女《アワ》の間《あいだ》の情《じよう》の交換《こうかん》の濃《こま》やかなものが恋愛《れんあい》である。

恋愛《れんあい》にせよ、芸術《げいじゆつ》にせよ、政治《せいじ》、経済《けいざい》、道徳《どうとく》にせよ父韻《ふいん》は主体側《しゆたいがわ》に於《おい》て自覚《じかく》される生命《せいめい》活動《かつどう》、即《すなわ》ち現象創造《げんしようそうぞう》の原律《げんりつ》であって、宇宙《うちゆう》の子人間《こにんげん》はその原律《げんりつ》を自《みず》らの意志《いし》によって自由《じゆう》にコントロールする。人間《にんげん》の自由《じゆう》、自主《じしゆ》、自律性《じりつせい》の根拠《こんきよ》はこの父韻《ふいん》の活用《かつよう》にある。故《ゆえ》に仏陀《ぶつだ》の別名《べつめい》を調御丈夫《じようごじようぶ》（controller《コントローラ》）と云《い》う。父韻《ふいん》の活用《かつよう》は言霊《げんれい》の主眼《しゆがん》であって、先《ま》ず父韻《ふいん》の操作《そうさ》すなわち自己《じこ》の精神《せいしん》、霊魂《れいこん》の統御《とうぎよ》が実際《じつさい》に可能《かのう》でなければ、たとえ言霊麻邇《げんれいまに》の意味《いみ》を知《し》っても、ただそれを概念的《がいねんてき》に説明《せつめい》する丈《だ》けに止《とど》まって、これを以《もつ》て自己《じこ》を、隣人《りんじん》を、民族《みんぞく》、社会《しやかい》、国家《こつか》を経営処理《けいえいしより》する権能《けんのう》を発揮《はつき》し得《え》ない。その人間《にんげん》の、すなわち全世界人類《ぜんせかいじんるい》の精神《せいしん》を統御活用《とうぎよかつよう》して最高《さいこう》の調和《ちようわ》に格《いた》るための父韻《ふいん》の操作《そうさ》の順序《じゆんじよ》がタカマハラナヤサの律法《りつぽう》であって、これを天津太祝詞《あまつふとのりと》、八咫鏡《やたのかがみ》と云《い》う。

と云《い》っても此《こ》のままの音《おん》や仮名文字《かなもじ》を配列《はいれつ》しただけでは現代《げんだい》の詩人《しじん》にも音楽家《おんがくか》にも、哲学者《てつがくしや》、心理学者《しんりがくしや》にも容易《ようい》には理解《りかい》されない。これを概念《がいねん》に翻訳《ほんやく》して示《しめ》す。概念《がいねん》で示《しめ》せばそのまま政治《せいじ》にも経済《けいざい》にも道徳《どうとく》にも適用《てきよう》される。左図《さず》（図表《ずひよう》16）は天津太祝詞音図《あまつふとのりとおんず》である。これを体得《たいとく》し実践《じつせん》し世界《せかい》に命令《めいれい》し施行《せぎよう》することによって、創造《そうぞう》する人間《にんげん》の意志活動《いしかつどう》イが四《よつ》つの知性《ちせい》アオウエを従《したが》えて如何《いか》に順序《じゆんじよ》よく合理的《ごうりてき》に活用《かつよう》されるかが実現《じつげん》する。言霊布斗麻邇《げんれいふとまに》はこの天津太祝詞音図《あまつふとのりとおんず》すなわち八咫鏡《やたのかがみ》、すなわち「生命《いのち》の城《まち》」の原理《げんり》を開顕《かいけん》し全世界《ぜんせかい》に実行《じっこう》する道《みち》である。八年前《はちねんまえ》この百神《ひゃくしん》を出版《しゅっぱん》した当時《とうじ》は筆者《ひっしゃ》にまだ父韻《ふいん》の意義《いぎ》が明瞭《めいりょう》には理《り》解《かい》されて居《い》なかった。本書《ほんしょ》を以《もっ》て今《いま》その当時《とうじ》からの宿題《しゅくだい》を釈《と》き得《え》たことを喜《よろこ》ぶ。筆者《ひっしゃ》の心境《しんきょう》が進《すす》み、世界《せかい》にその時《とき》が来《き》たのである。

後天八父韻《こうてんはちふいん》（天津太祝詞《あまつふとのりと》）

ア	タ	カ	マ	ハ	ラ	ナ	ヤ	サ	ワ
（陽儀《ようぎ》・主体《しゅたい》）	創造《そうぞう》	収納《しゅうのう》	整理《せいり》	啓発《けいはつ》	浸透《しんとう》	成熟《せいじゅく》	繁栄《はんえい》	調和《ちょうわ》	（陰儀《いんぎ》・客体《きゃくたい》）

先天八父韻《せんてんはちふいん》（天津菅麻《あまつすがそ》）

チ	イ	キ	ミ	シ	リ	ヒ	ニ
宇比地邇神《うひぢにのかみ》	（妹《いも》）須比智邇神《すひぢにのかみ》	角杙神《つぬぐひのかみ》	（妹《いも》）活杙神《いくぐひのかみ》	大斗能地神《おほとのぢのかみ》	（妹《いも》）大斗乃升神《おほとのべのかみ》	淤母陀流神《おもだるのかみ》	（妹《いも》）阿夜訶志古泥神《あやかしこねのかみ》

図表-16｜**父韻（先天・後天）（一）**

（『言霊百神《げんれいひやくしん》』新装版《しんそうばん》86、172頁《ページ》参照《さんしよう》）

下段《げだん》の天津菅麻《あまつすがそ》の耦生《ぐうせい》（男女《だんじよ》）八神《はつしん》は四組《よんくみ》の作用《さよう》と反作用《はんさよう》、主体《しゆたい》（陽《よう》）の呼《よ》びかけの意《い》志《し》に対《たい》して客体《きやくたい》（陰《いん》）が応答《おうとう》する意志《いし》の動《うご》きを示《しめ》す。上段《じようだん》の天津太祝詞《あまつふとのりと》の意志発現《いしはつげん》の順序《じゆんじよ》は主客陰陽《しゆきやくいんよう》が協調《きようちよう》して文明《ぶんめい》を完成《かんせい》する合理的《ごうりてき》な意志操作《いしそうさ》の典型《てんけい》である。

剣《つるぎ》、璽《たま》、鏡《かがみ》

五十音図表《ごじゅうおんずひょう》を前《まえ》に拡《ひろ》げこの五十音原理《ごじゅうおんげんり》の分析理解《ぶんせきりかい》は更《さら》に次《つぎ》の段階《だんかい》に進展《しんてん》する。始《はじ》め図表《ずひょう》の部分部分《ぶぶんぶぶん》を分解《ぶんかい》して、その内容《ないよう》を一《ひと》つ一《ひと》つ検討判断《けんとうはんだん》して来《き》たが、いよいよその判断《はんだん》の結果《けつか》の全体《ぜんたい》を綜合《そうごう》して道《みち》（ロゴス）を組立《くみた》てる段階《だんかい》に入《はい》る。これは古事記《こじき》に於《おい》ては伊邪那岐神《いざなぎのかみ》が「十拳剣《とつかのつるぎ》を抜《ぬ》きて、その子迦具土神《かぐつちのかみ》の頸《くび》を斬《き》りたまふ」と呪示《じゅじ》されて居《い》るところから始《はじ》まる。頸《くび》は組霊《くび》の義《ぎ》で、五十音図表《ごじゅうおんずひょう》そのものを意味《いみ》する。そしてこれを斬《き》り判断《はんだん》する道具《どうぐ》が十拳剣《とつかのつるぎ》である。

少《すこ》しまわり道《みち》のようだが此処《ここ》でその「剣《つるぎ》」を含《ふく》めた三種《さんしゅ》の神器《じんぎ》（剣《つるぎ》、璽《たま》、鏡《かがみ》）の意義《いぎ》を説《と》くことにする。古来宗教《こらいしゅうきょう》の教義《きょうぎ》の上《うえ》で「剣《つるぎ》」と云《い》う言葉《ことば》が随所《ずいしょ》に用《もち》いられている。剣《つるぎ》の代《かわ》りに「杖《つえ》」と云《い》う場合《ばあい》もある。天叢雲剣《あめのむらくものつるぎ》、布都剣《ふつのつるぎ》、韓鋤剣《からさびのたち》などと神道《しんとう》で呪示《じゅじ》される。剣《つるぎ》をタチ（太刀《たち》）と訓《よ》むことは断《たち》の義《ぎ》である。「両頭倶《りょうとうとも》に截断《せつだん》すれば一剣天《いっけんてん》に倚《よ》って寒《すさま》じ」（槐安国語《かんあんこくご》）「珍重《ちんちょう》す大元三尺《だいげんさんせき》の剣《けん》」（臨刃偈《りんじんげ》）「三十年来剣《さんじゅうねんらいけん》を尋《たず》ねる客《きゃく》」（霊雲《れいうん》の偈《げ》）等《など》と言《い》うのは禅語《ぜんご》である。「われ地《ち》に平和《へいわ》を投《とう》ぜんために来《きた》れりと思《おも》ふな。平和《へいわ》にあらず、反《かへ》って剣《つるぎ》を投《とう》ぜん為《ため》に来《きた》れり。」（新約《しんやく》マタイ伝第十章《でんだいじゅっしょう》）とも記《しる》されてある。剣《つるぎ》を別名《べつめい》「杖《つえ》」とも云《い》う。「アロンの杖《つえ》」と云《い》い「芭蕉《ばしょう》の拄杖子《しゅじょうす》」（無門関《むもんかん》）などと云《い》われる。剣《つるぎ》も杖《つえ》も比喩《ひゆ》であり象徴《しょうちょう》であって、剣《つるぎ》はものを斬《き》る道具《どうぐ》、杖《つえ》はそれに倚《よ》（頼《よ》）って生命《せいめい》が起《た》ち上《あ》がって活動《かつどう》する道具《どうぐ》、即《すなわ》ち憑《よ》り代《しろ》である是等《これら》の象徴《しょうちょう》の形而上《けいじじょう》の正体《しょうたい》を判断《はんだん》、判断力《はんだんりょく》と云《い》う。判断《はんだん》が即《すなわ》ち知性《ちせい》の剣《つるぎ》である。「不動明王《ふどうみょうおう》の智剣《ちけん》」と云《い》う。

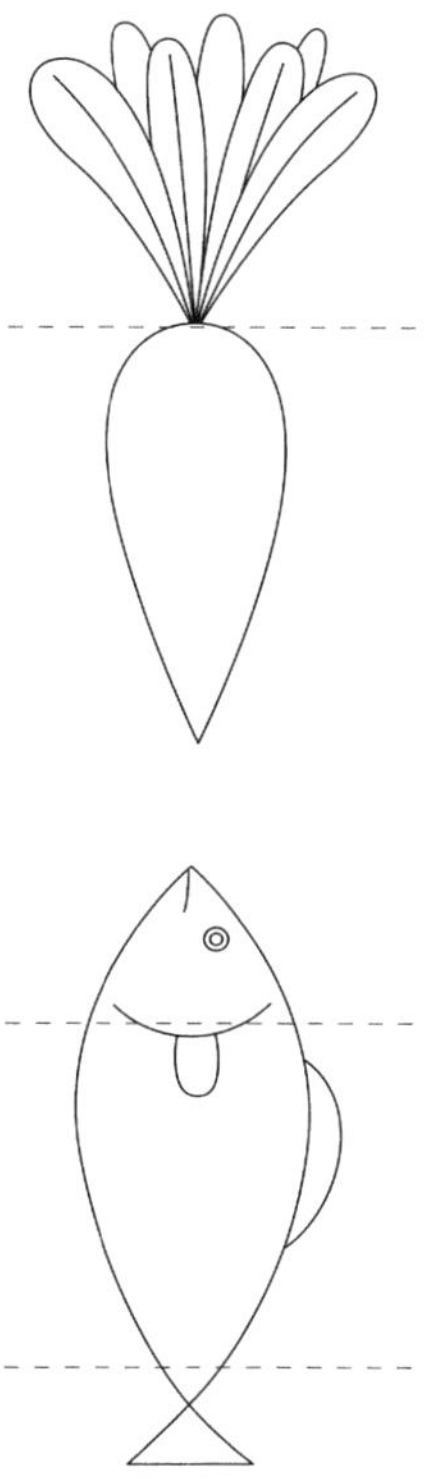

図表-17｜**剣**

一本《いっぽん》の大根《だいこん》を畑《はたけ》から抜《ぬ》いて来《き》て包丁《ほうちょう》（剣《つるぎ》）を以《もっ》て二《ふた》つに斬《き》れば葉《は》と根《ね》に剖《わ》けられる。魚《さかな》を頭《あたま》・胴《どう》・尾《お》に剖《わ》ければ三《さん》となる。包丁《ほうちょう》で斬《き》っても、心《こころ》で斬《き》っても同《おな》じである。斬《き》らなければ葉《は》と根《ね》、頭《あたま》と胴《どう》と尾《お》は未剖《みぼう》の一者《いっしゃ》である。分《わけ》る（分析《ぶんせき》・解剖《かいぼう》・截断《せつだん》）と判《わか》る（判断《はんだん》）とは同義語《どうぎご》であって、分《わけ》て見《み》なければ判《わか》らない。判《わか》るためには分《わ》けてみなければならない。判断《はんだん》し、識別《しきべつ》し、区別《くべつ》しなければ事物《じぶつ》は渾沌《こんとん》である。判断《はんだん》に頼《たよ》らなければ人間《にんげん》は行動《こうどう》することが出来《でき》ない。判断《はんだん》は行動《こうどう》の軌範《きはん》方針《ほうしん》を決定《けってい》するから剣《つるぎ》はすなわち杖《つえ》である。

最《もっと》も素朴《そぼく》で単純《たんじゅん》な判断《はんだん》は二《に》である。二《に》は本書《ほんしょ》の初《はじ》め宇宙剖判《うちゅうぼうはん》の所《ところ》で説《と》いた陰陽両儀《いんようりょうぎ》であり、やがて陰陽《いんよう》が現象《げんしょう》と行動《こうどう》の上《うえ》で善悪《ぜんあく》となり、美醜《びしゅう》、正邪《せいじゃ》、損得等《そんとくなど》となる。陰陽《いんよう》を日本《にほん》語《ご》で水火《みずほ》と云《い》う。瑞穂《みずほ》とも書《か》く。陰陽両儀《いんようりょうぎ》は更《さら》に四象《ししょう》を生《う》み、八卦《はっけ》を展開《てんかい》し六十四卦《ろくじゅうよんけ》となる。陰陽《いんよう》は出発《しゅっぱつ》であり基本《きほん》であるが、万物《ばんぶつ》の現実相《げんじつそう》は単純幼稚《たんじゅんようち》な陰陽二数《いんようにすう》のみでは律《りつ》せられない、更《さら》に複雑多岐《ふくざつたき》である。判断《はんだん》は二《に》を生《う》み、三《さん》を生《う》み、最後《さいご》に人間《にんげん》の先天《せんてん》の知性《ちせい》は全《ぜん》体《たい》の判断《はんだん》を百数《ひゃくすう》（五十《ごじゅう》と五十《ごじゅう》）に斬《き》ることを以《もっ》て究極数《きゅうきょくすう》とする。

判断《はんだん》する事《こと》を剣《つるぎ》と云《い》い、判断力《はんだんりょく》の実体《じったい》を杖《つえ》と云《い》う。実在《じつざい》に対《たい》しても実相《じっそう》に就《つ》いても判断《はんだん》は人間本具《にんげんほんぐ》の知性《ちせい》の活用《かつよう》である。判断《はんだん》によって初《はじ》めて実在《じつざい》に段階《だんかい》があり、実相《じっそう》にけじめがある事《こと》が分明《ぶんめい》になる。正確《せいかく》な判断《はんだん》を下《くだ》すためには先《ま》ず第一《だいいち》に判断《はんだん》される客体《きゃくたい》（ワ）と判断《はんだん》する主体《しゅたい》（ア）の両儀《りょうぎ》の区別《くべつ》が明白《めいはく》でなければならぬ。実在《じつざい》を五《いつ》つに斬《き》ると五行《ごぎょう》（五大《ごだい》）が現《あら》われ、実相《じっそう》を八《やっ》つに斬《き》ると八卦《はっけ》が顕《あら》われる。生命意志《せいめいいし》は判断《はんだん》に随《したが》って活動《かつどう》する。判断力《はんだんりょく》は生命《せいめい》の憑《よ》（頼《よ》）り代《しろ》である。草木《くさき》の根《ね》は肥料《ひりょう》のある方《ほう》に伸《の》び、鮎《あゆ》は清流《せいりゅう》と濁流《だくりゅう》を敏感《びんかん》に識別《しきべつ》する。生物本具《せいぶつほんぐ》の判断力《はんだんりょく》である。念仏宗《ねんぶつしゅう》の人々《ひとびと》は弥陀仏《みだぶつ》の四十八願《しじゅうはちがん》を魂《たましい》の憑《よ》（頼《よ》）り代《しろ》にして居《い》る。その憑《よ》り代《しろ》は十万億土《じゅうまんおくど》の向《むこ》うの極楽《ごくらく》に有《あ》るわけでなく、今此処《いまここ》の自《じ》分自身《ぶんじしん》の生命《せいめい》の内容《ないよう》として存在《そんざい》する。

　無門関《むもんかん》の「芭蕉拄杖《ばしょうしゅじょう》」の説明《せつめい》には「扶《たす》けては断橋《だんきょう》の水《みず》を過《す》ぎ、伴《ともな》っては無月《むげつ》の村《むら》に帰《かえ》る」とある。渾沌《こんとん》と暗黒《あんこく》の中《なか》に活路《かつろ》を見出《みいだ》すものは此《こ》の杖《つえ》すなわち判断力《はんだんりょく》である。モーゼの兄《あに》アロンは弟《おとうと》と共《とも》に此《こ》の杖《つえ》（剣《つるぎ》）を奮《ふる》って、イスラエルの民《たみ》をエジプトの奴隷生活《どれいせいかつ》から救《すく》い、シナイの広野《こうや》を経《へ》て豊饒《ほうじょう》なカナンの地《ち》に導《みちび》いて国《くに》を建《た》てた。

芭蕉《ばしょう》の杖《つえ》とアロンの杖《つえ》とは同《おな》じ形而上《けいじじょう》の杖《つえ》であるが、両者《りょうしゃ》の間《あいだ》にはその用《もち》い方《かた》に多少《たしょう》の相違《そうい》があったかも知《し》れない。芭蕉《ばしょう》の拄杖《しゅじょう》は彼《かれ》の独自《どくじ》の清澄鋭敏《せいちょうえいびん》な直観《ちょっかん》による随所随時《ずいしょずいじ》の判《はん》断《だん》であって、学者《がくしゃ》がその判断《はんだん》の仕方《しかた》を伝授《でんじゅ》されたくとも、「以心伝心《いしんでんしん》、涅槃妙心《ねはんみょうしん》」の禅《ぜん》の伝《でん》光《こう》を悟《さと》る以外《いがい》にはその直観《ちょっかん》を活用《かつよう》する方法《ほうほう》がない。禅《ぜん》には判断《はんだん》を運用《うんよう》するための各人共通《かくじんきょうつう》の法則《ほうそく》である布斗麻邇《ふとまに》が無《な》いからであり、達磨以来《だるまいらい》の禅《ぜん》の伝統《でんとう》が到達《とうたつ》した頂点《ちょうてん》は凡《およ》そ此処《ここ》までの所《ところ》であって、剣《つるぎ》の活用《かつよう》の法《ほう》は各人《かくじん》の器量《きりょう》に任《まか》されて居《い》る。

これに対《たい》してイスラエルの祭祀長《さいしちょう》アロンの杖《つえ》は、その弟《おとうと》モーゼが日本《にほん》から学《まな》んで来《き》た神《かみ》の律法《りっぽう》すなわちモーゼの十戒《じっかい》すなわち所謂《いわゆる》Manna《マンナ》すなわち仏教者《ぶっきょうしゃ》の謂《い》う摩尼宝珠《まにほうじゅ》、言霊《げんれい》布斗麻邇《ふとまに》を伝《つた》えられて居《い》ただろうからには、アロンの杖《つえ》にはその直観的判断《ちょっかんてきはんだん》を活用《かつよう》する基《き》本法則《ほんほうそく》がなければならなかった筈《はず》である。アロンはその法則《ほうそく》（道《みち》）を呪物象徴化《じゅぶつしょうちょうか》して、他《た》の二《ふた》つの神宝《しんぽう》と併《あわ》せてイスラエルの三種《さんしゅ》の神宝《しんぽう》（日本《にほん》の三種《さんしゅ》の神器《じんぎ》と同《おな》じもの）としてシオン神殿《しんでん》の奥深《おくふか》く祭《まつ》り納《おさ》めた。アロンの杖《つえ》の器物《きぶつ》としての実物《じつぶつ》は長《なが》さ三十余《さんじゅうよ》センチの双刃《もろは》の剣《つるぎ》で、一《ひと》つのブロックの宝石《ほうせき》で作《つく》られてある事《こと》が日本《にほん》では知《し》られている。その後《のち》ソロモン時代《じだい》にこの宝剣《ほうけん》はモーゼの魂《たましい》の祖国日本《そこくにほん》に納《おさ》められて、四国剣山《しこくつるぎさん》の山《やま》の頂《いただき》の地下坑《ちかこう》に秘《ひ》蔵《ぞう》されてあった。

イスラエルの他《た》の二《ふた》つの神宝《しんぽう》の一《ひと》つ「黄金《おうごん》のマナ壺《つぼ》」の中《なか》には五十個《ごじゆっこ》の各種《かくしゅ》の宝石《ほうせき》が言《げん》霊《れい》（Manna《マンナ》）の象徴《しょうちょう》として納《おさ》められてあって、実物《じつぶつ》は今《いま》に熊野《くまの》の玉置神社《たまきじんじゃ》の岩窟《がんくつ》に秘蔵《ひぞう》されてあると云《い》われる。今一《いまひと》つの神宝《しんぽう》「モーゼの十戒石盤《じっかいせきばん》」は粘土盤《ねんどばん》の代《かわ》りに石盤《せきばん》の下《した》に五十音言霊《ごじゆうおんげんれい》を刻《きざ》んだもので、竹内文献《たけうちぶんけん》にその記録《きろく》だけはあった。その今日《こんにち》の所在《しょざい》は不明《ふめい》であるが、簡単《かんたん》なものであるから一片《いっぺん》の紙《かみ》の上《うえ》にもモーゼの時代《じだい》そのままに容易《ようい》に復原可能《ふくげんかのう》である。この三《みっ》つの宝《たから》はソロモンがシオン神殿《しんでん》から遷《せん》して、東洋《とうよう》のさる島《しま》に納《おさ》めたと西欧《せいおう》の伝説《でんせつ》は語《かた》って居《い》るが、その島国《しまぐに》とはその初《はじ》めモーゼが此《こ》の象徴的器物以前《しょうちょうてききぶついぜん》の形而上《けいじじょう》の宝《たから》を授《さず》かった日本《にほん》であって、其処《そこ》に器物《きぶつ》が改《あらた》めて故地日本《こちにほん》に返還納祭《へんかんのうさい》されたものである。

話《はなし》は異《ちが》うが先頃《さきごろ》まで筆者《ひっしゃ》が自分《じぶん》の手《て》で毎月謄写版刷《まいつきとうしゃばんずり》にして発行《はっこう》して居《い》た言霊学《げんれいがく》のプリントを或《あ》る禅僧《ぜんそう》が手《て》に入《い》れて居《お》り、言霊研究《げんれいけんきゅう》に志《こころざ》して居《い》た事《こと》をそのお弟子《でし》から聞《き》いた。お目《め》に懸《かか》らぬうちに遷化《せんげ》されたが、その人《ひと》は澤木興道老師《さわきこうどうろうし》である。剣《つるぎ》と杖《つえ》とを公案《こうあん》として拈提《ねんてい》して来《き》た禅僧《ぜんそう》が言霊《げんれい》の意義《いぎ》に真先《まっさき》に気付《きづ》く事《こと》は当然《とうぜん》であると思《おも》う。

イスラエルの三種《さんしゅ》の神宝《しんぽう》と日本《にほん》の三種《さんしゅ》の神器《じんぎ》とは形而上意義《けいじじょういぎ》は全《まった》く同《おな》じものである。布《ふ》斗麻邇言霊《とまにげんれい》は剣《つるぎ》と璽《たま》と鏡《かがみ》の三種《さんしゅ》の神器《じんぎ》の学《がく》である。「形而上《けいじじょう》なる者《もの》、これを道《みち》と謂《い》い、形而下《けいじか》なる者《もの》、これを器《き》と謂《い》う。」（易経《えききょう》）とがあるが、言霊《げんれい》は神器《じんぎ》の形而上《けいじじょう》の道《みち》であって、これを器物《きぶつ》に呪示象徴《じゅじしょうちょう》したものが、天皇《てんのう》が太平洋戦争敗戦《たいへいようせんそうはいせん》の結果《けっか》その神性《しんせい》を放棄《ほうき》するに至《いた》るまでの数千年間皇位継承《すうせんねんかんこういけいしょう》の天璽《てんじ》であった。源氏《げんじ》、平家《へいけ》も、足利《あしかが》、新田《にった》、楠《くすのき》もこの器物《きぶつ》をめぐってデスペレートな戦争《せんそう》をした。

神器《じんぎ》の第一《だいいち》は剣《つるぎ》、第二《だいに》は璽《たま》、第三《だいさん》は鏡《かがみ》である。第一《だいいち》の剣《つるぎ》を奮《ふる》って宇宙生命《うちゅうせいめい》の隠《かく》れた実在《じつざい》を截断《せつだん》（判断《はんだん》）すればアオウエイの五行《ごぎょう》、五大《ごだい》の存在《そんざい》が識別《しきべつ》され、顕《あら》われた実相《じっそう》を截断《せつだん》すればチヒシキミリイニの八卦《はっけ》、八相《はっそう》が選別自覚《せんべつじかく》される。五行《ごぎょう》の音《おん》と八相《はっそう》の韻《いん》との結合《けつごう》によって四十《よんじゅう》（三十二《さんじゅうに》）の子音《しいん》を生《しょう》じる。母音《ぼいん》、父韻《ふいん》、子音《しいん》の全部《ぜんぶ》が璽《たま》であって、合計《ごうけい》四十八《しじゅうはち》（五十《ごじゅう》）音《おん》となる。璽《たま》は魂《たま》であり、心《こころ》である。璽《たま》はすなわち心《こころ》の原素《げんそ》、電子《でんし》、陽子《ようし》に当《あた》る。

この璽《たま》を文字《もじ》に示《しめ》し現《あら》わして、その文字《もじ》を出来《でき》た儘《まま》の素朴《そぼく》な姿《すがた》に配列《はいれつ》した粘土盤五十音《ねんどばんごじゅうおん》図《ず》が魂《たま》全体《ぜんたい》の素材《そざい》としてその始原《しげん》の鏡《かがみ》（鑑《かがみ》）であって、それは母《はは》の胎内《たいない》に居《い》る時《とき》、又《また》は生《う》まれ出《で》た時《とき》の人間《にんげん》の魂《たま》の全景《ぜんけい》である。仏教《ぶつきょう》では此《こ》の素朴《そぼく》な五十音図《ごじゅうおんず》を胎蔵界曼荼羅《たいぞうかいマンダラ》と云《い》う。すなわち天津菅麻《あまつすがそ》である。

この素朴始原《そぼくしげん》の魂《たま》の鏡《かがみ》の組織配列《そしきはいれつ》の上《うえ》に更《さら》に工夫判断《くふうはんだん》を次々《つぎつぎ》に加《くわ》えて行《い》って人間《にんげん》の魂《たま》の有《あ》るべく、働《はたら》くべき理想《りそう》の姿《すがた》に整理《せいり》した鏡《かがみ》が最高最貴《さいこうさいき》の鑑《かがみ》である八咫鏡《やたのかがみ》（天津太祝詞《あまつふとのりと》）である。仏教《ぶつきょう》で云《い》えばこれは金剛界曼荼羅《こんごうかいマンダラ》に当《あた》る。言霊《げんれい》の発祥《はっしょう》は「一《いち》は二《に》を生《しょう》じ、二《に》は三《さん》を生《しょう》じ、三《さん》は万物《ばんぶつ》を生《しょう》ず。」（老子《ろうし》）と謂《い》う剣《つるぎ》の活用《かつよう》から出発《しゅっぱつ》する。剣《つるぎ》を奮《ふる》って実在《じつざい》、実相《じっそう》を判断《はんだん》する所《ところ》までは言霊布斗麻邇《げんれいふとまに》は仏教《ぶつきょう》の禅《ぜん》や真言《しんごん》と選《えら》ぶ所《ところ》がない。

この時判断《ときはんだん》の剣《つるぎ》を用《もち》うるに当《あた》って神道布斗麻邇《しんとうふとまに》は世界人類共通普遍《せかいじんるいきょうつうふへん》の先天《せんてん》（先験《せんけん》）に即《そく》した生命《せいめい》の法則《ほうそく》に順応《じゅんのう》する。然《しか》るに禅《ぜん》や真言《しんごん》、即《すなわ》ち仏教《ぶつきょう》や、更《さら》にキリスト教《きょう》やユダヤ教《きょう》や諸哲学《しょてつがく》や心理学《しんりがく》に於《おい》ては自己一人《じこひとり》の直観《ちょっかん》に従《したが》って判断《はんだん》を行《おこな》い、自己《じこ》の既成《きせい》の経験智《けいけんち》の指導《しどう》に従《したが》ってその直観的判断《ちょっかんてきはんだん》を行使《こうし》し操作《そうさ》する。この点《てん》が神道布斗麻邇《しんとうふとまに》と諸宗教《しょしゅうきょう》、哲学《てつがく》、心理《しんり》学《がく》と相違《そうい》する点《てん》である。そして神道布斗麻邇《しんとうふとまに》が彼等《かれら》から遥《はる》かに超脱《ちょうだつ》した普遍性《ふへんせい》、永遠性《えいえんせい》、そして恒常性《こうじょうせい》を発揮《はっき》する所以《ゆえん》である。その普遍《ふへん》、永遠《えいえん》、恒常性《こうじょうせい》の所以《ゆえん》を仏教《ぶっきょう》では「教菩薩《きょうぼさつ》法《ほう》、仏所護念《ぶつしょごねん》」（法華経《ほけきょう》）と云《い》い、聖書《せいしょ》では「神《かみ》の律法《りっぽう》」と云《い》う。

以上五十音図《いじょうごじゅうおんず》を判断《はんだん》する時《とき》先《ま》ず最初《さいしょ》に実在《じつざい》アオウエイ、五行《ごぎょう》、五大《ごだい》が現《あら》われて来《く》る。この五実在《ごじつざい》の意義《いぎ》は古来易《こらいえき》、漢方医学《かんぽういがく》、仏教教理《ぶっきょうきょうり》、印度哲学等《いんどてつがくなど》の上《うえ》で既《すで》に観念的《かんねんてき》には明《あき》らかにされて居《い》る所《ところ》であるから改《あらた》めての解説《かいせつ》は省略《しょうりゃく》する。アオウエイを「石析《いはさく》」（五葉裂《いはさく》）と云《い》う。（『言霊百神《げんれいひゃくしん》』新装版《しんそうばん》１８１頁《ページ》参照《さんしょう》）

父《ふ》韻《いん》（先天《せんてん》・胎蔵界《たいぞうかい》）

チ	宇《う》比《ひ》地《ぢ》邇《に》神《のかみ》
イ	(妹《いも》)須《す》比《ひ》智《ぢ》邇《に》神《のかみ》
キ	角《つぬ》杙《ぐひ》神《のかみ》
ミ	(妹《いも》)活《いく》杙《ぐひ》神《のかみ》
シ	大《おほ》斗《と》能《の》地《ぢ》神《のかみ》
リ	(妹《いも》)大《おほ》斗《と》乃《の》升《べ》神《のかみ》
ヒ	淤《お》母《も》陀《だ》流《る》神《のかみ》
ニ	(妹《いも》)阿《あ》夜《や》訶《か》志《し》古《こ》泥《ね》神《のかみ》

図表-18｜**父韻（先天）（二）**

父《ふ》韻《いん》（後天《こうてん》・金剛界《こんごうかい》）

ワ	サ	ヤ	ナ	ラ	ハ	マ	カ	タ	ア
（陰《いん》）	調《ちょう》和《わ》	繁《はん》栄《えい》	成《せい》熟《じゅく》	浸《しん》透《とう》	啓《けい》発《はつ》	整《せい》理《り》	収《しゅう》納《のう》	創《そう》造《ぞう》	（陽《よう》）

図表-19｜**父韻（後天）（三）**

次《つぎ》に剣《つるぎ》を奮《ふる》って五十音図表《ごじゅうおんずひょう》を判断《はんだん》する時《とき》、五行五大《ごぎょうごだい》は縦《たて》の行《ぎょう》であるが、横《よこ》の列《れつ》としてチヒシキミリイニの八《やっ》つの律《リズム》の変化《へんか》が現《あら》われて来《く》る。宇宙大自然界《うちゅうだいしぜんかい》は一定《いってい》のリズムを以《もっ》て活動《どう》して居《い》る。人間《にんげん》もまた宇宙《うちゅう》の子《こ》であって、宇宙《うちゅう》と同一《どういつ》のリズムを以《もっ》て存在《そんざい》し活動《かつどう》する。但《ただ》し客体《きゃくたい》としての宇宙《うちゅう》と主体《しゅたい》である人間《にんげん》とが相違《そうい》する点《てん》は、前述《ぜんじゅつ》の如《ごと》く客体《きゃくたい》には自分自身《じぶんじしん》の自覚《じかく》が無《な》いが、主体《しゅたい》に在《あ》っては自己《じこ》の存在《そんざい》の形態《けいたい》と活動《かつどう》の様相《ようそう》を自覚《じかく》し認識《にんしき》し、且《か》つ自《みずか》らそれをコントロールし得《う》る能力《のうりょく》がある。この自覚《じかく》と能力《のうりょく》が即《すなわ》ち神《かみ》（仏《ほとけ》）の正体《しょうたい》である。外《そと》に在《あ》る客体宇宙《きゃくたいうちゅう》に規律《きりつ》、法則《ほうそく》がある事《こと》を識《し》ることも、主体側《しゅたいがわ》の人間《にんげん》の判断自覚《はんだんじかく》によって初《はじ》めて認識《にんしき》される事《こと》である。

人間《にんげん》が判断《はんだん》の剣《つるぎ》を奮《ふる》わぬ限《かぎ》り宇宙《うちゅう》に法則《ほうそく》があっても識《し》る事《こと》が出来《でき》ない。自然科学的《しぜんかがくてき》、物《ぶっ》理学的法則《りがくてきほうそく》もそれ自体《じたい》で存在《そんざい》するわけのものではなく、人間本具《にんげんほんぐ》の剣《つるぎ》の活用《かつよう》を使《つか》って初《はじ》めて客体《きゃくたい》の中《なか》に発見《はっけん》されるものである。此《こ》の判断《はんだん》の剣《つるぎ》を奮《ふる》う自覚者《じかくしゃ》を臨済《りんざい》は「赤肉団上《しゃくにくだんじょう》の真《しん》人《にん》」と称《しょう》した。その真人《しんにん》が仏陀《ぶっだ》である。

チヒシキミリイニは人間《にんげん》の精神《せいしん》すなわち知《ち》・情《じよう》・意《い》の発現《はつげん》の原律《げんりつ》である。これを古事記《こじき》は「根柝神《ねさくのかみ》」と云《い》う。この原律《げんりつ》もまた先天《せんてん》に属《ぞく》するものであって、此《こ》の先天性《せんてんせい》を人生《じんせい》、社《しや》会《かい》、民族《みんぞく》、国家《こつか》、世界《せかい》に如何《いか》に運営《うんえい》するか、その方法《ほうほう》如何《いかん》に従《したが》って易《えき》に於《おい》ても先天八卦《せんてんはつけ》から後天八卦《こうてんはつけ》が組替《くみか》えられる。組替《くみか》える順序《じゆんじよ》はその人《ひと》の魂《たましい》の深浅《しんせん》、学識《がくしき》の高下《こうげ》、職業《しよくぎよう》の如何《いかん》によって相違《そうい》する。その相違《そうい》の根源《こんげん》は最初《さいしよ》にアイエオウの五行五次元《ごぎようごじげん》の何《いず》れの段階《だんかい》にその人《ひと》の魂《たましい》が位《くらい》するかによって左右《さゆう》される。後段古事記《こうだんこじき》はその八律《はちりつ》の変化《へんか》を操作《そうさ》することを「時《とき》置師《おかし》」と呼《よ》ぶ。自然界《しぜんかい》の時《とき》の変化《へんか》に春夏秋冬《しゆんかしゆうとう》の季節《きせつ》の循環《じゆんかん》がある如《ごと》く、人生乃至全世界《じんせいないしぜんせかい》の運営指導《うんえいしどう》に当《あた》っても時季《じき》の変化《へんか》を処置《しよち》する生命《せいめい》の八律《はちりつ》の合理的《ごうりてき》な操作《そうさ》がなければならない。

以上五母音《いじようごぼいん》と八父韻《はちふいん》の意義《いぎ》を説《と》いたが、アイエオウ五行《ごぎよう》は次元《じげん》の重畳《ちようじよう》であって、人間《にんげん》の精神《せいしん》にはこの五段階以上《ごだんかいいじよう》に超《こ》えられぬ制約《せいやく》がある。この五重塔《ごじゆうのとう》（パゴダ）を頂上《ちようじよう》まで登《のぼ》り切《き》らなければ完全《かんぜん》な人間《にんげん》（正覚《しようかく》の仏陀《ぶつだ》）ではなく、中途《ちゆうと》の段階《だんかい》までで知性《ちせい》の活動《かつどう》が頭打《あたまう》ちしてしまうのは未熟未生長《みじゆくみせいちよう》のままの人間《にんげん》である。またこの五智《ごち》の全部《ぜんぶ》を本具《ほんぐ》しなければ人《にん》間《げん》でない。五智《ごち》の最下段《さいかだん》に居《い》る幼児《ようじ》や少年《しようねん》は将来自分《しようらいじぶん》が登《のぼ》り得《う》べき 境涯《きようがい》を予想《よそう》し、憧憬《どうけい》し、基本要求《きほんようきゅう》する事《こと》が出来《でき》るし、また五智《ごち》の頂点《ちょうてん》、紫微天宮《しびてんきゅう》（言霊《げんれい》イ・ヰ《ゐ》）に位《くらい》する者《もの》は、この四智《しち》の世界《せかい》の全部《ぜんぶ》の全貌《ぜんぼう》を腑瞰《ふかん》する。自覚無自覚《じかくむじかく》を別《べつ》とすれば五智《ごち》の重畳《ちょうじょう》は上《うえ》から見《み》ても下《した》から推《お》しはかっても一本《いっぽん》の筒《つつ》の如《ごと》き疏通《そつう》する空洞《くうどう》である。この筒《つつ》を称《しょう》して石筒《いはつつ》（五葉《いは》筒《つつ》）と云《い》う。

この筒《つつ》の如《ごと》き様相《ようそう》は五母音《ごぼいん》のみならず八父韻《はちふいん》に就《つ》いても存在《そんざい》することで、タハサカマラヤナ（タカマハラナヤサ）と八《やっ》つに変化《へんか》する季節《きせつ》、時機《じき》の転相《てんそう》は万物万霊《ばんぶつばんれい》に共通《きょうつう》し連続《れんぞく》する周期律《しゅうきりつ》である。芸術《げいじゅつ》にしても企業《きぎょう》にしても政治《せいじ》にしても事《こと》を始《はじ》めるに当《あた》って早《はや》くもその最終《さいしゅう》の成果《せいか》を予期《よき》する事《こと》が出来《でき》る。この時八相《ときはっそう》を調御操作《じょうごそうさ》し得《う》る賢者《けんじゃ》、聖者《せいじゃ》は出発《しゅっぱつ》から終局《しゅうきょく》に到《いた》るまでの八《やっ》つの時期《じき》の一《ひと》つ一《ひと》つを的確《てきかく》に算定《さんてい》する。春《はる》、籾《もみ》を蒔《ま》き、苗《なえ》を植《う》え、除《じょ》草除虫《そうじょちゅう》の操作《そうさ》を経《へ》て秋《あき》に収穫《しゅうかく》する事《こと》を農夫《のうふ》が予《あらかじ》め計画《けいかく》する如《ごと》きものである。

万物《ばんぶつ》の実相《じっそう》の変化《へんか》は八数《はっすう》を基本《きほん》の周期律《しゅうきりつ》とし、八《はち》の連続《れんぞく》を越《こ》えることなく、また八未満《はちみまん》では成熟《せいじゅく》しない。八父韻《はちふいん》の操作《そうさ》によって変化《へんか》の相《そう》を通《つう》じて事《こと》の成行《なりゆ》きを始《はじ》めから終《お》わりまで見通《みとお》すから、これまた筒《つつ》に喩《たと》えられる。後段《こうだん》「禊祓《みそぎはらひ》」の結果《けっか》生《う》まれて来《く》る三筒之男命《みつつのをのみこと》が説《と》かれている。

筒《つつ》は星《ほし》の古語《こご》である。夕筒《ゆふつつ》などと云《い》う。太陽《たいよう》を父《ちち》、大陰《たいいん》（月《つき》）を母《はは》にして星《ほし》はその間《あいだ》に生《う》まれた子《こ》と考《かんが》えられた。星《ほし》とは父母音《ふぼいん》から生《う》まれた子音《しいん》を喩《たと》えたものであり、その子音《しいん》はアオウエイ五段《ごだん》に於《おい》て横《よこ》に筒《つつ》の形《かたち》に並《なら》んで変化《へんか》して行《い》く。更《さら》にまた母音半母音《ぼいんはんぼいん》が主客《しゅきゃく》であり、父韻《ふいん》に陰陽《いんよう》があることを宿《やど》して星《ほし》にも陰陽《いんよう》（男女《だんじょ》）がある。父韻《ふいん》はチイ、キミ、ヒリ、シニと陽性音《ようせいおん》と陰性音《いんせいおん》と一対宛《いっついずつ》になって居《い》るから、子音《しいん》もまたタヤ、ハナ、カマ、サラの如《ごと》くと一対宛《いっついずつ》に組合《くみあ》わされる。対《ツイ》から生《う》まれた対《ツイ》であるから、対対《つつ》（宛《つつ》）と云《い》う。「筒《つつ》井筒《いづつ》」と云《い》う言葉《ことば》がある。双方《そうほう》の両親《りょうしん》が許《ゆる》し合《あ》った幼《おさな》い時《とき》からの許嫁《いひなづけ》のことである。両親《りょうしん》はイ、ヰ《ゐ》であって、双方《そうほう》の親《おや》の意志《いし》が疏通《そつう》するから井筒《いつつ》であり、その井筒《いつつ》が許《ゆる》した対対《つつ》（息子《むすこ》・娘同志《むすめどうし》）であるから筒井筒《つついづつ》と云《い》う。古代日本語《こだいにほんご》（大和言葉《やまとことば》）は言霊《げんれい》の活用《かつよう》によって組織《そしき》されている合理的《ごうりてき》な言語《げんご》である。神《かみ》の国《くに》の国語《こくご》である。（『言霊百神《げんれいひやくしん》』新装版《しんそうばん》184、281頁《ページ》参照《さんしょう》）

五《ご》十《じゅう》音《おん》図《ず》の各《かく》種《しゅ》

五十音図表《ごじゅうおんずひょう》の部分部分《ぶぶんぶぶん》の原理的《げんりてき》、哲学的検討《てつがくてきけんとう》が一先《ひとま》ず済《す》んだから、古事記《こじき》の順序《じゅんじょ》に従《したが》って次《つぎ》に図表《ずひょう》を全体《ぜんたい》として見《み》た上《うえ》で、その静的《せいてき》な構造《こうぞう》の種々相《しゅじゅそう》と、そして流動《りゅうどう》する五十音種《ごじゅうおんしゅ》智《ち》が活動《かつどう》して行《い》く上《うえ》に現《あら》われる実相《じっそう》の変化《へんか》の種々相《しゅじゅそう》を観察《かんさつ》し把握《はあく》して行《い》く。

古往《こおう》を通《つう》じて人類《じんるい》が思索工夫《しさくくふう》し夫々《それぞれ》に活用《かつよう》して来《き》たこの五行《ごぎょう》、五大《ごだい》、八律《はちりつ》、八卦《はっけ》の処置《しょち》方法《ほうほう》の代表的《だいひょうてき》なものを五十音図《ごじゅうおんず》の各種《かくしゅ》として掲《かか》げよう。然《しか》しこれは昔《むかし》の話《はなし》ではない。現在《げんざい》世界《せかい》を動《うご》かして居《い》る帝王《ていおう》、大統領《だいとうりょう》、学者《がくしゃ》、宗教家《しゅうきょうか》、労働者《ろうどうしゃ》に至《いた》るまでの一人一人《ひとりひとり》の人間《にんげん》の精神《せいしん》の構成《こうせい》、活動《かつどう》を五十音図《ごじゅうおんず》に還元《かんげん》して検討《けんとう》することによって、その人《ひと》の魂《たましい》がどの音図《おんず》に属《ぞく》するか、五母音《ごぼいん》の如何《いか》なる組立《くみたて》、八父韻《はちふいん》の如何《いか》なる順列《じゅんれつ》に属《ぞく》するかを明快《めいかい》に識別《しきべつ》する事《こと》を得《え》る。五十音図《ごじゅうおんず》は魂《たましい》を写《うつ》す鏡《かがみ》（鑑《かがみ》）である。仏説《ぶっせつ》ではこれを閻魔《えんま》の庁《ちょう》の浄玻璃《じょうはり》の鏡《かがみ》と云《い》う。

五十音《ごじゅうおん》の配列組織《はいれつそしき》如何《いかん》によって種々《しゅじゅ》な人生観《じんせいかん》、世界観《せかいかん》、宇宙観《うちゅうかん》、生命観《せいめいかん》の範疇《はんちゅう》（型式《かたしき》）を端的《たんてき》に示《しめ》すことが出来《でき》る。即《すなわ》ち人間《にんげん》の思想《しそう》の差異《さい》は五十音《ごじゅうおん》の配列《はいれつ》の相違《そうい》を以《もっ》て端的《たんてき》に示《しめ》すことが出来《でき》る。父《ふ》、母《ぼ》、子音《しいん》の組《く》み合《あ》わせ方《かた》によって夫々《それぞれ》の思想《しそう》の組織《そしき》を煩雑《はんざつ》な哲学《てつがく》の概念《がいねん》や、混《こ》み入《い》った図形《ずけい》を用《もち》いずして簡潔《かんけつ》に表現出来《ひょうげんでき》、然《しか》も正確《せいかく》である。故《ゆえ》に一概《いちがい》に五十音図《ごじゅうおんず》と云《い》っても拠《よ》って立《た》つ思想《しそう》、心《こころ》の構《かま》えの相違《そうい》によって色々《いろいろ》な音図《おんず》があり、五十音《ごじゅうおん》図《ず》に写《うつ》すことによって、その人格《じんかく》なり、その国《くに》の憲法《けんぽう》、政策《せいさく》なりの全貌《ぜんぼう》を一眼《いちがん》で表現理解《ひょうげんりかい》し得《う》る。五十音《ごじゅうおん》は鏡《かがみ》であるから、正《ただ》しい心《こころ》は正《ただ》しいなりに、禍《まが》った心《こころ》は禍《まが》ったなりに音《おん》によって写《うつ》し出《だ》される。この様《よう》に五十音《ごじゅうおん》に還元表現《かんげんひょうげん》して思想《しそう》の全貌《ぜんぼう》を観取《かんしゅ》し、行動《こうどう》の習癖《しゅうへき》を規定判断《きていはんだん》することを「甕速日《みかはやび》」と云《い》う。

「千《ち》（道《ち》）早振《はやぶ》る神代《かみよ》」の早振《はやぶ》りとは一切《いっさい》の種智《しゅち》である五十音《ごじゅうおん》を以《もっ》て森羅万象《しんらばんしょう》の実相《じっそう》を簡潔迅速《かんけつじんそく》に把握表現《はあくひょうげん》する方法《ほうほう》である。

母音《ぼいん》	五行《ごぎょう》・五大《ごだい》	方位《ほうい》	五蘊《ごうん》	五乗《ごじょう》	真言宗《しんごんしゅう》	印度哲学《いんどてつがく》	心理《しんり》	哲学《てつがく》	言語《げんご》	東洋医学《とうよういがく》	次元《じげん》
イ	土《ど》・地《ち》	中《ちゅう》	触《そく》	佛陀《ぶつだ》	法界体性智《ほうかいたいしょうち》	Prana《プラーナ》	生命意志《せいめいいし》	布斗麻邇《ふとまに》	種子識《しゅうじしき》	脾《ひ》・胃《い》	五《ご》
エ	火《か》・火《か》	南《なん》	味《み》	菩薩《ぼさつ》	大円鏡智《だいえんきょうち》	Dahrma《ダルマ》	理性《りせい》	道徳政治《どうとくせいじ》	至上命令《しじょうめいれい》	心《しん》・小腸《しょうちょう》	四《よん》
ア	木《もく》・風《ふう》	東《とう》	色《しき》	縁覚《えんがく》	平等性智《びょうどうしょうち》	Atman《アートマン》	感性《かんせい》	藝術《げいじゅつ》・宗教《しゅうきょう》	詩《し》・画《が》・楽《らく》	肝《かん》・胆《たん》	三《さん》
オ	水《すい》・水《すい》	北《ほく》	声《しょう》	声聞《しょうもん》	妙観察智《みょうかんざつち》	Karma《カルマ》	悟性《ごせい》	科学《かがく》・歴史《れきし》	抽象概念《ちゅうしょうがいねん》	腎《じん》・膀胱《ぼうこう》	二《に》
ウ	金《ごん》・空《くう》	西《さい》	香《こう》	衆生《しゅじょう》	成所作智《じょうそさち》	Brahma《ブラフマー》	感覚《かんかく》	産業《さんぎょう》・経済《けいざい》	感覚表現《かんかくひょうげん》	肺《はい》・大腸《だいちょう》	一《いち》

図表-20｜**五つの次元**

天《あま》津《つ》菅《すが》麻《そ》音《おん》図《ず》

ワ	ナ	ラ	マ	ヤ	ハ	サ	カ	タ	ア
ヲ（を）									オ
ウ									ウ
ヱ（ゑ）									エ
ヰ（ゐ）	ニ	リ	ミ	イ	ヒ	シ	キ	チ	イ

天《あま》津《つ》金《かな》木《ぎ》音《おん》図《ず》

ワ	ラ	ヤ	マ	ハ	ナ	タ	サ	カ	ア
ヰ（ゐ）									イ
ウ									ウ
ヱ（ゑ）									エ
ヲ（を）	ロ	ヨ	モ	ホ	ノ	ト	ソ	コ	オ

宝《たから》音《おん》図《ず》

ワ	マ	ヤ	ナ	サ	ハ	ラ	カ	タ	ア
ヲ（を）									オ
ウ									ウ
ヱ（ゑ）									エ
ヰ（ゐ）	ミ	イ	ニ	シ	ヒ	リ	キ	チ	イ

図表-21｜**五つの音図（一）**

赤《あか》珠《たま》音《おん》図《ず》

ワ	ラ	ヤ	ナ	サ	ハ	マ	タ	カ	ア
ヲ（を）									オ
ウ									ウ
ヱ（ゑ）									エ
ヰ（ゐ）	リ	イ	ニ	シ	ヒ	ミ	チ	キ	イ

天《あま》津《つ》太《ふと》祝詞《のりと》音《おん》図《ず》

ワ	サ	ヤ	ナ	ラ	ハ	マ	カ	タ	ア
ヰ（ゐ）									イ
ヱ（ゑ）									エ
ヲ（を）									オ
ウ	ス	ユ	ヌ	ル	フ	ム	ク	ツ	ウ

図表-22｜**五つの音図（二）**

右《みぎ》の五音図《ごおんず》のうち宝音図《たからおんず》、赤珠音図《あかたまおんず》は先師《せんし》武智時三郎《たけちときさぶろう》氏《し》より教伝《きょうでん》されたもので、出典《しゅってん》は不明《ふめい》であるが、宝音図《たからおんず》は法華経《ほけきょう》の「多宝仏塔《たほうぶっとう》」から取《と》ったもの、赤珠音図《あかたまおんず》は「赤玉《あかだま》は 緒《を》さへ光《ひか》れど 白玉《しらたま》の 君《きみ》が装《よそひ》し 貴《たふと》くありけり」（古事記《こじき》）と云《い》う古歌《こか》から採《と》ったものと考《かんが》えられる。以上《いじょう》の音図《おんず》に就《つ》いて一応《いちおう》の解釈《かいしゃく》を行《おこな》う。

先《ま》ず「天津菅麻《あまつすがそ》」は度々《たびたび》説《と》いた如《ごと》く人間《にんげん》の胎児《たいじ》の、若《も》しくは生《う》まれたばかりの無染無垢《むせんむく》の赤子《あかご》の精神内容《せいしんないよう》であって、生長《せいちょう》するに連《つ》れて将来顕出《しょうらいけんしゅつ》し自覚《じかく》すべきすべての精神的素材《せいしんてきそざい》を保有《ほゆう》したまま、未《いま》だ発現《はつげん》しない状態《じょうたい》。「喜怒哀楽未《きどあいらくいま》だ発《はっ》せざるこれを中《ちゅう》と謂《い》ふ」（中庸《ちゅうよう》）と云《い》われるところに当《あた》ると考《かんが》えてよい。仏教《ぶっきょう》の胎臓界曼荼羅《たいぞうかいマンダラ》に相当《そうとう》するものである。菅麻《すがそ》とは清々《すがすが》しい精神《せいしん》の素《もと》（そ）と云《い》う意味《いみ》であり、やがて発現《はつげん》する母音《ぼいん》、父韻《ふいん》、子音《しいん》の準備《じゅんび》はすべて整《ととの》っては居《い》るが、すべて未整理《みせいり》、未自覚状態《みじかくじょうたい》である。五十音《ごじゅうおん》を一応《いちおう》この様《よう》に配列《はいれつ》してあるが、未《いま》だその並《なら》べ方《かた》に法則《ほうそく》がない、渾沌《こんとん》とした「湧《わ》く結《むす》び」の音図《おんず》である。

「天津金木《あまつかなぎ》」は現在《げんざい》の世界人類《せかいじんるい》の思想体系《しそうたいけい》である。この音図《おんず》は母音《ぼいん》アイウエオのウ音《おん》に中心《ちゅうしん》、焦点《しょうてん》が置《お》かれてあり、すべて感覚的《かんかくてき》なもの現実的《げんじつてき》なものが人間《にんげん》の関心《かんしん》の中心《ちゅうしん》となっている。その他《た》の四《よっ》つの知情意《ちじょうい》は附随的《ふずいてき》な意味《いみ》しかない。芸術《げいじゅつ》も宗教《しゅうきょう》も学問《がくもん》もすべて感覚《かんかく》に従属《じゅうぞく》して居《い》る。感覚的《かんかくてき》な現実《げんじつ》が人生《じんせい》の主眼主目的《しゅがんしゅもくてき》である事《こと》に於《お》ては、現在《げんざい》の世界《せかい》の資本《しほん》主義《しゅぎ》も共産主義《きょうさんしゅぎ》も民族主義《みんぞくしゅぎ》もおしなべて同様《どうよう》である。

そのカサタナハマヤラと云《い》う父韻《ふいん》の順序《じゅんじょ》を見《み》ると自己《じこ》への収納《しゅうのう》を事《こと》とする力と云《い》う意志《いし》の発現《はつげん》を人生《じんせい》の出発《しゅっぱつ》とし基調《きちょう》とし、これに後続《こうぞく》するリズムはすべてカ（利己心《りこしん》）に従属《じゅうぞく》する形《かたち》で続《つづ》いて行《い》く。全体《ぜんたい》が未完成《みかんせい》で渾沌《こんとん》であり混雑《こんざつ》して居《い》る。その世界《せかい》ではウの権力《けんりょく》を掌握行使《しょうあくこうし》する者《もの》が他《た》を支配《しはい》し専断横行《せんだんおうこう》して居《い》る。我々現代人《われわれげんだいじん》はこの天津金木音図《あまつかなぎおんず》を心《こころ》の憑《よ》り代《しろ》として、と云《い》うよりは世《よ》の中《なか》は世《よ》の始《はじ》まりから斯《こ》うしたものだと諦《あきら》めて、と云《い》うよりはこの生命《せいめい》の憑《よ》り代《しろ》とするには応《ふさわ》しからぬ世界観《せかいかん》の中《なか》に閉《と》じ込《こ》められて、当途《あてど》なく右往左往《うおうさ》して居《い》る。本人《ほんにん》は深《ふか》い雲霧《うんむ》の中《なか》を彷徨《ほうこう》して居《い》るつもりだろうが、実《じっ》は天津金木《あまつかなぎ》と云《い》う籠《かご》の中《なか》で自由《じゆう》と真実《しんじつ》を求《もと》めてバタバタと騒《さわ》いで居《い》る小鳥《ことり》である。

この籠《かご》から脱出《だっしゅつ》しようとしても、或《ある》いはこれを維新《いしん》し革命《かくめい》しようとしても、人間本具《にんげんほんぐ》の自由《じゆう》な先天性《せんてんせい》である母音《ぼいん》の体系《たいけい》も父韻《ふいん》の律動《りつどう》もついぞ誰《だれ》からも教《おし》えられた事《こと》のない今《いま》の儘《まま》の人類《じんるい》には鳥籠《とりかご》から解脱《げだつ》しよう方法《ほうほう》がない。出口《でぐち》のない若者《わかもの》は米国《べいこく》ではヒッピーになり、日《に》本《ほん》やドイツではデスペレートなアナーキストやテロリスト（赤軍《せきぐん》）になる。一人《ひとり》の亡命者《ぼうめいしゃ》が偵察機《ていさつき》で米国《べいこく》に逃《のが》れたソ連《れん》にはその背後《はいご》になお十万人《じゅうまんにん》、百万人《ひゃくまんにん》の亡命希望者《ぼうめいきぼうしゃ》が居《い》る事《こと》だろう。

昔《むかし》エデンの園《その》と云《い》う理想社会《りそうしゃかい》がこの地上《ちじょう》にあったと聖書《せいしょ》の記録《きろく》に伝《つた》えられて居《い》るわけだが、この世《よ》は何故《なぜ》に斯《か》く混乱《こんらん》して居《い》るのだろう、誰《だれ》が何時《いつ》世《よ》を紊《みだ》したのだろう。アダムとイヴが「原罪《げんざい》」を犯《おか》したために（五十音《ごじゅうおん》の原律《げんりつ》を乱《みだ》したために）エデンを追放《ついほう》された事《こと》が人類《じんるい》の住《す》む社会《しゃかい》が無統一《むとういつ》、無目的《むもくてき》に陥《おちい》った抑《そもそも》の始《はじ》まりであって、その後《のち》ノアが制定《せいてい》した「方舟《はこぶね》」の憲章《けんしょう》によって都市国家《としこっか》が建設《けんせつ》されたが、この時《とき》もまた神《かみ》（エホバ）の手《て》によって言葉《ロゴス》と国家《こっか》が破壊《はかい》されて人類《じんるい》はバベルの混乱《こんらん》に陥《おちい》った。爾来今日《じらいこんにち》まで数千年《すうせんねん》の間《あいだ》ユダヤの予言者《よげんしゃ》はもとより、世界《せかい》のすべての哲人《てつじん》によって、その古《ふる》きロゴスすなわちエデンの復原《ふくげん》再現《さいげん》が懸命《けんめい》に試《こころ》みられて来《き》たが、現代《げんだい》の世界《せかい》の実情《じつじょう》を見《み》ればその努力《どりょく》が全《まった》く成果《せいか》を見《み》て居《い》ない事《こと》は明《あき》らかである。

飜《ひるがえ》って日本《にほん》では道《みち》の時代《じだい》であった千早振《ちはやぶ》る神代《かみよ》が終焉《しゅうえん》して、神代《かみよ》とは相違《そうい》する経営方法《けいえいほうほう》を施行《せぎょう》した神倭皇朝《かむやまとこうちょう》が擁立《ようりつ》され、その意味《いみ》の反生命維新《はんせいめいいしん》が実行《じっこう》された。神武維新《じんむいしん》の憲法《けんぽう》はこの「天津金木《あまつかなぎ》」である。それは権力者《けんりょくしゃ》が実力《じつりょく》を行使《こうし》するのみで、道理《どうり》に則《のっと》った秩序《ちつじょ》も目的《もくてき》もない社会経営法《しゃかいけいえいほう》である。爾来三千年生存競争《じらいさんぜんねんせいぞんきょうそう》を主眼《しゅがん》とする憲章《けんしょう》がそのまま今日《こんにち》に至《いた》るまで継続《けいぞく》されて居《い》る。その間更《かんさら》に人皇十代崇神天皇《じんこうじゅうだいすじんてんのう》は神道《しんとう》の道《みち》の原典《げんてん》であり象徴《しょうちょう》である三種《さんしゅ》の神器《じんぎ》の同床共殿《どうしょうきょうでん》を廃止《はいし》して（伊勢《いせ》）神宮《じんぐう》に遷《せん》し、和光同塵《わこうどうじん》の政策《せいさく》を敷《し》いた。また聖徳太子《しょうとくたいし》は仏教《ぶっきょう》を以《もっ》て国教《こっきょう》とする国是《こくぜ》を樹《た》てて、神代《かみよ》から伝承《でんしょう》された道《みち》の原理《げんり》の悉《ことごと》くを仏教《ぶっきょう》の下《もと》に埋没《まいぼつ》しようとする経営《けいえい》を行《おこな》った。この事態《じたい》を日本《にほん》のみならず全世界《ぜんせかい》の歴史《れきし》の上《うえ》に布衍《ふえん》して考《かんが》えると、丁度太子《ちょうどたいし》と時《とき》を同《おな》じくして近東《きんとう》にマホメットが剣《つるぎ》とコーランを掲《かか》げて征戦《せいせん》を進《すす》め、古代《こだい》からの哲理《てつり》と予言《よげん》の書物《しょもつ》をすべて焼却破壊《しょうきゃくはかい》して廻《まわ》った経営《けいえい》と相呼応《あいこおう》する事《こと》が明《あき》らかになる。

古《ふる》くはアダム、イヴの楽園喪失以後《らくえんそうしついご》、バベルの混乱以来《こんらんいらい》、日本《にほん》では神武維新《じんむいしん》この方《かた》、「長《なが》き世《よ》の遠《とお》の眠《ねぶ》り」と古歌《こか》にうたわれた、夢現《ゆめうつつ》の、無方針《むほうしん》、無目的《むもくてき》の時代《じだい》を長《なが》く経過《けいか》し乍《なが》ら今日《こんにち》なおそれを継続《けいぞく》しつつある。この時《とき》この古歌《こか》を「長《なが》き代《よ》の十《とを》の音振《ねぶ》り」と書《か》き改《あらた》める時《とき》、一二三四五六七八九十《ひふみよいむなやこと》の十数《じゅうすう》、十音《じゅうおん》の言霊《げんれい》（モーゼの十戒《じっかい》）を以《もっ》て世界《せかい》を操作経営《そうさけいえい》して行《い》く法《ほう》の存在《そんざい》を教《おし》えた歌《うた》となる。この大法《だいほう》に人類《じんるい》が覚醒《かくせい》する時《とき》「なかきよの とをのねふりの みなめさめ なみのりふねの おとのよきかな」と生命《せいめい》の流《なが》れに順応《じゅんのう》して、調和《ちょうわ》の彼《ひ》岸《がん》に向《むか》って地球《ちきゅう》と云《い》う大乗《だいじょう》の船《ふね》をえらぎ賑《にぎ》はひながら進《すす》めて行《い》くこととなるのである。大祓《おほはらひ》祝詞《のりと》に「天津金木《あまつかなぎ》を 本末打切《もとすえうちきり》て 千座《ちくら》の置座《おきくら》に置足《おきたら》はし 天津清麻《あまつすがそ》を 本末苅断《もとすえかりたち》八津針《やつはり》に取《と》り辟《さし》て 天津祝詞《あまつのりと》の 太祝詞事《ふとのりとごと》を以《も》て宣《の》る」とあるのは此《こ》の事《こと》を説《と》いたもので、金木音図《かなぎおんず》のア行《ぎょう》（木《き》）とワ行《ぎょう》（末《すえ》）を除《のぞ》いて、真中《まなか》の八律《はちりつ》、八父韻《はちふいん》を天津太祝詞《あまつふとのりと》の順序《じゅんじょ》に宣《の》り直《なお》せよと云《い》う教示《きょうじ》であり予告《よこく》である。（『大祓祝詞講義《おほはらひのりとこうぎ》』参照《さんしょう》）

「宝音図《たからおんず》」は仏教《ぶっきょう》、キリスト教《きょう》、マホメット教等《きょうなど》の今日《こんにち》までの世界《せかい》の宗教《しゅうきょう》の宇宙観《うちゅうかん》、自《し》然観《ぜんかん》、神観《かみかん》に立脚《りっきゃく》した思想《しそう》の体系《たいけい》を現《あら》わして居《い》る。その母音《ぼいん》の上《うえ》の根拠《こんきょ》はア言霊《げんれい》である。すなわち子音《しいん》がアと云《い》う胞衣《えな》を被《かぶ》って居《い》ると云《い》う事《こと》が出来《でき》る。ア言霊《げんれい》は所謂大我《いわゆるたいが》であって、宇宙即自己《うちゅうそくじこ》、神我一体《しんがいったい》のヘーゲル哲学《てつがく》の謂《い》う「主観態《しゅかんたい》の無限性的真態《むげんせいてきしんたい》」を出発点《しゅっぱつてん》として終始一貫《しゅうしいっかん》これを貫《つらぬ》いて行《い》こうとする態度《たいど》である。宇宙《うちゅう》は無限《むげん》であって、其処《そこ》に総《すべ》てが包蔵《ほうぞう》され、其処《そこ》からすべてが創造《そうぞう》され顕出《けんしゅつ》して来《く》る。然《しか》もそのすべてが大我《たいが》である吾《われ》であり、その吾《あ》の財産《ざいさん》である。「吾《あ》が宝《たから》はさながら山《やま》の如《ごと》し」とこの音図《おんず》を読《よ》む。「丈夫《じょうぶ》よ 困《こん》を守《まも》ること莫《な》かれ 銭無《ぜにむ》くん須《すべか》らく経紀《けいき》すべし 一《いち》の牸牛《しぎゅう》を養《やしな》い得《え》ば 五《ご》の犢子《とくし》を生《う》み得《え》ん 犢子《とくし》又《ま》た児《こ》を生《う》み 積数《せきすう》 窮已無《きゅういむ》からん 語《ご》を寄《よ》す 陶朱公《とうしゅこう》 富《とみ》は君《きみ》と相《あ》い似《に》たりと」（寒山《かんざん》）。

何《なに》も持《も》って居《い》ない孤貧《こひん》の極地《きょくち》はすべてを持《も》って居《い》ることである。チベットの山中《さんちゅう》に端座《たんざ》瞑想世界《めいそうせかい》を睥睨《へいげい》して居《い》るヨギは、此《こ》の境地《きょうち》を究極《きゅうきょく》のものとして永久《えいきゅう》に持続《じぞく》しているが、何《なん》の創造《そうぞう》も生産《せいさん》も行《おこな》わない。主体《しゅたい》が純粋《じゅんすい》の主観《しゅかん》を保《たも》っているだけで客体《きゃくたい》との交流《こうりゅう》も調和《ちょうわ》もない。即《すなわ》ち言霊《げんれい》ワに到達《とうたつ》しない。これが宝音図《たからおんず》の現実相《げんじつそう》であるが、然《しか》しヨギや禅宗《ぜんしゅう》の寒山《かんざん》のみが然《さ》るわけではない。仏教《ぶっきょう》、インド教《きょう》、基督教《キリストきょう》、回教《かいきょう》の全部《ぜんぶ》がすべて此処《ここ》までしか到達《とうたつ》して居《い》ないのである。

宝音図《たからおんず》は阿字観《あじかん》である。阿字《あじ》は真言宗《しんごんしゅう》の根拠《こんきょ》であるが、禅《ぜん》でも阿字《あじ》を目差《めざ》して修業《しゅぎょう》して居《い》る。浄土真宗《じょうどしんしゅう》で「南無阿弥陀仏《なむあみだぶつ》」の阿《あ》が判《わか》れば弥陀仏《みだぶつ》のふところに抱《いだ》かれる。筆者《ひっしゃ》の知人《じん》の一派《いっぱ》の神道家《しんとうか》で「アジマリカム」と云《い》う呪文《じゅもん》を祖先《そせん》から伝《つた》えられて後生大事《ごしょうだいじ》に担《かつ》ぎ廻《まわ》って居《い》る人《ひと》が居《い》る。その意義《いぎ》を知《し》ろうとして未《いま》だに釈《と》けない様《よう》だ。これは「阿字埋《あじま》り神《かむ》」であって、阿字《あじ》の中《なか》にこそ神《かみ》が在《ま》しますと云《い》う事《こと》である。宝音図《たからおんず》の根底《こんてい》はこの阿字《あじ》である。と云《い》うことは生命意志《せいめいいし》の現象《げんしょう》に現《あら》われる根拠《こんきょ》がア言霊《げんれい》のア段《だん》に存《そん》すると見《み》ることで、すなわち父韻《ふいん》はア段《だん》にあると云《い》うことである。

面白《おもしろ》い事《こと》に大祓祝詞《おほはらひのりと》の構成《こうせい》もア段《だん》を最上至尊《さいじょうしそん》のものとして説《と》かれて居《い》る。飛鳥朝《あすかちょう》、奈良朝《ならちょう》の像法仏教興隆時代《ぞうほうぶっきょうこうりゅうじだい》、天皇《てんのう》の中央集権時代《ちゅうおうしゅうけんじだい》に編《あ》まれた祝詞《のりと》がア言霊《げんれい》、天皇即神《てんのうそくかみ》の信《しん》仰《こう》に拘泥《こうでい》することはその時代《じだい》の必然《ひつぜん》であって、その時《とき》はそれでよかった。像法《ぞうほう》は芸術観《げいじゅつかん》と信仰《しんこう》の時代《じだい》であったからである。此《こ》の点《てん》に気《き》が付《つ》かずに言霊《げんれい》を以《もっ》て直接大祓《ちょくせつおほはらひ》を釈《と》こうとすると戸惑《とまど》う。九拳剣《ここのつかのつるぎ》である阿字観《あじかん》、宝音図《たからおんず》を以《もっ》てしては今日《こんにち》の時代《じだい》の役《やく》に立《た》たない。

「赤珠音図《あかたまおんず》」は所謂原始共産主義《いわゆるげんしきょうさんしゅぎ》の体制《たいせい》と考《かんが》えられる。「赤玉《あかだま》は緒《を》さへ光《ひか》れど」(古事記《こじき》)と玉《たま》の緒《を》が光《ひか》ると云《い》うのであるから、オ言霊《げんれい》を基調《きちょう》として八父韻《はちふいん》が進行《しんこう》する道《みち》のハーモニーを見出《みいだ》そうとする経営《けいえい》である。然《しか》し一面《いちめん》には父韻《ふいん》がカ音《おん》から出発《しゅっぱつ》するからには既《すで》に存在《そんざい》するものを主体《しゅたい》が収納《しゅうのう》する事《こと》から始《はじ》まる動《うご》き方《かた》で、この意味《いみ》でアイウエオの天津金木《あまつかなぎ》の唯物論《ゆいぶつろん》、現象《げんしょう》論《ろん》と同《おな》じである。その唯物史観《ゆいぶつしかん》のままに覇権思想《はけんしそう》、帝国主義《ていこくしゅぎ》の天津金木《あまつかなぎ》の反生命性《はんせいめいせい》を修整《しゅうせい》しようとする努力《どりょく》の一《ひと》つである。嘗《かつ》て日本《にほん》に行《おこな》われた山岸会《やまぎしかい》の運動《うんどう》などはこの思想《しそう》の実践《じっせん》であった。先頃《さきころ》テレビで演《えん》じられた平将門《たいらのまさかど》の反逆《はんぎゃく》などもその歴史的記録《れきしてききろく》の一《ひと》つである。山岸会《やまぎしかい》は然《しか》し現代《げんだい》の覇道権力思想《はどうけんりょくしそう》と相容《あいい》れぬ所《ところ》があるので弾圧《だんあつ》されて壊滅《かいめつ》し、山岸氏《やまぎしし》は自殺《じさつ》した。

「天津太祝詞《あまつふとのりと》」は大祓祝詞《おほはらひのりと》に説《と》く如《ごと》く天津菅麻《あまつすがそ》の未整理原始的思惟《みせいりげんしてきしゆい》の素材《そざい》を整理《せいり》し、天津金木《あまつかなぎ》の永劫未完成《えいごうみかんせい》、末法万年《まつぼうまんねん》を続《つづ》ける「永断道路《えいだんどうろ》」の無秩序《むちつじょ》、無方針《むほうしん》、無目的《むもくてき》の人類思想《じんるいしそう》に生命《せいめい》に即《そく》した合理性《ごうりせい》をあらしめる、全人類待望《ぜんじんるいたいぼう》の予定《よてい》された世界《せかい》の組織経綸方法《そしきけいりんほうほう》である。天津太祝詞《あまつふとのりと》は主体側《しゅたいがわ》の主観《しゅかん》からのみ樹《た》てられるのではない。嘗《かつ》て一度《いちど》は「絶妻《ことど》の誓《わたし》」を度《ど》して高天原《たかあまはら》と予母都国《よもつくに》に別《わか》れた伊邪那岐《いざなぎ》、美《み》二神《にしん》、生命《せいめい》の主体《しゅたい》と客体《きやくたい》、アとワ、イとヰ《ゐ》が再《ふた》び相呼応協力《あいこおうきょうりょく》して文明《ぶんめい》を成就《じょうじゅ》する道《みち》である。この時《とき》母音《ぼいん》の樹《た》て方《かた》は人間《にんげん》の一切種智《いっさいしゅち》である言霊《げんれい》イ、布斗麻邇《ふとまに》の五十音曼荼羅《ごじゅうおんマンダラ》を以《もっ》て結界《けっかい》された領域《りょういき》に於《お》いて、アイウエオの慧智《けいち》エ、Sophia《ソフィア》を中心《ちゅうしん》とする。また父韻《ふいん》の八律《はちりつ》の発展《はってん》のリズムはタカマハラナヤサ、すなわち前掲《ぜんけい》した創造《そうぞう》、収納《しゅうのう》、整理《せいり》、啓発《けいはつ》、浸透《しんとう》、成熟《せいじゅく》、繁栄《はんえい》、調和《ちょうわ》の順序《じゅんじょ》の道程《どうてい》である。この順序《じゅんじょ》は文明《ぶんめい》の最高《さいこう》の福音《ふくいん》であるから太祝詞《ふとのりと》と云《い》う。これを「高天原成弥栄和《たかまはらなやさわ》」と漢字《かんじ》にパラフレーズする。生命《せいめい》の自覚《じかく》に立《た》った文明創造《ぶんめいそうぞう》のリズムであるタカマハラ（高天原《たかあまはら》、天国《てんごく》、極楽国土《ごくらくこくど》）が実現《じつげん》すれば弥栄《いやさか》と調和《ちょうわ》の世界《せかい》が地上《ちじょう》に実現《じつげん》すると云《い》う意義《いぎ》である。

「小羊《こひつじ》シオンの山《やま》に立《た》てり」「我《われ》また聖《せい》なる都《みやこ》、新《あたら》しきエルサレムの、夫《おっと》のために飾《かざ》りたる新婦《はなよめ》のごとく準備《そなへ》して、神《かみ》の許《もと》をいで、天《てん》より降《くだ》るを見《み》たり。」（新約《しんやく》黙示録第《もくしろくだい》二十一章《にじゅういっしょう》）。新約聖書《しんやくせいしょ》もまた来《きた》るべき此《こ》の股肱《ここう》の盛儀《せいぎ》の実現《じつげん》を斯《かく》の如《ごと》く祝福《しゅくふく》し予言《よげん》して居《い》る。小羊《こひつじ》は従順《じゅうじゅん》なる者《もの》、「膏注《あぶらそそ》がれし者《もの》」（アノインテッド）、生命《せいめい》の自覚者《じかくしゃ》、辟支仏《びゃくしぶつ》である。これと偕《とも》なる花嫁《はなよめ》はアダムに対《たい》してのイヴ、すなわち文字《もじ》であり、文字《もじ》を以《もっ》て組立《くみた》てられた「生命《いのち》の城《まち》」として完成《かんせい》された文明指導《ぶんめいしどう》の鏡《かがみ》、天津太祝詞《あまつふとのりと》である。

十数《じゅうすう》は人間《にんげん》が活用《かつよう》する始原《しげん》の基礎数《きそすう》であり、同時《どうじ》に綜合的《そうごうてき》な全体数《ぜんたいすう》である。剣《つるぎ》を振《ふ》って時空《じくう》、次元《じげん》を斬《き》って十数《じゅうすう》に満《み》たない若《も》しくはこれを越《こ》える時《とき》は不合理《ふごうり》な判断《はんだん》であり、逆《ぎやく》に事象《じしょう》を纏《まと》めて十数《じゅうすう》に納《おさ》まらない時《とき》はまた不完全《ふかんぜん》な整理《せいり》である。アオウエイ、ワヲ《を》ウヱ《ゑ》ヰ《ゐ》の主客《しゅきゃく》、母音半母音《ぼいんはんぼいん》は十数《じゅうすう》であり、アタハサカマラヤナワ（アタカマハラナヤサワ）の父母《ふぼ》音《いん》の全系列《ぜんけいれつ》も十数《じゅうすう》である。此《こ》の十数《じゅうすう》を十拳剣《とつかのつるぎ》と云《い》う。完全《かんぜん》な判断《はんだん》及《およ》び整理法《せいりほう》である。

高天原《たかあまはら》の繁栄調和《はんえいちょうわ》が完成《かんせい》して居《い》ない時代《じだい》にあっては九数《きゅうすう》あるいは八数《はっすう》またはそれ以下《いか》、以上《いじょう》の思想体系《しそうたいけい》が止《や》むを得《え》ず、知《し》らずして用《もち》いられて居《い》る。九拳剣《ここのつかのつるぎ》、八拳剣《やつかのつるぎ》と云《い》う。右《みぎ》の五音図《ごおんず》を例《れい》に取《と》れば天津菅麻《あまつすがそ》は先天《せんてん》の十数《じゅうすう》を示《しめ》し、天津太祝詞《あまつふとのりと》は後天成就《こうてんじょうじゅ》の姿《すがた》の十数《じゅうすう》を示《しめ》す。然《しか》し天津金木音図《あまつかなぎおんず》に於《おい》ては主体《しゅたい》、能動者《のうどうしゃ》であるアイウエオは未《いま》だ自覚《じかく》せられず、客体《きやくたい》、受動者《じゅどうしゃ》であるワヲ《を》ウヱ《ゑ》ヰ《ゐ》もまだ疑問符《ぎもんふ》の中《なか》に居《い》る。音図《おんず》の上《うえ》では仮《かり》に母音《ぼいん》、半母音《はんぼいん》を並《なら》べてあるが、実際《じっさい》には真中《まなか》の現象世界《げんしょうせかい》の八律八父韻《はちりつはちふいん》だけが操作《そうさ》の対象《たいしょう》となって居《い》る。天津金木《あまつかなぎ》はすなわち八拳剣《やつかのつるぎ》である。これと同様《どうよう》の意味《いみ》で赤珠音図《あかたまおんず》もまた八拳剣《やつかのつるぎ》である事《こと》を越《こ》え得《え》ない。これに対《たい》して宝音図《たからおんず》は仏教《ぶつきょう》や基督教《キリストきょう》に於《お》ける如《ごと》く、印度哲学《いんどてつがく》の梵《ブラフマー》であるアオウエイ五大《ごだい》、五大天使《ごだいてんし》が確立《かくりつ》しているが、終局《しゅうきょく》の結論和《けつろんわ》（ワヲ《を》ウヱ《ゑ》ヰ《ゐ》）が成就《じょうじゅ》されて居《い》ないから、主体《しゅたい》のみあって客体《オブジェクト》の姿《すがた》は現《あら》われない。従《したが》って実際《じっさい》には宝音図《たからおんず》はアタカラハサナヤマまでの九音《きゅうおん》であり、すなわち九拳剣《ここのつかのつるぎ》である。

北欧《ほくおう》エッダ神話《しんわ》に次《つぎ》の伝《つた》えがある。世界最後《せかいさいご》の日《ひ》、所謂黄昏《いわゆるたそがれ》Ragnarok《ラグナロク》の前《まえ》に、Odin《オーディン》の子《こ》Thor《ソー》とMidgard serpent《ミッドガルド サーベント》（Midgardsorm《ミドガルズオルム》）の間《あいだ》に死闘《しとう》が行《おこな》われて、両者共《りょうしゃとも》に倒《たお》れた。だがこの時《とき》オーディン神《しん》は倒《たお》れる前《まえ》に九歩《きゅうほ》あゆみ、蛇《へび》は八歩《はっぽ》あゆんで共《とも》に息絶《いきた》えた。そして全世界《ぜんせかい》は黄昏《たそがれ》の闇《やみ》に閉さ《とざ》れ、その闇《やみ》の経過《けいか》の後《あと》に再《ふたた》び黎明《れいめい》の曙光《しょこう》が射《さ》し出《いず》ると云《い》う。此《こ》の九歩《きゅうほ》と八歩《はっぽ》とは何《なに》を寓意《ぐうい》するものかと云《い》うと、正《まさ》に九拳剣《ここのつかのつるぎ》、八拳剣《やつかのつるぎ》の事《こと》でなければならぬ。世界《せかい》の最後《さいご》の日《ひ》の死闘《しとう》は宗教《しゅうきょう》と科学《かがく》の間《あいだ》に行《おこな》われる。前者《ぜんしゃ》は九拳剣《ここのつかのつるぎ》すなわち宝音図《たからおんず》であり、後者《こうしゃ》は八拳剣《やつかのつるぎ》すなわち天津金木音図《あまつかなぎおんず》である。

以上《いじょう》は伝《つた》えられて居《い》る五種《ごしゅ》の五十音図上《ごじゅうおんずじょう》に現在世界《げんざいせかい》に存在《そんざい》する種々《しゅじゅ》の思想《しそう》を、重《かさ》ねて合《あ》わせて見《み》た所《ところ》である。この事《こと》を現行《げんこう》の思想《しそう》や政策《せいさく》の各相《かくそう》を五十音種智《ごじゅうおんしゅち》に還元《かんげん》して整理表現《せいりひょうげん》することによって簡潔《かんけつ》、明白《めいはく》、正確《せいかく》にその全貌《ぜんぼう》を撮影《さつえい》する事《こと》が出来《でき》る。五十音《ごじゅうおん》の鑑《かがみ》に写《うつ》して思想《しそう》を鑑識《かんしき》する事《こと》である。種智《しゅち》を以《もっ》て整理《せいり》する時思想《ときしそう》の曖昧《あいまい》が許《ゆる》されず、誤魔化《ごまか》しが利《き》かない。表《あら》わされた自分《じぶん》の魂《たましい》の図表《ずひょう》に対《たい》して反論《はんろん》や抗議《こうぎ》の余地《よち》がなく、歪曲《わいきょく》と欠陥《けっかん》、善悪《ぜんあく》と当否《とうひ》が一目瞭然《いちもくりょうぜん》となる。五十音種智《ごじゅうおんしゅち》を用《もち》いての此《こ》の霊魂《れいこん》の判定《はんてい》をキリスト教《きょう》では「最後《さいご》の審判《しんぱん》」と云《い》う。それは神《かみ》と全人類《ぜんじんるい》の前《まえ》で行《おこな》われる。仏説《ぶっせつ》では此《こ》の鏡《かがみ》を閻魔《えんま》の庁《ちょう》の浄玻璃《じょうはり》の鏡《かがみ》と云《い》う。此《こ》の審判《しんぱん》に当《あた》って更《さら》に詳細《しょうさい》な原理《げんり》の適用方法《てきようほうほう》、施行方法《せぎょうほうほう》が後段説《こうだんと》いて行《い》く「禊祓《みそぎはらひ》」である。

アラキニと云《い》う少女《しょうじょ》は織物《おりもの》の業《ぎょう》に長《た》けて居《い》た。慢心《まんしん》して智慧《ちえ》の女神《めがみ》アテナに織物《おりもの》のコンクールを挑《いど》んだ。二人《ふたり》は並《なら》んで織物《おりもの》の座《ざ》についた。アラキニが織《お》り出《だ》した模様《もよう》は白鳥《はくちょう》に身《み》を変《へん》じて美女《びじょ》レダを愛《あい》したゼウス（ヨウィス、ジュピター）の痴態《ちたい》と云《い》った様《よう》な神々《かみがみ》のスキャンダルの絵姿《えすがた》だった。人々《ひとびと》はその美事《みごと》な出来栄《できば》えを褒《ほ》めた。これに対《たい》してアテナ女神《めがみ》が織《お》り出《だ》した模様《もよう》は神々《かみがみ》の善行《ぜんこう》と美徳《びとく》を表《あら》わした絵姿《えすがた》だった。人々《ひとびと》は女神《めがみ》の織物《おりもの》を少女《しょうじょ》のそれに増《ま》して称賛《しょうさん》した。コンクールに敗《やぶ》れたアラキニは罰《ばっ》せられて蜘蛛《くも》に身《み》を変《か》えさせられた。今《いま》でもアラキニは木陰《こかげ》に身《み》を潜《ひそ》めて恥《はじ》らい乍《なが》ら、然《しか》しその時《とき》の姿《すがた》のままに巣《す》を織《お》り続《つづ》けて居《い》る。

五十音図《ごじゅうおんず》は母音《ぼいん》と父韻《ふいん》を縦横《たてよこ》の糸《いと》として織《お》って行《い》く神衣《かんそみ》である。アラキニが織《お》った模様《もよう》は神々《かみがみ》の悪徳《あくとく》と醜態《しゅうたい》をあからさまに暴露《ばくろ》したもので、天津金木《あまつかなぎ》である。女神《めがみ》が織《お》った模様《もよう》は神々《かみがみ》の知慧《ちえ》と徳行《とっこう》とが整然《せいぜん》と示《しめ》されたもので、天津太祝詞《あまつふとのりと》である。蟹《かに》と蜘蛛《くも》（ささがに）とはよく似《に》た動物《どうぶつ》だが、蟹《かに》は二本《にほん》の手《て》と八本《はっぽん》の足《あし》で計十本《けいじゅっぽん》となる十拳剣《とつかのつるぎ》の呪物《じゅぶつ》に用《もち》いられる。故《ゆえ》にカニ（神似《かに》）と云《い》う。蜘蛛《くも》は蟹《かに》の鋏《はさみ》に当《あた》る両手《りょうて》がなく八本足《はっぽんあし》だけである。即《すなわ》ち八拳剣《やつかのつるぎ》の呪物《じゅぶつ》である。

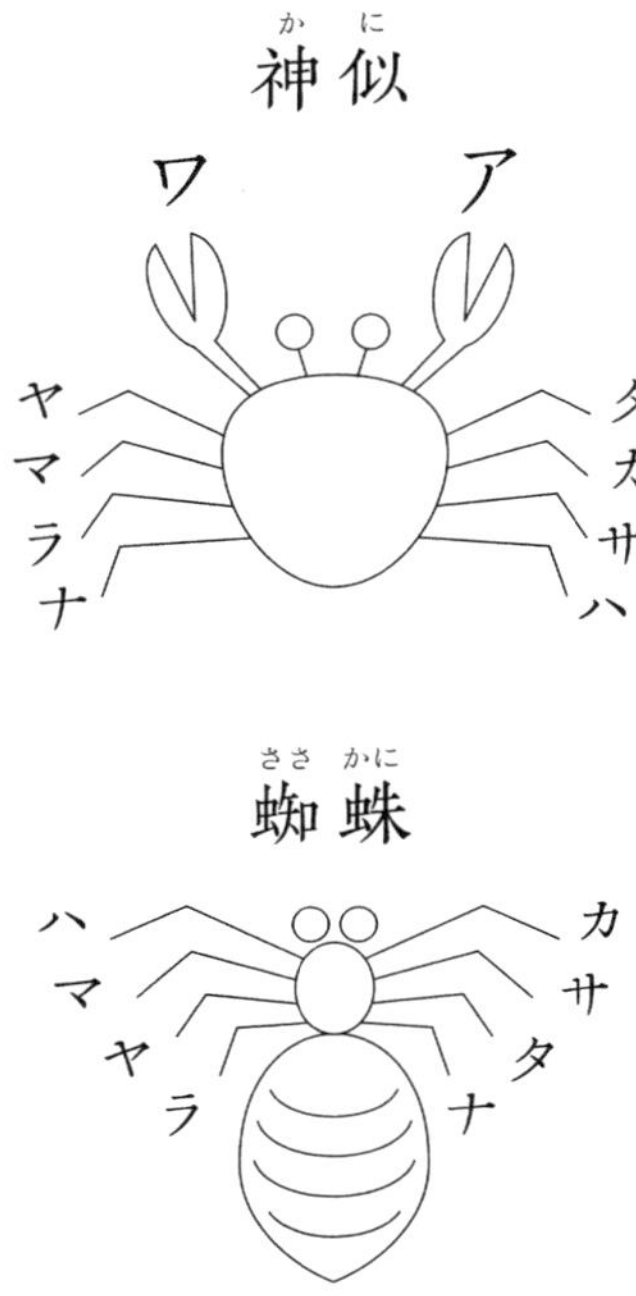

図表-23｜**神似（蟹）と蜘蛛**

言《げん》霊《れい》の流《りゅう》動《どう》

言霊《げんれい》は生命意志《せいめいいし》の原理原律《げんりげんりつ》であって、意志《いし》は元来固定《がんらいこてい》したものでなく、流動《りゅうどう》している。従《したが》って五十音図《ごじゅうおんず》は前図《ぜんず》（図表《ずひょう》21・図表《ずひょう》22）の如《ごと》く静的《せいてき》な体系的《たいけいてき》なものと意志《いし》の活動《かつどう》の順序《じゅんじょ》を現《あら》わす動的《どうてき》なものとの二態《にたい》がある。前者《ぜんしゃ》は「甕速日《みかはやび》」後者《こうしゃ》は「樋速日《ひはやび》」である。樋《ひ》は水《みず》のように魂《たましい》が流《なが》れて行《い》く道筋《みちすじ》である。

タトヨツテヤユヱケメ
クムスルソセホヘ
フモハヌラサロレノネカマナコ

これは前述《ぜんじゆつ》した頭脳《ずのう》の「天《あめ》の真名井《まない》」から子音《しいん》が生《う》まれ出《で》て、空中《くうちゆう》を伝播《でんぱ》し、再《ふたた》び真名《まな》井《い》に還《かえ》って来《き》て自証《じしよう》される順序《じゆんじよ》である。（『言霊百神《げんれいひやくしん》』新装版《しんそうばん》１２６頁以下《ページいか》参照《さんしよう》）

いろはにほへとちりぬるを（諸行無常《しよぎようむじよう》）
わかよたれそつねならむ（是生滅法《ぜしようめつほう》）
うゐのおくやまけふこえて（生滅滅已《しようめつめつい》）
あさきゆめみしゑひもせす（寂滅為楽《じやくめついらく》）

弘法《こうぼう》の作《さく》と云《い》われるが、その昔《むかし》、釈尊《しやくそん》が日本《にほん》で言霊摩尼《げんれいまに》を学《まな》んだ時《とき》、仏教《ぶつきよう》の奥義《おうぎ》として教伝《きようでん》されたものである。此《こ》の中《なか》で一言《ひとこと》説明《せつめい》を加《くわ》えて置《お》かなければならぬのは「ウヰ《ゐ》の奥山《おくやま》」と云《い》う事《こと》である。

ウオアエイは五音自然発生《ごおんしぜんはつせい》の順序《じゆんじよ》で、漢方医学《かんぼういがく》で五行相生《ごぎようそうじよう》の序《じよ》（金水木火土《ごんすいもくかど》）と云《い》われる所《ところ》の、肺金《はいきん》—腎水《じんすい》—肝木《かんもく》—心火《しんか》—脾土《ひど》の順《じゆん》である。これを心理学的《しんりがくてき》に説明《せつめい》すれば、ウ

（感覚《かんかく》）がオ（経験知《けいけんち》）を生《しょう》じ、経験知《けいけんち》がア（直観《ちょっかん》）を生《しょう》じ、直観《ちょっかん》がエ（善悪当否《ぜんあくとうひ》の判断《はんだん》）を定《さだ》め、そしてウオアエの四智《しち》が綜合《そうごう》されてイ（生命意志《せいめいいし》）の原理《げんり》の先天性《せんてんせい》の自覚《じかく》に至《いた》ると云《い》う順序《じゅんじょ》に循環《じゅんかん》する。

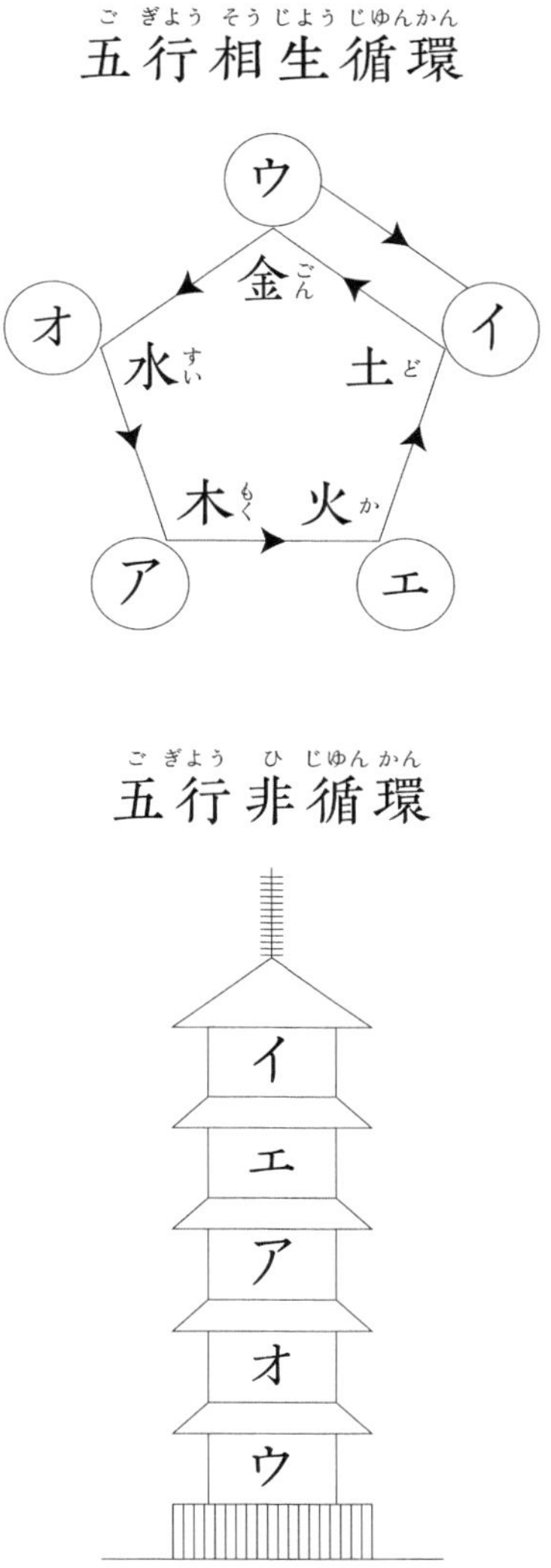

図表-24｜**五行の循環と非循環**

最後《さいご》にイがウに還《かえ》って行《い》けば五行《ごぎょう》の循環《じゅんかん》は完成《かんせい》する。この事《こと》は生命《せいめい》の客体的先天性《きゃくたいてきせんてんせい》を取《と》り扱《あつか》う漢方医学《かんぽういがく》の上《うえ》では「土生金《どしょうきん》」と云《い》って普通《ふつう》に理解《りかい》されて居《い》る事《こと》であるが、主体性《しゅたいせい》の自覚《じかく》に立《た》とうとする宗教《しゆうきよう》や心理学《しんりがく》では、此《こ》の最後《さいご》の飛躍連繋《ひやくれんけい》が容易《ようい》には為《な》し得《え》ない。イが初《はじ》めのウに還《かえ》ることが出来《でき》れば内面《ないめん》の魂《たましい》の回転運行《かいてんうんこう》の自在《じざい》を得《え》て、停滞《ていたい》することがない。自《じ》覚《かく》された生命《せいめい》の「中今《なかいま》」の拠点《きよてん》に於《おい》て常《つね》に円滑《えんかつ》に循環《じゆんかん》を続《つづ》けて居《い》ればよいのであって、カール・ブッセのように「山《やま》の彼方《あなた》に住《す》む幸《さいはひ》を求《もと》める」事《こと》も、若山牧水《わかやまぼくすい》のように「寂《さび》しさの終《は》てなむ国《くに》」を探《さが》して旅《たび》する必要《ひつよう》もない。

此《こ》の「土生金《どしようきん》」と云《い》う漢方医学《かんぽういがく》（易《えき》）の命題《めいだい》を宗教的心理的《しゆうきようてきしんりてき》に自己《じこ》に体得《たいとく》すれば、も早《は》や人間《にんげん》は神《かみ》を求《もと》めて修業《しゆぎよう》する苦労《くろう》がなくなり、仏教《ぶつきよう》も基督教《キリストきよう》も回教《かいきよう》もすべてその使命《しめい》を終了《しゆうりよう》し、発展的《はつてんてき》に解消《かいしよう》する。此《こ》のウとイの間《あいだ》の回向連繋《えこうれんけい》を「ウイ（ヰ《ゐ》）の奥山《おくやま》」と云《い》う。その奥山《おくやま》を越《こ》えると云《い》う事《こと》は魂《たましい》の最《もつと》も内奥《ないおう》に存《そん》する生命意志《せいめいいし》即《すなわ》ち神《かみ》（仏《ほとけ》）と、最《もつと》も単純皮相《たんじゆんひそう》素朴低級《そぼくていきゆう》な精神活動《せいしんかつどう》である五官感覚《ごかんかんかく》、砕《くだ》いて云《い》えば色気《いろけ》と食《く》い気《け》がそのまま素直《すなお》に結《むす》び付《つ》くことである。煩悩《ぼんのう》は菩提《ぼだい》から出《で》て実《じつ》は菩提《ぼだい》そのものの現《あら》われである。日本《にほん》の仏教界《ぶつきようかい》に於《おい》てこの「ウヰ《ゐ》の奥山《おくやま》」を越《こ》える道《みち》に最初《さいしよ》に気《き》が付《つ》いた人《ひと》は親鸞《しんらん》であった。言霊《げんれい》は識《し》らなかったが、その実践《じつせん》をした人《ひと》であった。

ヒフミヨイムナヤコトモチロラネシキルユヰ《ゐ》ツワヌソヲ《を》タハクメカウオエニサリヘテノ
マスアセヱ《ゑ》ホレケ

これは「布留《ふる》の言本《こともと》」と云《い》われる石上神宮《いそのかみじんぐう》の神歌《かみうた》である。大祓祝詞《おほはらひのりと》「天津清麻《あまつすがそ》を 本末苅《もとすえかり》断八津針《たちやつはり》に取《と》り辟《さし》て 天津祝詞《あまつのりと》の 太祝詞事《ふとのりとごと》を以《も》て宣《の》る」とある所《ところ》と同《おな》じ意味《いみ》のものである。八咫鏡《やたのかがみ》、天津太祝詞音図《あまつふとのりとおんず》の組立方《くみたてかた》の呪示《じゅじ》である。本来呪文《ほんらいじゅもん》ではないのだが「千早振《ちはやぶ》り」の方法《ほうほう》で言霊《げんれい》を生地《きじ》のまま簡潔《かんけつ》に用《もち》いてあるから呪文《じゅもん》の様《よう》に見《み》える。

ヒフミヨイムナヤコト（一二三四五六七八九十《ひふみよいむなやこと》）は母音《ぼいん》（本《もと》）と半母音《はんぼいん》（末《すえ》）の真中《まなか》の父韻《ふいん》の八律《はちりつ》を合《あ》わせた十《じゅう》の基礎数《きそすう》である。縦《たて》の母音半母音《ぼいんはんぼいん》の十数《じゅうすう》には次元組立《じげんくみたて》の順列《じゅんれつ》があり、横《よこ》の父韻《ふいん》の並《なら》びには生命意志発現《せいめいいしはつげん》の先天的原律《せんてんてきげんりつ》がある。この十《じゅう》の原律《げんりつ》を以《もつ》て（モチ）、意志活動《いしかつどう》の旋律《せんりつ》の音《おん》（ロラネ）を、陰陽相互《いんようそうご》の調和《ちょうわ》を図《はか》り乍《なが》ら（ツワ）、その続《つづ》き具合《ぐあい》を調整《ちょうせい》し（ソオ）、音図《おんず》の田《た》の言葉《ことば》を組替《くみか》え（タハクメカ）、ウオエの三音《さんおん》を中心《ちゅうしん》にして五母《ごぼ》音《いん》を裂《さ》いて（サリヘテ）、宣《の》べ申《もう》せ（ノマスアセ）、音図《おんず》の最上段《さいじょうだん》のア段《だん》の所《ところ》（アセ、ア瀬《せ》）がエ言霊中心《げんれいちゅうしん》の「恵《めぐみ》の穂《ほ》の列《れつ》になる様《よう》に書《か》け」（エホレケ）と云《い》うことである。エホレケとは「アタカマハラナヤサワ」の後天的十音《こうてんてきじゅうおん》の原律《げんりつ》である。伊勢神宮《いせじんぐう》に学《まな》んだ日蓮《にちれん》は夙《つと》にこの事《こと》を悟《さと》ったから、「法蓮華《ほれけ》」と云《い》う梵語《ぼんご》でも中華語《ちゅうかご》でもない古代日本語《こだいにほんご》を題目《だいもく》として弟子達《でしたち》に唱《とな》えさせた。彼《かれ》は法華経《ほけきょう》を方便《ほうべん》として、法華経《ほけきょう》の秘義《ひぎ》「教菩薩法《きょうぼさつほう》、仏所護念《ぶつしょごねん》」の正体《しょうたい》である言霊天津太祝詞《げんれいあまつふとのりと》が最勝《さいしょう》の大法《だいほう》として一閻浮提《いちえんぶだい》に出現流布《しゅつげんるふ》する事《こと》を予言《よげん》した。以上《いじょう》の解説《かいせつ》は後段《こうだん》「禊祓《みそぎはらひ》」の所《ところ》で更《さら》に詳述《しょうじゅつ》する。（『言霊百神《げんれいひゃくしん》』新装版《しんそうばん》１８５、２１８頁《ページ》以下参照《いかさんしょう》）

高天原《たかあまはら》の完成《かんせい》、建御雷神《たけみかづちのかみ》

五十音図表《ごじゅうおんずひょう》の部分部分《ぶぶんぶぶん》である母音《ぼいん》、父韻《ふいん》、子音《しいん》の検討《けんとう》が終《お》わり、更《さら》に五十音全体《ごじゅうおんぜんたい》の静的《せいてき》配列《はいれつ》と動的活用操作《どうてきかつようそうさ》の実験《じっけん》が終《お》わったから、この人間《にんげん》の一切種智《いっさいしゅち》である五十音《ごじゅうおん》を配列操作《はいれつそうさ》することによって人間《にんげん》が先天性《せんてんせい》として保有《ほゆう》する能力全部《のうりょくぜんぶ》を余《あま》す所《ところ》なく発揮《はっき》し、人間社会《にんげんしゃかい》を構成《こうせい》する人類主体《じんるいしゅたい》と、その人類《じんるい》を大《おお》きく取囲《とりかこ》んで居《い》る大自然界客体《だいしぜんかいきゃくたい》との関係《かんけい》を調和《ちょうわ》し経営《けいえい》する方法《ほうほう》を完成《かんせい》する為事《しごと》に進《すす》んで行《い》く。即《すなわ》ち道《みち》Tao《タオ》の完成《かんせい》である。過去数千年人類《かこすうせんねんじんるい》があらゆる努力《どりょく》を傾倒《けいとう》しても不可能《ふかのう》であった道《みち》の完成《かんせい》が何故《なぜ》に改《あらた》めて可能《かのう》であるかと云《い》うと、それは人間生命主体《にんげんせいめいしゅたい》に保有《ほゆう》される先天一切種智《せんてんいっさいしゅち》の全局《ぜんきょく》が母《ぼ》、父《ふ》、子音《しいん》として余《あま》りなく復元《ふくげん》明徴《めいちょう》されたからであって種智《しゅち》の操作活用《そうさかつよう》によって同《おな》じ種智《しゅち》を生《い》きて居《い》る自己以外《じこいがい》の人間《にんげん》との協調融和《きょうちょうゆうわ》が容易《ようい》であることはもとより、人間種智《にんげんしゅち》と同型式《どうけいしき》の内容《ないよう》は持《も》って居《い》ても生命《せいめい》の自覚《じかく》（神《かみ》）の無《な》いエネルギーのみであるマクロの天体《てんたい》や、ミクロの物質構造《ぶっしつこうぞう》や、種智《しゅち》の部《ぶ》分部分《ぶんぶぶん》を夫々《それぞれ》不完全《ふかんぜん》に保有活用《ほゆうかつよう》して居《い》る他《た》の生物《せいぶつ》、動植物《どうしょくぶつ》と融和《ゆうわ》することも、主体側《しゅたいがわ》に保《ほ》有《ゆう》されて居《い》る人間《にんげん》の一切種智《いっさいしゅち》を活用《かつよう》する事《こと》によって、勿論様々《もちろんさまざま》な努力《どりょく》は要《よう》する事《こと》ではあるが同《おな》じく当然可能《とうぜんかのう》な為事《しごと》である。

太陽初《たいようはじ》め天体《てんたい》が持《も》つ構造《こうぞう》や活動《かつどう》、動植物《どうしょくぶつ》の性能《せいのう》も同《おな》じく宇宙内部《うちゅうないぶ》のものであり、宇宙《うちゅう》の所産《しょさん》であり宇宙《うちゅう》の子《こ》であるからには同《おな》じき宇宙《うちゅう》の子《こ》である人間《にんげん》と実《じつ》は同《おな》じ要素《ようそ》を以《もっ》て構成《こうせい》されている。その同《おな》じ要素《ようそ》の精神的主体的自覚体《せいしんてきしゅたいてきじかくたい》である種智《しゅち》（父母子音《ふぼしいん》）の正《ただ》しい呼掛《よびか》け、指導《しどう》、操作《そうさ》に対《たい》して宇宙大自然《うちゅうだいしぜん》が感応同交《かんのうどうこう》して来《こ》ないわけはないのである。

宇宙大自然界《うちゅうだいしぜんかい》は敢《あえ》て人智人力《じんちじんりょく》を加《くわ》えずとも太陽《たいよう》は自転《じてん》し、ラジオ星《せい》は電波《でんぱ》を放射《ほうしゃ》し、熱《ねつ》帯《たい》のマングローブの林《はやし》は急速《きゅうそく》に海《うみ》を陸地化《りくちか》して行《い》くが、自己《じこ》の先天性《せんてんせい》として「神《かみ》」の力《ちから》を本具《ほんぐ》して居《い》る人間《にんげん》はその本具《ほんぐ》の性能《せいのう》を活用《かつよう》して宇宙大自然界《うちゅうだいしぜんかい》の上《うえ》に科学《かがく》と道徳《どうとく》と云《い》う精密《せいみつ》に計算《けいさん》された文明《ぶんめい》を建設《けんせつ》して行《い》く。宇宙大自然《うちゅうだいしぜん》はその儘《まま》に放《ほお》って置《お》けば渾沌《こんとん》と云《い》う無記無《むきむ》自覚《じかく》の調和《ちょうわ》を保《たも》って生々存々《せいせいそんそん》して行《い》くが、これに神《かみ》である人間《にんげん》の叡智《えいち》と力《ちから》を加《くわ》えて処理《しょり》する時《とき》、渾沌《こんとん》が剖判《ぼうはん》してより合理的《ごうりてき》な世界《せかい》が創造《そうぞう》される。この事《こと》を古事記《こじき》は「修理固成《つくりかためなせ》」と云《い》う。

今迄人間《いままでにんげん》に与《あた》えられた先天種智《せんてんしゅち》の内容《ないよう》を検討《けんとう》し、更《さら》にその全体《ぜんたい》の組織《そしき》や活用法《かつようほう》に就《つ》いて考《かんが》えて来《き》たが、然《しか》らば文明創造《ぶんめいそうぞう》の主体《しゅたい》であるその種智五十音《しゅちごじゅうおん》を主体者《しゅたいしゃ》の自覚《じかく》された法《ほう》として如何《いか》に構成《こうせい》し活用《かつよう》したならば他人《たにん》及《およ》び宇宙大自然《うちゅうだいしぜん》に対《たい》して文明《ぶんめい》の指導者《しどうしゃ》、転輪王《てんりんおう》、救世主《きゅうせいしゅ》としての真意義《しんいぎ》を発揮《はっき》し得《う》るか。この事《こと》が言霊《げんれい》を整理《せいり》する上《うえ》の目的《もくてき》である。

その文明《ぶんめい》の転輪聖王《てんりんじょうおう》の法《ほう》に就《つ》いて『言霊百神《げんれいひゃくしん》』に於《お》ては古事記《こじき》の体系《たいけい》の順《じゅん》を追《お》うて筆者《ひっしゃ》の未熟《みじゅく》な体験《たいけん》と理論《りろん》を進《すす》めて来《き》た。これによって言霊《げんれい》と神典古事記《しんてんこじき》の関係《かんけい》を概念《がいねん》の上《うえ》では一通《ひととお》り世界《せかい》に明《あき》らかにされたが、然《しか》し時《とき》が迫《せま》ったので今《いま》まで説《と》いた所《ところ》の不明瞭《ふめいりょう》な部分《ぶぶん》を是正《ぜせい》して最高《さいこう》の結論《けつろん》を急《いそ》がなければならない。その完全《かんぜん》な律法《りっぽう》の名《な》を天津太祝詞《あまつふとのりと》、八咫鏡《やたのかがみ》、そして天照大御神《あまてらすおほみかみ》として紹介《しょうかい》して来《き》た。此処《ここ》ではそれが出来上《できあ》がった時《とき》の最初《さいしょ》の名《な》を「建御雷之男神《たけみいかつちのをのかみ》」と云《い》う。たけは五十音図《ごじゅうおんず》の田《た》（営田《エデン》）から生《は》えた毛《け》（気《け》）すなわち言霊《げんれい》である。人間《にんげん》の発《はっ》する言語《げんご》は雷鳴《らいめい》の一種《いっしゅ》と考《かんが》えられた。「維摩《ゆいま》の一黙《いちもく》、響《ひび》き雷《らい》の如《ごと》し。」

（維摩経《ゆいまきょう》）などとも云《い》う。その言語《げんご》は五十音《い》神代《か》文字《もじ》によって土《つち》clay《クレイ》 tablet《タブレット》に記《しる》される。これを武甕土《たけみかつち》とも記《しる》す。その別名《べつめい》の建布都《たけふつ》の布都《ふつ》は神人《しんじん》ノアがエデンの縮図《しゅくず》を作成《さくせい》してこれを憲法《けんぽう》としてその上《うえ》に都市国家《としこっか》（都《みやこ》）を建設《けんせつ》した状況《じょうきょう》を思《おも》い出《だ》させる。またの名《な》豊布都《とよふつ》はアオウエイ、ワ、チヒシキミリイニ十四音《じゅうよんおん》を音図《おんず》の外郭《がいかく》（框《かまち》）とするから十四《とよ》（豊《とよ》）の都《みやこ》を布《し》くと書《か》くのである。天津太祝詞音図《あまつふとのりとおんず》、八咫鏡《やたのかがみ》、天照大御神《あまてらすおほみかみ》の御姿《おすがた》、建御雷之男《たけみいかつちのを》は神《かみ》である人間主体《にんげんしゅたい》が組織経営《そしきけいえい》する文明《ぶんめい》の完全《かんぜん》な指導原理《しどうげんり》である。仏教《ぶっきょう》はこの原理《げんり》を行的《ぎょうてき》に称賛《しょうさん》して阿弥陀仏《あみだぶつ》の四十八願成就《しじゅうはちがんじょうじゅ》の姿《すがた》と云《い》い、基督教《キリストきょう》は生命《いのち》の原理《げんり》の完成体《かんせいたい》である天国《てんごく》の荘厳《そうごん》な律法《りっぽう》とその中味《なかみ》は識《し》らぬままに讃仰《さんごう》し憧憬《どうけい》して来《き》た。過去三千年間神道家《かこさんぜんねんかんしんとうか》もまたこれを高天原《たかあまはら》と呼《よ》んで清浄無垢《せいじょうむく》、完全無欠《かんぜんむけつ》な道《みち》の完成体《かんせいたい》として憧憬《どうけい》を以《もっ》て模索《もさく》し続《つづ》けて来《き》たのである。

　これをタカマハラと呼《よ》ぶ所以《ゆえん》は生命意志《せいめいいし》の発現順序《はつげんじゅんじょ》が最初《さいしょ》にタカマハラと顕《あら》われるからであって、人間《にんげん》の意志《いし》の律動《りつどう》が生存競争《せいぞんきょうそう》と客体《きゃくたい》の拘束《こうそく》から離《はな》れて確立《かくりつ》された主体性創造性《しゅたいせいそうぞうせい》を根拠《こんきょ》として、改《あらた》めてタカマハラと出発《しゅっぱつ》し直《なお》すことによって、これに指導《しどう》される客体《きゃくたい》である全人類《ぜんじんるい》も、宇宙大自然界《うちゅうだいしぜんかい》も、成弥栄和《なやさわ》と最高《さいこう》の繁栄《はんえい》と調和《ちょうわ》を実現《じつげん》する。道《みち》,Tao《タオ》,Logos《ロゴス》,Law《ロウ》は至極簡単《しごくかんたん》なものであって、生存競争《せいぞんきょうそう》を基盤《きばん》とする天津金木《あまつかなぎ》の感覚感能《かんかくかんのう》と経験《けいけん》の累積《るいせき》のみの渾沌社会《こんとんしゃかい》を人間《にんげん》がみずから翻然《ほんぜん》と解脱《げだつ》しさえすれば、マス・コミュニケーションが普《あまね》く行《い》きわたって居《い》る今日《こんにち》、天国《てんごく》、極楽《ごくらく》、高天原《たかあまはら》の荘厳調和《しょうごんちょうわ》の原理《げんり》は全人類《ぜんじんるい》に容易《ようい》に周知《しゅうち》される。

第三次世界戦《だいさんじせかいせん》の原水爆戦争《げんすいばくせんそう》のOmen《オーメン》にプロメテウスの弟《おとうと》のエピメテウスのように脅《おび》えながら、唯物的自由主義《ゆいぶつてきじゆうしゅぎ》の奴隷国家《どれいこっか》になって、二百年昔《にひゃくねんむかし》の建国当時《けんこくとうじ》のキリスト教的理想主義《きょうてきりそうしゅぎ》が何時《いつ》にか薄《うす》れてしまった米国《べいこく》、科学的唯物論共産主義《かがくてきゆいぶつろんきょうさんしゅぎ》に思想《しそう》は変《か》わっても、ノルマを課《か》して民衆《みんしゅう》を囚人的《しゅうじんてき》に取《と》り扱《あつか》い、他国《たこく》に対《たい》しては帝国主義的覇権《ていこくしゅぎてきはけん》を行使《こうし》する事《こと》、帝政時代《ていせいじだい》と少《すこ》しも進歩《しんぽ》のないソ蓮《れん》、民族的共産主義法治専制国家中国《みんぞくてききょうさんしゅぎほうちせんせいこっかちゅうごく》、アラジンのランプの油《あぶら》が間《ま》もなく燃《も》え尽《つ》きる事《こと》に焦燥《しょうそう》して居《い》るアラブ諸国《しょこく》、中世紀以来《ちゅうせいきいらい》の古《ふる》い個人主義文明《こじんしゅぎぶんめい》の黄昏《たそがれ》の色《いろ》が愈々濃《いよいよこ》くなって行《い》く西欧諸国《せいおうしょこく》、アーベントラント、世界《せかい》の精神文明《せいしんぶんめい》の光明《こうみょう》の圏外《けんがい》に逸脱《いつだつ》して其日其日《そのひそのひ》の物《もの》の生活《せいかつ》だけを楽《たの》しんで居《い》る南米諸国《なんべいしょこく》、三千年昔《さんぜんねんむかし》に輝《かがや》かしかった精神文明《せいしんぶんめい》の生命《せいめい》を失《うしな》った燃《も》え糟《かす》を守《まも》って無為《むい》の宗教生活《しゅうきょうせいかつ》に日《ひ》を送《おく》っている印度《いんど》、五百年《ごひゃくねん》に亘《わた》った西《せい》欧植民地《おうしょくみんち》の桎梏《しっこく》から脱出《だっしゅつ》しようと死物狂《しにものぐるい》のアフリカ諸民族等々《しょみんぞくとうとう》、斯《こ》うした四十億《よんじゅうおく》の人類《じんるい》の種々雑多《しゅじゅざった》な主義主張《しゅぎしゅちょう》、政策信仰《せいさくしんこう》を載《の》せて地球《ちきゅう》と云《い》う球形《きゅうけい》の船《ふね》が当途《あてど》なく宇宙《うちゅう》をさ迷《まよ》って居《い》る。

船《ふね》には責任《せきにん》を持《も》った船長《せんちょう》も事務長《じむちょう》も機関長《きかんちょう》も居《い》ない。乗客《じょうきゃく》は互《たが》いにその部署地域《ぶしょちいき》に割拠《かっきょ》して大《おお》ぜり合《あ》い、小《こ》ぜり合《あ》いを随所《ずいしょ》に繰《く》り返《かえ》しながら、然《しか》も最後《さいご》の決定的《けっていてき》な大破壊《だいはかい》である原水爆戦第三次世界戦争《げんすいばくせんだいさんじせかいせんそう》による地球自体《ちきゅうじたい》の壊滅《かいめつ》に脅《おび》え切《き》って居《い》る。此《こ》の刻下《こっか》の世界情勢《せかいじょうせい》は人類《じんるい》が現在《げんざい》の自己自身《じこじしん》である天津金木《あまつかなぎ》と云《い》う。遠《とお》くは五千年《ごせんねん》、八千年来《はっせんねんらい》の慣習《かんしゅう》である個人《こじん》主義《しゅぎ》、個別主張《こべつしゅちょう》、生存競争《せいぞんきょうそう》を脱却《だっきゃく》するのでなければ離脱解決《りだつかいけつ》の道《みち》は絶無《ぜつむ》である。

然《しか》し道《みち》は既《すで》に存在《そんざい》している。昔《むかし》から有《あ》ったのであり、昔《むかし》から人類《じんるい》が持《も》って居《い》たのであり、その道《みち》が過去《かこ》の記憶《きおく》の中《なか》から、人類《じんるい》の遺伝性《いでんせい》の中《なか》から数千年《すうせんねん》にしてフェニックスの如《ごと》くに再《ふたた》び蘇《よみが》えって来《き》たのである。その道《みち》の実体《じったい》を言霊《げんれい》と云《い》う。そのLogos《ロゴス》は五十個《ごじゅっこ》の単音《たんおん》を以《もっ》て構成《こうせい》されている。前述《ぜんじゅつ》した如《ごと》く個人《こじん》、民族《みんぞく》、国家《こっか》を問《と》わずあらゆる主義《しゅぎ》、思想《しそう》、信仰《しんこう》を五十音《ごじゅうおん》の母音《ぼいん》の次元《じげん》の高低《こうてい》と、父韻《ふいん》の律動《りつどう》の各相《かくそう》と、そして子音《しいん》の時所位《じしょい》に還元《かんげん》し、その鏡《かがみ》に写《うつ》してその意義《いぎ》と価値《かち》を的確《てきかく》に判断《はんだん》し、全人類《ぜんじんるい》の面前《めんぜん》に於《おい》て「最後《さいご》の審判《しんぱん》」を行《おこな》う。その公判法廷《こうはんほうてい》の準備《じゅんび》が仏教《ぶっきょう》、基督教《キリストきょう》、回教《かいきょう》、神道《しんとう》はもとより、現在《げんざい》の哲学《てつがく》、心理学《しんりがく》、法律学等《ほうりつがくなど》が関知《かんち》する範囲《はんい》の外《そと》に於《おい》て、敢《あ》えて神秘思想《しんぴしそう》でも秘密運動《ひみつうんどう》でもないのだが、人知《ひとし》れず、然《しか》も急速《きゅうそく》に整《ととの》えられつつある。(『言霊百神《げんれいひゃくしん》』新装版《しんそうばん》186頁《ページ》参照《さんしょう》)

文明《ぶんめい》の帰納《きのう》と演繹《えんえき》、闇淤加美神《くらおかみのかみ》、闇御津羽神《くらみつはのかみ》

天国《てんごく》、極楽《ごくらく》、高天原《たかあまはら》の荘厳《しょうごん》が建御雷《たけみかづち》、天津太祝詞《あまつふとのりと》、八咫鏡《やたのかがみ》、天照大御神《あまてらすおほみかみ》の実相《じっそう》、色身《しきしん》として、仏教《ぶっきょう》の絵画《かいが》曼荼羅《マンダラ》や仏菩薩《ぶつぼさつ》の彫像《ちょうぞう》としての単《たん》なる芸術品《げいじゅつひん》としてではなく、また例《たと》えば天台《てんだい》の「十住心論《じゅうじゅうしんろん》」のような抽象的《ちゅうしょうてき》な哲理《てつり》としてでもなく、或《あ》るいはまた基督教《キリストきょう》に於《お》ける簡単《かんたん》な直線《ちょくせん》の直角交叉《ちょっかくこうさ》の形態《けいたい》である十字架《じゅうじか》としての原始的《げんしてき》な原理《げんり》としてでもなく、人間生命《にんげんせいめい》の一切《いっさい》の創造意志《そうぞういし》の性能《せいのう》の悉《ことごと》くを網羅《もうら》した一切種智《いっさいしゅち》言霊《げんれい》布斗麻邇《ふとまに》五十音《ごじゅうおん》の配列組織《はいれつそしき》として再現《さいげん》され完成《かんせい》された。然《しか》らばこの八咫鏡《やたのかがみ》を地球人類《ちきゅうじんるい》の未来《みらい》に向《むか》って、その現実《げんじつ》の文明《ぶんめい》の完成《かんせい》のために如何《いか》に活用《かつよう》するかが此《こ》の次《つぎ》の問題《もんだい》であり操作《そうさ》である。その操作《そうさ》には帰納《きのう》と演繹《えんえき》の両面《りょうめん》がある。古事記《こじき》の神名《しんめい》では帰納法《きのうほう》を「闇淤加美《くらおかみ》」と云《い》い、演繹《えんえき》を「闇御津羽《くらみつは》」と

云《い》う。

前者帰納法《ぜんしゃきのうほう》、闇淤加美《くらおかみ》は前述《ぜんじゅつ》の如《ごと》く世界《せかい》のすべての思想《しそう》、主義主張《しゅぎしゅちょう》、哲理《てつり》、信仰《しんこう》をこの五十音言霊《ごじゅうおんげんれい》に整理《せいり》、還元《かんげん》、収納《しゅうのう》して、世界《せかい》の一切《いっさい》の渾沌《こんとん》、思惟《しゆい》の矛盾撞着《むじゅんどうちゃく》の所以《ゆえん》を一目《いちもく》瞭然《りょうぜん》たらしめ、その矛盾撞着《むじゅんどうちゃく》が矛盾撞着《むじゅんどうちゃく》のまま大《おお》きな完全体《かんぜんたい》の中《なか》に自分自身《じぶんじしん》の現実相《げんじつそう》を自《じ》分自身《ぶんじしん》で発見《はっけん》することである。仏教的《ぶっきょうてき》にこの操作《そうさ》を説《と》いた言葉《ことば》を「念仏衆生《ねんぶつしゅじょう》 摂取不捨《せっしゅふしゃ》」（観無量寿経《かんむりょうじゅきょう》）と云《い》う。親鸞《しんらん》は「ただ佛恩《ぶちおん》のふかきことをおもふて、人倫《じんりん》のあざけりをはぢず。」（教行信証《きょうぎょうしんしょう》）と云《い》った。

すなわち渾沌《こんとん》として何処《どこ》から如何手《どうて》の付《つ》けようもない自分自身《じぶんじしん》を、現実世界《げんじつせかい》を、生命主体《せいめいしゅたい》の本然《ほんぜん》の先天性《せんてんせい》に立脚《りっきゃく》して、アイエオウの五《いつ》つの次元《じげん》の重畳《ちょうじょう》と、チヒシキミリイニの八《はち》父韻《ふいん》の生命意志《せいめいいし》の律動《りつどう》の相《そう》と、そして時間《じかん》、空間《くうかん》、次元《じげん》の組織体《そしきたい》の全数《ぜんすう》である三十二子音《さんじゅうにしいん》の生命《せいめい》の種智《しゅち》に還元《かんげん》して改《あら》めて整然《せいぜん》と配列《はいれつ》して人類《じんるい》の恒常不変《こうじょうふへん》の生命《せいめい》の律法《りっぽう》として制定《せいてい》、宣布《せんぷ》、施行《せぎょう》することである。（『言霊百神《げんれいひゃくしん》』新装版《しんそうばん》１８７頁《ページ》参照《さんしょう》）

斯《かく》の如《ごと》くして生命《せいめい》の軌範《きはん》、宇宙《うちゅう》の道《ロゴス》、神《かみ》の律法《りっぽう》が定《さだ》まった時《とき》、この全人類共通普遍《ぜんじんるいきょうつうふへん》の典《てん》範《ぱん》、憲法《けんぽう》を、次《つぎ》に各国家《かくこっか》、民族《みんぞく》或《ある》いは地域《ちいき》、企業《きぎょう》、個人《こじん》の上《うえ》に、その個別性《こべつせい》、特殊性《とくしゅせい》すなわち個々《ここ》の歴史《れきし》と習慣《しゅうかん》に応《おう》じて如何《いか》に適用《てきよう》し施行《せぎょう》するかが第二《だいに》の為事《しごと》である。この普遍《ふへん》の律法《りっぽう》を個別的《こべつてき》に展開《てんかい》する道《みち》を「闇御津羽《くらみつは》」と云《い》う。即《すなわ》ち律法《りっぽう》を演繹《えんえき》して行《い》く道《みち》である。クラミヅハは闇淤加美《くらおかみ》とは逆《ぎゃく》に律法《りっぽう》を繰《く》り拡《ひろ》げて鳥《とり》の羽《は》の様《よう》に拡《ひろ》げて行《い》く法《ほう》で、別名《べつめい》を「天《あめ》の尾羽張剣《おはばりのつるぎ》」と云《い》う。ギリシャ神話《しんわ》ではこれをOrion《オリオン》（Orion《オーリーオーン》）と云《い》う。（『言霊百神《げんれいひやくしん》』新《しん》装版《そうばん》177頁《ページ》参照《さんしょう》）

闇淤加美《くらおかみ》と闇御津羽《くらみつは》は帰納《きのう》と演繹《えんえき》であり、前者《ぜんしゃ》を握手《にぎて》と云《い》い、後者《こうしゃ》を起手《おきて》と云《い》う。握手《にぎて》は和幣《にぎて》であり起手《おきて》は掟《おきて》である。双方共完全数《そうほうともかんぜんすう》である十数《じゅうすう》を以《もっ》て操作《そうさ》する。十数《じゅうすう》は両手《りょうて》の手《て》の指《ゆび》の数《かず》であり、両手指《りょうしゅし》を次々《つぎつぎ》に握《にぎ》って十指《じっし》の言霊《げんれい》によって一二三四五六七八九十《ひふみよいむなやこと》と判断《はんだん》掌握《しょうあく》し、反対《はんたい》に握《にぎ》った手《て》を十九八七六五四三二一《とこやなむいよみふひ》と起《おこ》して行《い》って、個別的《こべつてき》な社会《しゃかい》の種種相《しゅじゅそう》を基本《きほん》の律法《りっぽう》から展開《てんかい》して行《い》く。この握手《にぎて》と起手《おきて》の操作《そうさ》が双方共同時《そうほうともどうじ》に可能《かのう》である所以《ゆえん》は、出発《しゅっぱつ》であり序論《じょろん》である一《ひ》と結論《けつろん》である十《と》が途中《とちゅう》の現象数《げんしょうすう》の八律《はちりつ》を架《か》け橋《はし》にして合理的《ごうりてき》に連結操作《れんけつそうさ》されるからであって、序論《じょろん》から結論《けつろん》へ、結論《けつろん》から序論《じょろん》への道《みち》が融通無礙《ゆうずうむげ》である。

すなわちこれは十拳剣《とつかのつるぎ》の操作《そうさ》の功徳《くどく》であって、結論《けつろん》（ワ）を欠除《けつじょ》し、或《ある》いは序論結論《じょろんけつろん》（ア、ワ）共《とも》に欠除《けつじょ》する九拳剣《ここのつかのつるぎ》（宗教《しゅうきょう》）、八拳剣《やつかのつるぎ》（科学《かがく》）を以《もっ》てしては和幣《にぎて》、掟《おきて》の帰納演繹《きのうえんえき》の完《かん》璧《ぺき》な操作《そうさ》は望《のぞ》み得《え》ない。

言霊布斗麻邇《げんれいふとまに》すなわち神道高天原《しんとうたかあまはら》の完成体《かんせいたい》の構造《こうぞう》は建御雷《たけみかづち》（八咫鏡《やたのかがみ》）であり、その用法《ようほう》は闇淤加美《くらおかみ》、闇御津羽《くらみつは》すなわち和幣《にぎて》、掟《おきて》であって、これが布斗麻邇《ふとまに》の原理《げんり》と操作《そうさ》のすべてである。この完成体《かんせいたい》は哲学《てつがく》や心理学《しんりがく》や或《ある》いは神秘的体験《しんぴてきたいけん》によってアオウエ四智《しち》を経験《けいけん》を以《もっ》て推進《すいしん》させて到達《とうたつ》したものではなく、人類《じんるい》が天与《てんよ》されて居《い》る先天《せんてん》、先験《せんけん》の生命《せいめい》の権威《けんい》と性《せい》能《のう》である五母音《ごぼいん》、八父韻《はちふいん》が余《あま》す所《ところ》なく顕現《けんげん》して組織《そしき》され且《か》つ活動《かつどう》するもので、この完成体《かんせいたい》高天原《たかあまはら》は根本《こんぽん》である人類《じんるい》の先天《せんてん》すなわち種智《しゅち》（一切種智《いっさいしゅち》）が変化《へんか》せぬ限《かぎ》り、人類《じんるい》が人類《じんるい》である限《かぎ》り、人類《じんるい》が宇宙《うちゅう》に存在《そんざい》する限《かぎ》り天壌無窮《てんじょうむきゅう》、万世一系《ばんせいいっけい》であり、恒常不変《こうじょうふへん》のものである。「天地《てんち》の過《す》ぎ往《ゆ》かぬうちに、律法《おきて》の一点《いってん》、一画《いっかく》も廢《すた》ることなく、ことごとく全《まった》うせらるべし。」（新約《しんやく》 マタイ伝第五章《でんだいごしょう》）。この律法《おきて》こそ天国高天原《てんごくたかあまはら》の構造《こうぞう》であり、その活動《かつどう》である。イエスは漫然《まんぜん》と神《かみ》の律法《おきて》が有《あ》る筈《はず》、なければならぬと云《い》う信念《しんねん》や予想《よそう》を述《の》べたのではなく、日本《にほん》に留学《りゅうがく》して律法《おきて》の実体《じったい》、精細《せいさい》な構造《こうぞう》を知《し》って居《い》たから、斯《か》く明白《めいはく》に断言《だんげん》したのである。

地上《ちじょう》に天国高天原《てんごくたかあまはら》が有《あ》った事《こと》、地上《ちじょう》がそのまま高天原《たかあまはら》であった時代《じだい》は遠《とお》い昔《むかし》の事《こと》である。それはエジプトのファラオの王朝《おうちょう》が始《はじ》まる以前《いぜん》、メソポタミアにシュメール帝国《ていこく》が創《つく》られる以前《いぜん》の事《こと》で、一万年近《いちまんねんちか》くの昔《むかし》である。人類《じんるい》はその漠然《ばくぜん》たる記憶《きおく》と不完全《ふかんぜん》な記録《きろく》だけを今《いま》に伝《つた》えて居《い》る。モーゼが遺《のこ》したエデンの記録《きろく》、釈迦《しゃか》が説《と》いた一切種智《いっさいしゅち》、摩尼宝珠《まにほうじゅ》の教《おし》えがその微《かす》かな伝《つた》えである。その微《かす》かな伝《つた》えの正体《しょうたい》を探求《たんきゅう》して、哲学者《てつがくしゃ》、宗教家達《しゅうきょうかたち》は数千年《すうせんねん》に亘《わた》る長《なが》い年月《ねんげつ》、仏教《ぶっきょう》もキリスト教《きょう》もユダヤ教《きょう》も懸命《けんめい》に思索《しさく》と修業《しゅぎょう》を続《つづ》けて来《き》た。然《しか》し今《いま》に到《いた》ってもその実体《じったい》の復元《ふくげん》が出来《でき》ないのは人類《じんるい》がその第二次的《だいにじてき》の知性《ちせい》であるアオウエの四智《しち》のみを以《もっ》てその努力《どりょく》を続《つづ》けて居《い》るからであり、天国《てんごく》、高天原《たかあまはら》、エデンの園《その》が人間《にんげん》の天与《てんよ》の先天《せんてん》によって構成《こうせい》されたものである事《こと》に気付《きづ》かず、母音《ぼいん》、父韻《ふいん》の十七音《じゅうななおん》の意義《いぎ》を忘《わす》れて居《い》るからである。一万年昔《いちまんねんむかし》の人類《じんるい》の先天性《せんてんせい》、先験性《せんけんせい》と今日現代《こんにちげんだい》のそれとの間《あいだ》には些《いささか》の変化《へんか》なく、全《まった》く同《おな》じものである。

然《しか》し幸《さいわい》にして東洋《とうよう》や西欧《せいおう》の文明《ぶんめい》の圏外《けんがい》に懸絶《けんぜつ》して居《い》る秘密蔵《ひみつぞう》の国《くに》、極東《きょくとう》の島国日本《しまぐににほん》に於《おい》てその先天《せんてん》の活動《かつどう》と活用《かつよう》の道理《どうり》の全貌《ぜんぼう》が、露《あら》わな伝統《でんとう》としてではなく、矢張《やは》りその儘《まま》では不明瞭《ふめいりよう》な比喩《ひゆ》と象徴《しようちよう》の形《かたち》ではあるが古事記《こじき》によって伝《つた》えられて居《い》る。また何《なん》の事《こと》か判《わか》らぬながら種々《しゆじゆ》の五十音図《ごじゆうおんず》が諸国《しよこく》の神社《じんじや》の秘伝《ひでん》として伝《つた》えられて居《お》り、日本語《にほんご》の基本《きほん》としてアイウエオ五十音《ごじゆうおん》が現在小学校《げんざいしようがつこう》で教《おし》えられて居《い》る。斯《こ》うした事《こと》の中《なか》で最《もつと》も特記《とつき》すべきことは先天《せんてん》とその展開《てんかい》の原理《げんり》が民族《みんぞく》の潜在意識《せんざいいしき》、遺伝的潜在記憶《いでんてきせんざいきおく》として多《おお》くの日本人《にほんじん》の魂《たましい》の中《なか》に保全伝承《ほぜんでんしよう》されて居《い》ることである。

その遺伝的記憶《いでんてききおく》が明治維新前後《めいじいしんぜんご》に台頭《たいとう》した復古思想《ふつこしそう》の歴史的気運《れきしてききうん》に乗《じよう》じて、爾来三代《じらいさんだい》か四代《よんだい》に亘《わた》った神憑《かみがか》りや霊覚《れいかく》の直観的神秘的思索《ちよつかんてきしんぴてきしさく》の積重《つみかさ》ねと精錬《せいれん》の努力《どりよく》を経《へ》て今日《こんにち》ようやくその道《ロゴス》の全貌《ぜんぼう》が明《あき》らかになった。先師先輩達《せんしせんぱいたち》の後《あと》を承《う》けてその実体《じつたい》がまとめられたものが『言霊百神《げんれいひやくしん》』であり、やがて今回《こんかい》の『言霊精義《げんれいせいぎ》』である。これによって神秘《しんぴ》と信仰《しんこう》の対象《たいしよう》に過《す》ぎなかった高天原《たかあまはら》は初《はじ》めてその閉《と》ざされて居《い》た扉《とびら》が開《ひら》かれた。斯《か》くして再《ふたた》び明《あき》らかにされたエデンの園《その》の生命《いのち》の樹《き》への道《みち》は二度《にど》と晦冥《かいめい》に陥《おちい》ることはない。遠《とお》い昔《むかし》「みたま上《のぼ》り去《い》にませし」大日霊女《おほひるめ》が再《ふたた》び人間《にんげん》の自覚《じかく》に帰《かえ》って来《き》たからには、再《ふたた》び天《てん》に神去《かむさ》ることはない。

黙示録《もくしろく》第二十一《だいにじゅういち》、第二十二章《だいにじゅうにしょう》のイエスの予言《よげん》と約束《やくそく》がその通《とお》りに成就《じょうじゅ》されたのである。

高《たか》天《あま》原《はら》の結《けつ》界《かい》

遠《とお》い昔《むかし》の我々《われわれ》の祖先人《そせんじん》の思索《しさく》によって、人間《にんげん》の天与《てんよ》の性能《せいのう》に基《もと》づいてその人間性《にんげんせい》の原理《げんり》的構造《てきこうぞう》と活用法《かつようほう》である高天原《たかあまはら》、極楽《ごくらく》、エデンの園《その》が完成《かんせい》された。この原理《げんり》に足《た》りない何物《なにもの》もなく、加《くわ》うべき何事《なにごと》も要《よう》しない。人類文明《じんるいぶんめい》、人間社会《にんげんしゃかい》は未来永劫《みらいえいごう》この原理《げんり》を以《もっ》て組織《そしき》し運営《うんえい》されて行《い》けばよいのである。然《しか》しこの様《よう》に完全無欠《かんぜんむけつ》に出来上《できあ》がった高天原《たかあまはら》は、人間歴《にんげんれき》史《し》の或時期《あるじき》を画《かく》して結界《けっかい》され、閉鎖《へいさ》されなければならなかった。この為《ため》に人間《にんげん》に高天原《たかあまはら》、極楽《ごくらく》、エデンの園《その》が何《なん》であるか判《わか》らなくなった。そして此処《ここ》から人間《にんげん》の戸惑《とまど》いと世界《せかい》の混《こん》乱《らん》が発生《はっせい》した。此《こ》の事実《じじつ》が今日迄《こんにちまで》世界《せかい》の宗教家《しゅうきょうか》にも歴史家《れきしか》にも全《まった》く気付《きづ》かれて居《い》ない。

斯《こ》うして「建甕槌《たけみかづち》、闇淤加美《くらおかみ》、闇御津羽《くらみつは》」として高天原《たかあまはら》は完成《かんせい》され、その原理《げんり》が一先《ひとま》ず安全《あんぜん》に天《あま》の岩屋《いわや》と云《い》う金庫《きんこ》の中《なか》に秘蔵《ひぞう》された形《かたち》で結界閉鎖《けっかいへいさ》されたのであるが、然《しか》し生命主《せいめいしゅ》体《たい》としてではなく、宇宙《うちゅう》の客体界《きゃくたいかい》のうちには人間《にんげん》にまだまだ解決《かいけつ》しなければならぬ幾多《いくた》の問題《もんだい》が残《のこ》って居《い》る。初《はじ》め高天原《たかあまはら》の言霊《げんれい》布斗麻邇《ふとまに》を創造発見《そうぞうはっけん》した事《こと》は陽神伊邪那岐命《ようしんいざなぎのみこと》と陰神《いんしん》伊邪那美命《いざなみのみこと》のコオペレーションに由《よ》るものであった。前者《ぜんしゃ》は生命《せいめい》の内包的主体《ないほうてきしゅたい》であり、男《だん》性《せい》であり、後者《こうしゃ》は宇宙大自然界《うちゅうだいしぜんかい》の外延的客体《がいえんてききゃくたい》であり、女性《じょせい》である。両者《りょうしゃ》の協力《きょうりょく》によって先《ま》ず主体側《しゅたいがわ》の魂《たましい》の内部《ないぶ》の創造《そうぞう》する意志《いし》の体系《たいけい》と展相《てんそう》が、その構造《こうぞう》と運用《うんよう》の原理《げんり》が完成《かんせい》した。その原理《げんり》がタカマハラと展開《てんかい》して行《い》くからその原理《げんり》の名《な》を、その原理《げんり》の世界《せかい》を、やがて宗教的《しゅうきょうてき》にその原理《げんり》が存在《そんざい》する地球《ちきゅう》の場所《ばしょ》が高天原《たかあまはら》と名付《なづ》けられたのである。

布斗麻邇五十音言霊図《ふとまにごじゅうおんげんれいず》としての高天原曼荼羅《たかあまはらマンダラ》が完成《かんせい》した時《とき》、陽神《ようしん》と陰神《いんしん》、主体《しゅたい》と客体《きゃくたい》、主観《しゅかん》と客観《きゃっかん》との協力《きょうりょく》は一応終了《いちおうしゅうりょう》した。ここで客体《きゃくたい》である陰神《いんしん》は完成《かんせい》された魂《たましい》の原理《げんり》の世界《せかい》から引退《いんたい》（神避《かむさり》）して、自己《じこ》の本地本拠《ほんじほんきょ》である渾沌《こんとん》Chaos《カオス》の世界《せかい》、予母津国《よもつくに》（黄泉国《よもつくに》、陰《よ》府《み》、冥府《めいふ》）へ帰《かえ》って行《い》った。夫《おっと》と別《わか》れたプロサーピンが地《ち》の底《そこ》に隠《かく》れたわけである。

だが人間《にんげん》の煩悩《ぼんのう》と憧憬《どうけい》とはよし高天原《たかあまはら》の内部世界《ないぶせかい》が完成《かんせい》されたとてそれで消滅《しょうめつ》するものではない。却《かえ》ってこれ有《あ》るが故《ゆえ》に人間《にんげん》は絶《た》えず新《あら》たな創造《そうぞう》に立《た》ち向《む》って行《い》く。故《ゆえ》にこの衝動《しょうどう》を煩悩《ぼんのう》と云《い》わず創造意志《そうぞういし》と云《い》う。この時《とき》、挑《いど》みかかり呼《よ》びかけて更《さら》に新《あら》たな創造《そうぞう》を慫慂《しょうよう》し催促《さいそく》する相手《あいて》はまた元《もと》の陰神《いんしん》であり、客体《きゃくたい》である。ゲーテはこれを「永遠《えいえん》の女性《じょせい》」と云《い》った。肉体《にくたい》のsex《セックス》だけの女性《じょせい》と云《い》う意味《いみ》よりもっと広《ひろ》い意味《いみ》でDie《ディ》 ewige《エーヴイゲ》 Weibliche《ヴァイブリッヒエ》を考《かんが》えて行《い》こう。然《しか》しその永遠《えいえん》の女性《じょせい》、永遠《えいえん》の客体《きゃくたい》、永遠《えいえん》のネガティヴと協同《きょうどう》しての創造《そうぞう》には成功《せいこう》する時《とき》もあり失敗《しっぱい》する場合《ばあい》もある。

それは主体性《しゅたいせい》の完成態《かんせいたい》高天原《たかあまはら》が出来上《できあ》がって間《ま》もない頃《ころ》、歴史的《れきしてき》には一万年昔《いちまんねんむかし》に近《ちか》い頃《ころ》の事《こと》である。その高天原《たかあまはら》、天国《てんごく》が完成《かんせい》された喜《よろこ》びの勢《いきお》いに乗《じょう》じて主体性《しゅたいせい》の陽神《ようしん》は、一応《いちおう》の創造《そうぞう》を終《お》えて冥府《めいふ》に去《さ》って行《い》った陰神《いんしん》を追《お》って、引《ひ》き続《つづ》き創造《そうぞう》の相手《あいて》となって呉《く》れる事《こと》を願《ねが》って改《あらた》めて黄泉国《よもつくに》に訪《たず》ねて行《い》った。ヨモツクニは四方津国《よもつくに》であって、四角《しかく》な言霊図《げんれいず》として完成《かんせい》された高天原《たかあまはら》の外《そと》の四方世界《しほうせかい》である。高天原《たかあまはら》の境域《きょういき》を四方《しほう》に向《むか》って一歩踏《いっぽふ》み出《だ》せばもう其処《そこ》は直《ただ》ちに渾沌《こんとん》の世界《せかい》である。陽神《ようしん》はその暗黒《あんこく》のカオスの中《なか》へ、灯火《とうか》を一《ひと》つ点《とも》して出《で》かけて行《い》った。一《ひと》ツ火《び》とは言霊《げんれい》アであって、宗教的《しゅうきょうてき》、芸術的《げいじゅつてき》、或《ある》いは肉体的《にくたいてき》な情熱《じょうねつ》である。陽神《ようしん》の若《わか》い情熱《じょうねつ》は単純《たんじゅん》な言霊《げんれい》アであって、他《た》の知性《ちせい》オウエを充分《じゅうぶん》には伴《ともな》わない。故《ゆえ》に失敗《しっぱい》が多《おお》い。

四方津国《よもつくに》

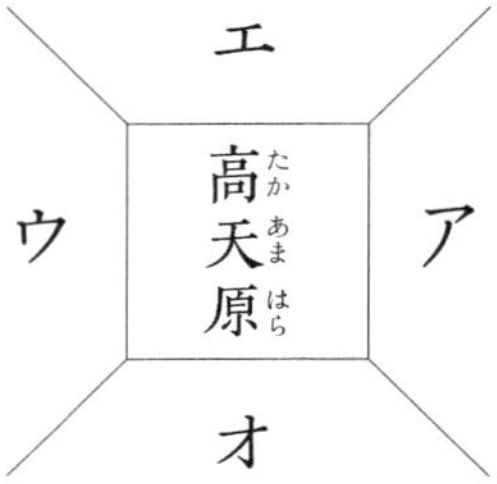

月弓（読）《つきよみの》命《みこと》

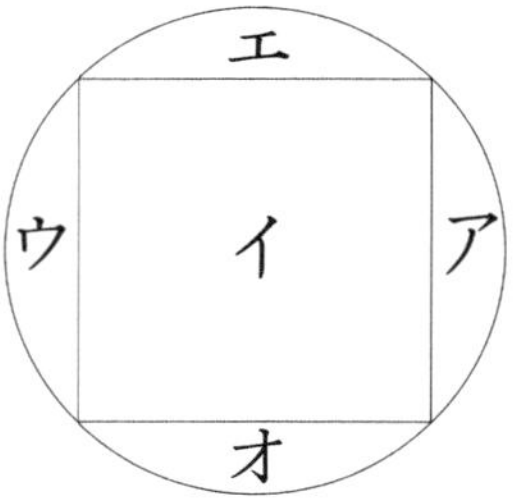

図表-25｜**四方津国・月弓命**

一《ひと》ツ火《び》アの光《ひかり》を頼《たよ》りに陰府《よみ》に足《あし》を踏《ふ》み入《い》れた主体陽神《しゅたいようしん》は其処《そこ》に惨憺《さんたん》たる客体陰神《きゃくたいいんしん》の姿《すがた》を見《み》た。陰神《いんしん》の肉体《にくたい》は既《すで》に腐敗《ふはい》して、蛆《うじ》が湧《わ》いて鳴《な》りとどろいて居《い》た。ウジはウ字《じ》で、言霊《げんれい》ウの象徴《しょうちょう》である。あらゆる感覚的《かんかくてき》なもの、すべて感覚《かんかく》だけのものがウである。高天原《たかあまはら》の四《し》角《かく》い境域《きょういき》を一歩《いっぽ》外《そと》に踏《ふ》み出《だ》した予母津国《よもつくに》には勿論《もちろん》ア（芸術《げいじゅつ》）もオ（経験知《けいけんち》）もそしてエ（道徳《どうとく》）も存在《そんざい》するのだが、彼等《かれら》は権力《けんりょく》を持《も》って居《い》ない。その世界《せかい》で一番幅《いちばんはば》を利《き》かして勝手《かって》気儘《きまま》な支配者《しはいしゃ》の位置《いち》を占拠《せんきょ》して居《い》るのは一番低級《いちばんていきゅう》な知性《ちせい》であるウ言霊《げんれい》であり、蛆虫《うじむし》である。

すなわち禅《ぜん》で云《い》う「一切《いっさい》の糞塊上《ふんかいじょう》に向《むか》って乱咬《らんこう》する」（臨済録《りんざいろく》）底《そこ》の蛆虫《うじむし》である。

仏説《ぶっせつ》では極楽世界《ごくらくせかい》は西方十万億土《さいほうじゅうまんおくど》の先《さき》に有《あ》ると云《い》うが、また「阿弥陀仏《あみだぶつ》の、ここを去《さ》ること遠《とお》からざるを。」（観無量寿経《かんむりょうじゅきょう》）とも説《と》いて居《い》る。これと同様《どうよう》に冥府《めいふ》（黄泉国《よもつくに》、地獄《じごく》）は地底《ちてい》の深《ふか》い所《ところ》に有《あ》る如《ごと》く想像《そうぞう》されて居《い》るが、実《じつ》は高天原《たかあまはら》に隣接《りんせつ》して壁一重《かべひとえ》、紙一重《かみひとえ》の所《ところ》が冥府《めいふ》である。アの宗教芸術家《しゅうきょうげいじゅつか》も、オの学者《がくしゃ》もエの政治家《せいじか》もおしなべて冥府《めいふ》の王座《おうざ》に居《い》るウ言霊《げんれい》から大《おお》きな制肘《せいちゅう》を受《う》けている。自由《じゆう》なるべき芸術《げいじゅつ》の世界《せかい》に於《おい》てピカソの画《え》が何千万《なんぜんまん》円《えん》の値《ね》が付《つ》けられ、清廉《せいれん》なるべき政治家《せいじか》、官僚《かんりょう》の行動《こうどう》が金銭《きんせん》で容易《ようい》に買収《ばいしゅう》され、仁術《じんじゅつ》であるべき医術《いじゅつ》が算術《さんじゅつ》になった。仏教《ぶっきょう》、キリスト教《きょう》、或《ある》いは教派神道《きょうはしんとう》でも殿堂《でんどう》の豪華《ごうか》さと信者《しんじゃ》の数《かず》を競《きそ》い、信者《しんじゃ》は殿堂《でんどう》だけを見《み》て魂《たましい》の光《ひかり》を知《し》らぬ。陰神《いんしん》の体《からだ》が腐《くさ》って蛆《うじ》がたかり轟《とどろ》いて居《い》るとは斯《かく》の如《ごと》き事態《じたい》を云《い》うのである。文明《ぶんめい》の主体《しゅたい》である生命意志《せいめいいし》に附属《ふぞく》（つき）してこれを補佐荘厳《ほさしょうごん》すべき月読《つきよみの》（弓《よみの》）命《みこと》である四智《しち》が、中心《ちゅうしん》の高天原《たかあまはら》の法《ほう》から分離懸絶《ぶんりけんぜつ》して、その四智《しち》のうちの一《ひと》つのウ言霊《げんれい》、地《ち》に墜《お》ちた大天使《だいてんし》ルシファーに頤使《いし》されている。これが四《よ》方津国《もつくに》の醜怪《しゅうかい》な現実《げんじつ》である。

また此処《ここ》でゲーテの言葉《ことば》を借用《しやくよう》しよう。「暗黒《あんこく》の生《う》んだ驕《おご》れる光明《こうみよう》は、母《はは》の闇夜《やみよ》と古《ふる》い位《くらい》を争《あらそ》い、空間《くうかん》を略取《りやくしゆ》しようとする。しかしいくら骨折《ほねお》ってもそれの出来《でき》ぬのは、光明《こうみよう》が捕《とら》われて物体《ぶつたい》にねばり附《つ》いているからです。物体《ぶつたい》から流《なが》れて、物体《ぶつたい》を美《うつく》しくする。そしてその行《い》く道《みち》は物体《ぶつたい》に礙《さまた》げられる。あれでは、わたしの見当《けんとう》で見《み》れば、光明《こうみよう》が物体《ぶつたい》と一《いっ》しょに滅《ほろ》びてしまうのも遠《とお》い事《こと》ではありますまい。」（「ファウスト」書斎《しよさい》）。騒人《そうじん》ゲーテは百年前《ひやくねんまえ》に既《すで》に今日《こんにち》の世界《せかい》の形相《ぎようそう》を斯《か》く予見《よけん》している。

鳴《な》り轟《とどろ》く蛆《うじ》は雷神《いかづちのかみ》である。それはウ言霊《げんれい》の音声《おんせい》であるからクスツヌフムユルのウ段《だん》の八《はち》子音《しいん》である。大雷《おほいかづち》、火雷《ほのいかづち》、黒雷《くろいかづち》、柝雷《さくいかづち》、若雷《わきいかづち》、土雷《つちいかづち》、鳴雷《なるいかづち》、伏雷《ふしいかづち》の八雷神《やくさいかづちのかみ》を八父韻《はちふいん》の夫々《それぞれ》に当嵌《あては》めて頂《いただ》きたい。清浄無垢《せいじようむく》な生命意志《せいめいいし》の原理《げんり》の世界高天原《せかいたかあまはら》から訪《たず》ねて来《き》た陽神《ようしん》は、此《こ》の妻神陰神《つまがみいんしん》の悲惨《ひさん》な姿《すがた》と、予母都国地獄《よもつくにじごく》の物凄《ものすご》い有様《ありさま》に畏《おそ》れをなして踵《きびす》を返《かえ》して逃《に》げ帰《かえ》った。（『言霊百神《げんれいひやくしん》』新装版《しんそうばん》２０９頁《ページ》参照《さんしよう》）

逃《に》げ帰《かえ》る陽神《ようしん》を見《み》て蛆虫《うじむし》、八雷神《やくさいかづちのかみ》、予母都醜女《よもつしこめ》、黄泉軍《よもついくさ》が陰神《いんしん》の命令《めいれい》で起《た》ち上《あ》がって追《お》いかけて来《き》た。これに対《たい》して陽神《ようしん》は高天原《たかあまはら》の言霊原理《げんれいげんり》の部分部分《ぶぶんぶぶん》を投《な》げ与《あた》えながら逃《に》げた。逃《に》げながら十拳剣《とつかのつるぎ》を十九八七六五四三二一〇《とこやなむいよみふひれい》と後手《しりで》（逆《ぎやく》）に振《ふ》りながら逃《に》げた。高天《たかあま》原《はら》は初歩《しよほ》の悟《さと》り、辟支仏《びやくしぶつ》の境地《きようち》から云《い》えば清浄《せいじよう》な「空《くう》」の世界《せかい》であり、真仏《しんぶつ》の境涯《きようがい》から云《い》えば摩尼宝珠言霊布斗麻邇《まにほうじゆげんれいふとまに》が完全《かんぜん》に組織運用《そしきうんよう》されて居《い》る世界《せかい》である。そのどちらでもよいが、其処《そこ》へ逃《に》げ帰《かえ》る為《ため》には形《かたち》ある社会《しやかい》や物質《ぶつしつ》の煩《わずら》いを十九八七六《とこやなむ》と、そして心《こころ》に纏《まと》わり付《つ》いて居《い》る業《カルマ》を五四三二一〇《いつよみふひれい》と次々《つぎつぎ》に捨《す》てて行《い》って、最後《さいご》に何《なに》もなくなった零《れい》、生《う》まれた儘《まま》の嬰児《えいじ》の心《こころ》に帰《かえ》った時《とき》が、其処《そこ》が高天原《たかあまはら》の入口《いりぐち》である。禅《ぜん》ではこれを退歩《たいほ》の学《がく》と云《い》い、進《しん》歩《ぽ》の学《がく》とは云《い》わぬ。「もし汝《なんぢ》ら翻《ひるが》へりて幼児《おさなご》の如《ごと》くならずば、天国《てんごく》に入《い》るを得《え》じ。」（新約《しんやく》マタイ伝第十八章《でんだいじゆうはつしよう》）とイエスは教《おし》える。斯《か》くして陽神《ようしん》は最後《さいご》に高天原《たかあまはら》と予母都国《よもつくに》の境界線《きようかいせん》にまで追詰《おいつ》められた。この時彼《ときかれ》は高天原《たかあまはら》の言霊図《げんれいず》の精髄《せいずい》であるウ、オ、エの三音《さんおん》の原理《げんり》を取《と》って投《な》げ付《つ》けた所《ところ》、流石《さすが》の予母都醜女達《よもつしこめたち》も恐《おそ》れをなして悉《ことごと》く逃《に》げ帰《かえ》って行《い》った。ウオエの三言霊《さんげんれい》の権威《けんい》は『言霊百神《げんれいひやくしん》』の総結論《そうけつろん》である天照大御神《あまてらすおほみかみ》、月読命《つきよみのみこと》、須佐之男命《すさのをのみこと》の三貴子《さんきし》の意義《いぎ》である。後段《こうだん》「禊祓《みそぎはらひ》」の所《ところ》で詳述《しようじゆつ》する。（『言霊百神《げんれいひやくしん》』新装版《しんそうばん》１８７頁《ページ》参照《さんしよう》）

だが何故《なぜ》この様《よう》に黄泉国《よもつくに》の蛆虫《うじむし》、雷神《いかづちのかみ》が創造《そうぞう》する生命意志《せいめいいし》の主体《しゆたい》である陽神《ようしん》を追《おい》かけて来《く》るのだろう。予母都醜女《よもつしこめ》は魔神《まじん》でありサタンである。サタン、メフィストフェレスは大《だい》天使《てんし》ルシファーが天《てん》から地《ち》に降《くだ》った姿《すがた》である。これをキリスト教《きょう》では天使《てんし》の堕落《だらく》と考《かんが》えるが、基督教《キリストきょう》の天使《てんし》は仏教《ぶっきょう》の菩薩《ぼさつ》と同格《どうかく》のものであって、初歩的《しょほてき》な辟支仏《びゃくしぶつ》なら例《たと》えば浄土真宗《じょうどしんしゅう》の融通念仏《ゆうずうねんぶつ》の如《ごと》く堕落《だらく》する者《もの》もあろうが、菩薩《ぼさつ》や天使《てんし》が堕落退転《だらくたいてん》することは無《な》い。天使《てんし》ルシファーは人類《じんるい》を堕落《だらく》させて地上《ちじょう》を生存競争《せいぞんきょうそう》の修羅《しゅら》の巷《ちまた》と化《か》すために態々《わざわざ》天《てん》から降《くだ》った。云《い》わば神《かみ》の命令《めいれい》を承《うけたま》わって地上《ちじょう》からすべての聖《せい》なるもの潔《いさぎよ》きものを破壊《はかい》するためにウ言霊《げんれい》である蛆虫《うじむし》、醜女《しこめ》を駆使《くし》してその餌食《えじき》とさせるのである。歴史的《れきしてき》にこの事《こと》はおよそバベルの都市国家《としこっか》が破壊《はかい》して人類《じんるい》の言葉《ことば》が紊《みだ》された時《とき》から始《はじ》められた。そしてこの状態《じょうたい》がそのまま数千年《すうせんねん》を経《へ》て今日《こんにち》に及《およ》んで居《い》る。

大天使《だいてんし》ルシファーは無自覚《むじかく》に堕落《だらく》して地《ち》に追落《ついらく》されたわけではない。全人類《ぜんじんるい》をウ言霊《げんれい》の虜《とりこ》にして腐敗堕落《ふはいだらく》させると云《い》う歴史的《れきしてき》な使命《しめい》のもとにみずから悪魔《あくま》に身《み》をやつして地《ち》に降《ふ》ったのである。ルシファーは悪魔《あくま》の仮面《かめん》を被《かぶ》った大天使《だいてんし》である。この事《こと》が充分《じゅうぶん》に理解《りかい》されないと人類《じんるい》の正確《せいかく》な歴史《れきし》も、未来《みらい》への推移《すいい》も、そして文明《ぶんめい》の処置解決方法《しょちかいけつほうほう》も見当《けんとう》が付《つ》かない。

今《いま》まで此《こ》の事《こと》に就《つ》いて繰《く》り返《かえ》し説《と》いて来《き》た。人類《じんるい》の生存競争《せいぞんきょうそう》の必然《ひつぜん》の所産《しょさん》として科学文明《かがくぶんめい》が今日《こんにち》の如《ごと》く発達《はったつ》を見《み》た事《こと》は文明《ぶんめい》の指導者《しどうしゃ》の悠久《ゆうきゅう》の経綸《けいりん》である。（『第三文明《だいさんぶんめい》への通路《つうろ》』参照《さんしょう》）

陽神生命《ようしんせいめい》の主体《しゅたい》はようやくにして高天原《たかあまはら》の聖域《せいいき》に帰《かえ》ることを得《え》た。その時陰神《ときいんしん》がみずから陽神《ようしん》を追《お》いかけて来《き》た。この時《とき》の陰神《いんしん》は冥府《めいふ》に神避《かむさ》った亡霊《ぼうれい》ではなく、その冥府《めいふ》の主宰《しゅさい》者《しゃ》である黄泉大神《よもつおほかみ》となっていた。高天原《たかあまはら》の聖域《せいいき》と予母都国《よもつくに》の渾沌暗黒世界《こんとんあんこくせかい》の境界線《きょうかいせん》の両側《りょうがわ》に対立《たいりつ》して陰陽両神《いんようりょうしん》の問答《もんどう》が開始《かいし》された。陽神《ようしん》は文明《ぶんめい》を創造《そうぞう》する自由《じゆう》な生命意志《せいめいいし》の原理《げんり》の把持者《はじしゃ》、陰神《いんしん》はウ言霊《げんれい》を駆使《くし》して人類《じんるい》を低劣《ていれつ》な次元内《じげんない》に堕落《だらく》させ、動物化《どうぶつか》し、無力化《むりょくか》して、すべての聖《せい》なるもの潔《いさぎよ》きもの生命《せいめい》あるものを破壊《はかい》して、そのウ言霊《げんれい》の魔力《まりょく》を掌握操作《しょうあくそうさ》して以《もっ》て世界《せかい》を支配《しはい》しようとする大魔王《だいまおう》である。陰陽二神《いんようにしん》はその初《はじ》めは相呼応《あいこおう》して高天原《たかあまはら》の律《りつ》法《ぽう》の建設《けんせつ》にいそしんだ新鮮《しんせん》な一対《いっつい》の新婚《しんこん》の夫婦《ふうふ》であったが、今《いま》は神魔《しんま》の二元《にげん》に断絶《だんぜつ》して対《たい》立《りつ》する事《こと》になった。そしてこの問答《もんどう》の結果《けっか》、両者《りょうしゃ》はこの時以後数千年《ときいごすうせんねん》の間《あいだ》、離婚《りこん》の状態《じょうたい》に入《はい》った。この離婚《りこん》の宣言《せんげん》を「事戸《ことど》を渡《わた》す」（絶妻《ことど》の誓《ちか》い）と云《い》う。神《かみ》と魔《ま》の二律背反《にりつはいはん》、対《たい》立《りつ》である。

事戸《ことど》を渡《わた》すとは高天原《たかあまはら》の陽神《ようしん》から見《み》た言《い》い方《かた》であり、それは言葉《ことば》、言霊《げんれい》の戸《と》を引《ひ》き渡《わた》すことである。言霊《げんれい》によって高天原《たかあまはら》を結界《けっかい》し閉鎖《へいさ》することであり、七五三縄《しめなわ》を張《は》って四方《しほう》の世界《せかい》からの覗見侵入《のぞきみしんにゅう》を不可能《ふかのう》にする事《こと》である。この事《こと》によって予母都国《よもつくに》の魔神《まじん》との関係《かんけい》は完全《かんぜん》に断絶《だんぜつ》した。「事《こと》（言《こと》）戸《ど》を渡《わた》す」ことを聖書《せいしょ》には「エデンの園《その》の東《ひがし》にケルビム（言霊《げんれい》アオウエ）と自《おの》から旋転《まわ》る焔《ほのほ》の剣《つるぎ》（言霊《げんれい》ＴＨＳＫＭＲＹＮ）を置《おき》て生命《いのち》の樹《き》の途《みち》を保守《まも》りたまふ」（旧約《きゅうやく》創世記《そうせいき》第三章《だいさんしょう》）と記《しる》されてある。また「これに我法度《われのり》を定《さだ》め関《くわん》および門《もん》を設《まう》けて曰《いは》く此《ここ》までは来《きた》るべし此《ここ》を越《こゆ》べからず汝《なんぢ》の高浪《たかなみ》ここに止《とど》まるべしと」（旧約《きゅうやく》ヨブ記《き》第三十八章《だいさんじゅうはちしょう》）とも述《の》べられて居《い》る。（『言霊百神《げんれいひやくしん》』新装版《しんそうばん》２２２頁《ページ》参照《さんしょう》）

高《たか》天《あま》原《はら》の歴《れき》史《し》的《てき》地《ち》上《じょう》移《い》動《どう》

主体《しゅたい》すなわち霊魂《れいこん》の内部《ないぶ》の自覚者陽神《じかくしゃようしん》と、客体《きゃくたい》すなわち主《しゅ》として感覚《かんかく》に即《そく》した外部《がいぶ》の世《せ》界《かい》の支配者陰神《しはいしゃいんしん》とが交渉《こうしょう》を断《ことわ》った事《こと》、換言《かんげん》すれば高天原《たかあまはら》、天国《てんごく》、極楽世界《ごくらくせかい》が周囲《しゅうい》の四方《しほう》の世界《せかい》から閉鎖結界《へいさけっかい》され、天《あま》の岩屋《いわや》の扉《とびら》が閉《と》ざされた事《こと》は歴史的《れきしてき》にはバベルの塔《とう》の崩壊《ほうかい》の時《じ》期《き》を逆上《さかのぼ》る更《さら》に昔《むかし》、エデンの園《その》が閉鎖《へいさ》された時《とき》の事《こと》である。モーゼが伝《つた》えてくれた創世記《そうせいき》第一章《だいいっしょう》、第二章《だいにしょう》の記録《きろく》は天国《てんごく》、高天原閉鎖《たかあまはらへいさ》に関《かん》する人類《じんるい》の最《もっと》も古《ふる》き文献《ぶんけん》である。凡《およ》そ八千年昔《はっせんねんむかし》の事《こと》に当《あた》る。

その初《はじ》め形而上《けいじじょう》のエデンの園《その》、天国《てんごく》、高天原《たかあまはら》が建設《けんせつ》された場所《ばしょ》はメソポタミア地方《ちほう》であったろう。その高天原《たかあまはら》が結界閉鎖《けっかいへいさ》されると共《とも》にその所在《しょざい》を昧《くら》まされた。その所在地《しょざいち》は文《ぶん》明《めい》の責任者《せきにんしゃ》の手《て》によって地球上《ちきゅうじょう》を次々《つぎつぎ》に移動《いどう》されて行《い》った。その責任者《せきにんしゃ》とは高天原《たかあまはら》、天国《てんごく》の律法《りっぽう》の把持経綸者《はじけいりんしゃ》の事《こと》である。高天原《たかあまはら》はその後《のち》ファラオ王朝以前《おうちょういぜん》のエジプトや印度《いんど》（ヒマラヤ、パミール）に移《うつ》り、或《ある》いは南海《なんかい》のジャワかスマトラに廻《ま》わったこともあったかも知《し》れぬ。やがて或《ある》いは海中《かいちゅう》に没《ぼっ》したムー大陸《たいりく》や南北米《みなみほくべい》（ヒナタエビロス、ヒウケエビロス）がその場所《ばしょ》だったこともあろう。それから東南《とうなん》アジア、秦《しん》、ベトナムの地《ち》にも移動《いどう》し、また中国《ちゅうごく》の要衝《ようしょう》に止《とど》まった事《こと》もあっただろう。

　そしてその太古《たいこ》の高天原《たかあまはら》は、すなわちその高天原《たかあまはら》の律法《りっぽう》を把持《はじ》して居《い》る一団《いちだん》の聖人達《せいじんたち》は世界各地《せかいかくち》に古代文明《こだいぶんめい》の種《たね》を蒔《ま》き、これを育成《いくせい》しながら数千年《すうせんねん》の間《あいだ》に略々《ほぼ》地球《ちきゅう》を一周《いっしゅう》した後《のち》、日本《にほん》の九州《きゅうしゅう》の笠沙《かささ》の岬《みさき》に上陸《じょうりく》して高千穂《たかちほ》の地《ち》に最後《さいご》の根拠地《こんきょち》を定《さだ》めた。この日本《にほん》への最後《さいご》の高天原《たかあまはら》の移動《いどう》が所謂天孫仁仁杵尊《いわゆるてんそんににぎのみこと》の降臨《こうりん》である。六千年近《ろくせんねんちか》くの昔《むかし》の事《こと》である。爾後神武《じごじんむ》皇朝《こうちょう》の維新《いしん》に到《いた》る迄《まで》の凡《およ》そ三千年間《さんぜんねんかん》が日本《にほん》の地《ち》に高天原《たかあまはら》、エデンの園《その》が存在《そんざい》し、その原理《げんり》が操作《そうさ》されて居《い》た日本《にほん》の神代《かみよ》である。神代《かみよ》には仁仁杵皇朝《ににぎこうちょう》、彦火火出見皇朝《ひこほほでみこうちょう》、鵜草葺不合《うがやふきあえず》皇朝《こうちょう》とその皇朝名《こうちょうめい》が示《しめ》す如《ごと》く夫々特色《それぞれとくしょく》あるロゴスの時代《じだい》を経過《けいか》して神武維新《じんむいしん》に到《いた》った。

　この日本《にほん》の神代《かみよ》、特《とく》に鵜草葺不合皇朝《うがやふきあえずこうちょう》に於《お》いては高天原《たかあまはら》のロゴス、律法《りっぽう》の所在《しょざい》と意義《いぎ》を求《もと》めて多《おお》くの世界《せかい》の聖者《せいじゃ》、覚者達《かくしゃたち》が日本《にほん》を訪《おとず》れて、神代《かみよ》の皇室《こうしつ》に就《つ》いてその教伝《きょうでん》を受《う》けた。中国《ちゅうごく》の神農《しんのう》、伏羲《ふくぎ》、老子《ろうし》、孔子《こうし》。印度《いんど》の釈迦《しゃか》。イスラエルのモーゼ、そしてイエス。最後《さいご》にアラビアのマホメット等《ら》であって、彼等《かれら》が今日残《こんにちのこ》して居《い》る文献《ぶんけん》は高天原《たかあまはら》の言霊《げんれい》の教伝《きょうでん》を受《う》けた証跡《しょうせき》を明《あき》らかに伝《つた》えて居《い》る。直接日本《ちょくせつにほん》を訪《おとず》れなかった国王《こくおう》、族長等《ぞくちょうら》に対《たい》しては日本《にほん》から学者《がくしゃ》が派遣《はけん》されて適当《てきとう》な教伝《きょうでん》が行《おこな》われた。聖書《せいしょ》のヤコブの伝記《でんき》などにその事実《じじつ》の片鱗《へんりん》を伺《うかが》うことが出来《でき》る。その他日本《たにほん》を訪《たず》ねず、日本《にほん》からの学者《がくしゃ》の指導《しどう》も受《う》けなかった人々《ひとびと》は、彼等自身《かれらじしん》の先輩《せんぱい》の文献《ぶんけん》や指導《しどう》を基《もと》にして夫々独自《それぞれどくじ》の見解《けんかい》と努力《どりょく》を以《もっ》て、彼等《かれら》の天国《てんごく》、極楽《ごくらく》の再現《さいげん》、復原《ふくげん》に努《つと》めて来《き》た。或者《あるもの》は霊覚《れいかく》、神秘観《しんぴかん》の奥《おく》をまさぐり、数理《すうり》の組織《そしき》と意義《いぎ》の開《かい》明《めい》に工夫《くふう》を凝《こ》らし、或《ある》いは律法《りっぽう》を肉体《にくたい》の行法《ぎょうほう》として実践《じっせん》して撓《たわ》まぬ工夫《くふう》を続《つづ》けて今日《こんにち》に及《およ》んで居《い》る。

現在《げんざい》の日本人《にほんじん》が神武建国《じんむけんこく》と信《しん》じて居《い》る現皇朝《げんこうちょう》の始《はじ》まりは、この時初《ときはじ》めて日本国《にほんこく》が創設《そうせつ》発祥《はっしょう》した意味《いみ》の建国《けんこく》ではなく、神代日本《かみよにほん》の国是《こくぜ》であった高天原《たかあまはら》の道《ロゴス》に則《のっと》った政治《せいじ》が廃《はい》されて、代《かわ》ってウ言霊《げんれい》に即《そく》した覇道的政策《はどうてきせいさく》が施行《せぎょう》された政治的転換《せいじてきてんかん》すなわち革命《かくめい》であり維新《いしん》であった。天皇《てんのう》（神倭磐余彦命《かむやまといわれひこのみこと》）は畝傍橿原《うねびかしはら》の地《ち》に皇居《こうきよ》を定《さだ》めて維新《いしん》の宣言《せんげん》を行《おこな》った。ウネビとはウ音霊《ねび》（ウ言霊《げんれい》）の義《ぎ》である。皇居政庁《こうきよせいちよう》が設《もう》けられた地《ち》の名《な》としてその政策《せいさく》の基礎《きそ》原理《げんり》がウであることが宣告《せんこく》されてある。斯《か》くしてウ言霊《げんれい》を国本《こくほん》とする神倭皇朝《かむやまとこうちよう》は百二十四代《ひやくにじゆうよんだい》を経《へ》て今日《こんにち》に至《いた》って居《い》る。ウ言霊《げんれい》の原理《げんり》はすなわち天津金木《あまつかなぎ》である。

生存競争の歴史《せいぞんきょうそうのれきし》

高天原《たかあまはら》、エデンの園《その》の道《みち》の実体《じったい》が結界閉鎖《けっかいへいさ》されて以来《いらい》、地球《ちきゅう》の上《うえ》に、洋《よう》の東西《とうざい》に八千年《はっせんねん》の歳月《さいげつ》が流《なが》れて行《い》った。ロゴスの楽園《らくえん》から放逐《ほうちく》されたアダムとイヴの子孫《しそん》である人類《じんるい》は、その後《ご》バベルの塔《とう》の崩壊《ほうかい》によって更《さら》に促進《そくしん》された生存競争《せいぞんきょうそう》、相互無理解《そうごむりかい》、相互不信《そうごふしん》の坩堝《るつぼ》の中《なか》に呻吟《しんぎん》し乍《なが》ら、栄枯盛衰《えいこせいすい》の激《はげ》しい流転《るてん》を繰《く》り返《かえ》して行《い》った。アレキサンダー、秦始皇《しんしこう》帝《てい》、クセルクセス、成吉思汗《チンギスハン》、チムール、マホメット、シャルルマーニュ、ナポレオン、スターリン、ヒットラー等々《とうとう》の覇者英雄《はしゃえいゆう》がブルドーザーのように次《つぎ》から次《つぎ》へと古《ふる》い国家《こっか》、民族《みんぞく》、文明《ぶんめい》を転覆《てんぷく》しては改革《かいかく》を行《おこな》い、やがて自《みずか》ら滅《ほろ》んで行《い》った。

斯《かく》の如《ごと》きが楽園《らくえん》の外《そと》に経過《けいか》して行《い》った渾沌《こんとん》の予母津国《よもつくに》の歴史《れきし》である。人類《じんるい》の生命《せいめい》の核《かく》である生命《せいめい》の先天《せんてん》の律法《りっぽう》の意義《いぎ》と存在《そんざい》を無視《むし》し無関心《むかんしん》で居《い》る世界《せかい》の現代《げんだい》の学者《がくしゃ》はウェルズもトインビーも此《こ》の渾沌世界《こんとんせかい》の歴史《れきし》だけを人類《じんるい》の歴史《れきし》のすべてと目《もく》して居《い》る。売《から》と卵白《らんぱく》と卵《らん》黄《おう》だけが卵《たまご》の全部《ぜんぶ》だと思《おも》って、卵黄《らんおう》の中心《ちゅうしん》に有《あ》る小《ちい》さな胚子《はいし》が鶏《にわとり》の本体《ほんたい》である事《こと》に気《き》が付《つ》かない。

天国楽園《てんごくらくえん》と紙一重《かみひとえ》の境界《きょうかい》を隔《へだ》てた四方《しほう》の世界《せかい》は直《ただ》ちに凄《すさ》まじい地獄《じごく》であり、生存競争《せいぞんきょうそう》、生殺与奪《せいさつよだつ》、弱肉強食《じゃくにくきょうしょく》の世界《せかい》である。然《しか》し現在《げんざい》の人類《じんるい》は自分《じぶん》の住《す》む世界《せかい》が地獄《じごく》である事《こと》さえも知《し》らない。地獄《じごく》に生《う》まれ、地獄《じごく》に生《い》き、地獄《じごく》の中《なか》で死《し》んで行《い》く。自分達《じぶんたち》が嘗《かつ》て無上完璧《むじょうかんぺき》の楽園《らくえん》に住《す》んで居《い》た事《こと》の記憶《きおく》を八千年《はっせんねん》の忘却《ぼうきゃく》の彼方《かなた》に捨《す》て去《さ》って、仏説《ぶっせつ》の通《とお》り阿鼻地獄《あびじごく》、血《ち》の池地獄《いけじごく》、餓鬼道《がきどう》、針《はり》の山《やま》の道《みち》を当途《あてど》なくよろめき歩《ある》いている。楽園《らくえん》、極楽《ごくらく》の外《そと》に生死《せいし》する衆生《しゅじょう》である限《かぎ》り「とても地獄《じごく》は一定《いちぢやう》すみかぞかし。」(歎異抄《たんにしょう》)と云《い》う親鸞《しんらん》の悟《さと》りは正《ただ》しい。

一方《いっぽう》、エデンの園《その》の律法《りっぽう》を皇室《こうしつ》の秘義《ひぎ》として内《うち》に包蔵《ほうぞう》して居《い》る日本《にほん》に於《おい》ても、ロゴスの時代《じだい》であった神代《かみよ》が終《お》わって、覇道《はどう》ウをモットーとする神武維新《じんむいしん》が実現《じつげん》して幾何《いくばく》もなく、崇神天皇《すじんてんのう》は律法《りつぽう》の原器《げんき》である三種《さんしゅ》の神器《じんぎ》の同床共殿《どうしょうきょうでん》を廃《はい》して（伊勢《いせ》）神宮《じんぐう》の奥深《おくぶか》く秘蔵隠《ひぞういん》慝《とく》した。これを「二度目《にどめ》の天《あま》の岩戸隠《いわとかく》れ」とも云《い》う。

伊《い》勢《せ》神《じん》宮《ぐう》遷《せん》座《ざ》の神《かみ》代《よ》の因《いん》縁《ねん》

伊勢神宮《いせじんぐう》は崇神天皇《すじんてんのう》の時《とき》に最初《さいしょ》から五十鈴川《いすずがわ》の川上《かわかみ》に遷座《せんざ》されたわけではない。初《はじ》めは豊鋤入姫命《とよすきいりびめのみこと》に神器《じんぎ》が託《たく》されて丹波《たんば》の元伊勢神宮《もといせじんぐう》に鎮《しず》められた。然《しか》し其処《そこ》が永久《えいきゅう》の宮地《みやち》となったわけではなく、爾後神宮《じごじんぐう》の地《ち》は近畿各地《きんきかくち》を二十数回転々《にじゅうすうかいてんてん》と移動《いどう》し、最後《さいご》に景行天皇《けいこうてんのう》の御宇《ぎょう》、倭姫命《やまとひめのみこと》に託《たく》されて五十鈴川《いすずがわ》の畔《ほとり》に遷座《せんざ》された。それ以後《いご》は移転《いてん》する事《こと》なく今日《こんにち》に到《いた》って居《い》る。所《ところ》でこの伊勢鎮座《いせちんざ》の儀《ぎ》が何故《なぜ》に各地《かくち》を転々《てんてん》した後《のち》ようやく伊勢《いせ》の地《ち》に定《さだ》められたか、それは従来《じゅうらい》は神意《しんい》により神託《しんたく》に従《したが》って移動《いどう》が行《おこな》われたとだけ伝《つた》えられているが、抑《そもそも》その初《はじ》めメソポタミアの地域《ちいき》に有《あ》ったであろうエデンの神域《しんいき》すなわちその原理《げんり》の所在地《しょざいち》が、爾後世界各地《じごせかいかくち》を転々《てんてん》として略地球《ほぼちきゅう》を一巡《ひとめぐ》りしながら最後《さいご》に日本《にほん》の地《ち》が見出《みいだ》されて高千穂峯《たかちほのみね》に仁仁杵命《ににぎのみこと》の宮《みや》が定《さだ》められたであろう神代《かみよ》に於《お》ける高天原遷座《たかあまはらせんざ》の事《こと》と、日本国内《にほんこくない》に於《お》ける伊勢神宮鎮座《いせじんぐうちんざ》の経緯《けいい》を比較《ひかく》する時両者《ときりようしや》が相似《そうじ》して居《い》ることに気《き》が付《つ》く。伊勢御鎮座《いせごちんざ》の経緯《けいい》は遥《はる》かな神代《かみよ》に於《おい》て高天原《たかあまはら》が地球上《ちきゆうじよう》を移動《いどう》した後日本《のちにほん》に到達《とうたつ》した事《こと》の型式《かたしき》を踏襲《とうしゆう》したものと考《かんが》えられる。但《ただ》し斯《か》く判断《はんだん》する事《こと》は筆者《ひつしや》の知的直観《ちてきちよっかん》であって、これに関《かん》し、現実《げんじつ》の証拠《しようこ》、歴史的文献《れきしてきぶんけん》（オ）、遺跡《いせき》（ウ）が発見《はつけん》されて居《い》るわけではない。神代《かみよ》の事《こと》、言霊《げんれい》の事《こと》を判断《はんだん》する場合《ばあい》に当《あた》って初《はじ》めに直観《ちよっかん》アが働《はたら》いて後《あと》からオ、ウが現《あら》われて最後《さいご》に言霊《げんれい》イが証明《しようめい》して呉《く》れる例《れい》と、初《はじ》めに比喩《ひゆ》、象徴《しようちよう》、呪示《じゆじ》としてのオ、ウがあって、その不明瞭《ふめいりよう》なオ、ウの上《うえ》に、アがひらめき、イが確定《かくてい》されて明白《めいはく》な真理《しんり》となる場合《ばあい》と二様《ふたよう》ある事《こと》を心得《こころえ》て居《い》なければならない。

同床共殿廃止以後《どうしようきようでんはいしいご》の日本《にほん》にあっては壬申《じんしん》の乱《らん》、源平《げんぺい》の合戦《がっせん》、元弘《げんこう》の乱《らん》、応仁《おうにん》の乱《らん》、豊臣《とよとみ》徳川《とくがわ》の争乱《そうらん》と続《つづ》いて、明治維新開国《めいじいしんかいこく》と共《とも》に、高天原《たかあまはら》の神聖《しんせい》な国家日本《こっかにほん》が遂《つい》に自己《じこ》の本質《ほんしつ》を見失《みうしな》って、日清《につしん》、日露《にちろ》の戦争《せんそう》、第一次《だいいちじ》、第二次世界戦争《だいにじせかいせんそう》と、東洋西欧《とうようせいおう》の予母都国《よもつくに》の混乱闘《こんらんとう》争《そう》の渦《うず》の中《なか》に巻《ま》き込《こ》まれて行《い》った。此《こ》の間伊勢神宮《かんいせじんぐう》に律法《ロゴス》の原器三種《げんきさんしゆ》の神器《じんぎ》、八咫鏡《やたのかがみ》は代々《だいだい》幼《おさな》い皇女斎宮《ひめみこいつきのみや》のシャマニズム的《てき》な管理《かんり》の下《もと》に置《お》かれて居《い》たが、その例《れい》も後醍醐天皇《ごだいごてんのう》の時《とき》に断絶《だんぜつ》して、神宮《じんぐう》の真意義《しんいぎ》は「何事《なにごと》の　おはしますをば　しらねども　かたじけなさに　涙《なみだ》こぼうる」（西行上人集《さいぎょうしょうにんしゅう》）と仏教僧《ぶっきょうそう》が歌《うた》った様《よう》に国民《こくみん》の上下《うえした》から忘《わす》れ去《さ》られて行《い》った。

斯《かく》の如《ごと》くして八千年《はっせんねん》、そして三千年《さんぜんねん》、全世界《ぜんせかい》からも日本《にほん》からも高天原《たかあまはら》、エデンの園《その》の内《ない》景本質《けいほんしつ》が結界隠匿閉鎖《けっかいいんとくへいさ》され、遂《つい》にはその隠匿《いんとく》されて居《い》る筈《はず》の原理《げんり》或《ある》いはその呪物《じゅぶつ》である原《げん》器《き》さえもその所在《しょざい》を失《うしな》ってしまった。アロンとヨシュアが奉斎《ほうさい》したシオン神殿《しんでん》の「契約《けいやく》の櫃《ひつ》」の中《なか》のイスラエルの三種《さんしゅ》の神宝《しんぽう》は、ソロモンの時《とき》には既《すで》に櫃《ひつ》の中味《なかみ》が失《うしな》われて居《い》た。契約《けいやく》の櫃《ひつ》と同《おな》じ形《かたち》の四角《しかく》い、然《しか》し大《おお》きな石《いし》の箱《はこ》であるメッカのカーバも、その初《はじ》めマホメットが何物《なにもの》かを納《おさ》めたものであったろうが、今日《こんにち》カーバは単《たん》なる石造《せきぞう》の空家《あきや》である。其《そ》の如《ごと》くに高天原《たかあまはら》、エデンの園《その》は人類《じんるい》からその中味《なかみ》さへ見失《みうしな》われてしまった程度《ていど》に徹底的《てっていてき》に結界《けっかい》されて隠没《おんもつ》されてしまったのが世界《せかい》の現状《げんじょう》である。（『言霊百神《げんれいひゃくしん》』新装版《しんそうばん》２２２頁《ページ》参照《さんしょう》）

シャマニズムと言霊《げんれい》

神道《しんとう》には双《ふた》つの面《めん》がある。一《ひと》つはシャマニズム、一《ひと》つは言霊《げんれい》である。今日《こんにち》まで神道《しんとう》と考《かんが》えられていたものは主《しゅ》としてシャマニズムの面《めん》であって、言霊《げんれい》の面《めん》も有《あ》ったことは有《あ》ったが、その言霊《げんれい》はシャマニズムを通《とお》しての言霊《げんれい》であった。シャマニズムとしての神道《しんとう》はそのまま仏教《ぶっきょう》の真言密教《しんごんみっきょう》に通《つう》じ、禅《ぜん》の箇中《こちゅう》の消息《しょうそく》にも、或《ある》いはカソリックの神秘《しんぴ》の啓示神通《けいじじんつう》にも或《ある》いはまた道教《どうきょう》、例《たと》えば世界紅卍字会《せかいこうまんじかい》の接霊《せつれい》にも通《つう》じる。だから神道《しんとう》のシャマニズムの面《めん》、すなわち所謂神憑《いわゆるかみがか》り霊感《れいかん》の面《めん》だけを神道《しんとう》の全部《ぜんぶ》と見《み》て居《い》る限《かぎ》り、神道《しんとう》は仏教《ぶっきょう》とも、カソリック、ユダヤ教《きょう》、或《ある》いは道教《どうきょう》とも区別《くべつ》を付《つ》け難《がた》い。そこから生《う》まれたものが両部神道《りょうぶしんとう》、習合神道《しゅうごうしんとう》であったわけである。近代《きんだい》にあっては名古屋派《なごやは》の天津金木式《あまつかなぎしき》の言霊学《げんれいがく》や、大本教《おおもときょう》の超能力式言霊学《ちょうのうりょくしきげんれいがく》や、その前《まえ》の大石凝真素美《おおいしごりますみ》氏《し》が説《と》いた所《ところ》は何《いず》れもシャマニズムの神秘観《しんぴかん》の眼鏡《めがね》を通《とお》しての言霊《げんれい》であって、すっきりと抜《ぬ》け切《き》ったものではない。

シャマニズムと言霊《げんれい》は別箇《べっこ》のものであるが、然《しか》し全然関係《ぜんぜんかんけい》のないわけのものではない。シャマニズムの過程《かてい》を経《へ》て来《く》るのでなければ言霊《げんれい》の本質《ほんしつ》は摑《つか》み難《にく》い。言霊《げんれい》はシャマニズムに於《お》ける自由奔放《じゆうほんぽう》な精神現象《せいしんげんしょう》が人間《にんげん》の先天性《せんてんせい》「天津神諸《あまつかみもろもろ》の命《みこと》」の聖火《せいか》によって完全《かんぜん》に精煉《せいれん》され、最高《さいこう》に合理化《ごうりか》された原理《げんり》である。シャマニズムには法則性《ほうそくせい》は無《な》いが、言霊《げんれい》はそのシャマニズムに厳格《げんかく》な軌範性《きはんせい》をあらしめて正《ただ》しい神性《しんせい》すなわち律法《ロゴス》に即《そく》した人間性《にんげんせい》を発揮《はっき》する原則《げんそく》である。

神道《しんとう》の総攬者《そうがくしや》仁仁杵命《ににぎのみこと》には二人《ふたり》の妃《きさき》があった。姉《あね》を石長姫命《いはながひめのみこと》、妹《いもうと》を木之花咲耶姫命《このはなさくやひめのみこと》と云《い》った。姉《あね》は地味《じみ》で醜《みにく》かった。妹《いもうと》は華《はな》やかで美《うつく》しかった。石長姫《いはながひめ》は今日《こんにち》まで数千年間《すうせんねんかん》、阿《あ》波《わ》の鳴門《なると》の渦汐《うずしお》の底《そこ》に隠《かく》れて居《い》て世《よ》に顕《あら》われないと云《い》われて居《い》る。これを「鳴門《なると》の仕組《しく》み」と云《い》う。鳴門《なると》は鳴《な》る所《ところ》の義《ぎ》で、咽頭仏《のどぼとけ》であり、言葉《ことば》である。言葉《ことば》は生命宇宙論《せいめいうちゅうろん》では磁気《じき》と電気《でんき》の渦巻《うずま》きである。神秘的直観《しんぴてきちょっかん》の科学者《かがくしや》であった故《こ》楢崎《ならさき》皐月《さつき》氏《し》はこれを渦目《うずめ》（宇受売《うずめ》）と説明《せつめい》した。木之花咲耶姫命《このはなさくやひめのみこと》は「難波津《なにわづ》に　咲《さ》くや木之花《このはな》　冬《ふゆ》ごもり　今《いま》は春《はる》べと　咲《さ》くや木《こ》の花《はな》」（古今和歌集《こきんわかしゅう》 仮名序《かなじょ》）と古歌《こか》にある商業都市大阪《しょうぎょうとしおおさか》の守護神《しゅごしん》で、その本拠《ほんきょ》は富士山《ふじさん》であり、その宮《みや》を浅間神社《あさまじんじゃ》と云《い》う。すなわちアサマの神《かみ》である。ア段《だん》の言霊《げんれい》アからサまでをアサ間《ま》と云《い》う。人間《にんげん》の言葉《ことば》はア段《だん》に於《おい》て明確《めいかく》に現象《げんしょう》する。

そのア段《だん》の精神活動《せいしんかつどう》として現《あら》われるものは心理学的《しんりがくてき》には 宗教《しゅうきょう》、芸術《げいじゅつ》であり、感性《かんせい》であり感情《かんじょう》である。浄土真宗《じょうどしんしゅう》で云《い》えば南無阿弥陀仏《なむあみだぶつ》であり、真言宗《しんごんしゅう》では阿字《あじ》であり、禅《ぜん》で云《い》えばその中《なか》から何《なん》でも現《あら》われて来《く》る「空《くう》」であり。聖書《せいしょ》で云《い》えば omnipotent《オムニポテント》, omnipresent《オムニプレゼント》 な神《かみ》そのものである。シャマニズムの語源《ごげん》は浅間《あさま》であって、Asama《アサマ》, Ashman《アッシュマン》, Shaman《シャーマン》 と変化《へんか》して来《き》た。感性《かんせい》を浄化高揚《じょうかこうよう》させて、自他《じた》を仕切《しき》って居《い》る境界《きょうかい》の壁《かべ》を突破《とっぱ》し、人間性《にんげんせい》が到達《とうたつ》し得《う》る無限即有限《むげんそくゆうげん》である宇宙《うちゅう》の限界《げんかい》に達《たつ》し、阿弥陀如来《あみだにょらい》の広大無辺《こうだいむへん》の懐《ふところ》に抱《いだ》かれて居《い》る嬰児《えいじ》である自分自身《じぶんじしん》を発見《はっけん》する時《とき》、その宇宙《うちゅう》から我《われ》にして然《しか》も我《われ》にあらざる自由自在《じゆうじざい》な認識《にんしき》が 霊感《インスピレーション》、直観《ちょっかん》として湧《わ》いて来《く》る。この自在無拘束《じざいむこうそく》の霊感《れいかん》に住《す》む境涯《きょうがい》をシャマニズムと云《い》う。

古代《こだい》の日本女性《にほんじょせい》には此《こ》の境涯《きょうがい》に住《じゅう》して居《い》た者《もの》が多《おお》かった。竹内文献《たけうちぶんけん》などに記《しる》された神代《かみよ》の女性《じょせい》、例《たと》えば清之宮媛天皇《すがのみやひめすめらみこと》の事《こと》は別《べつ》としても、上古《じょうこ》に於《おい》て例《たと》えば神功皇后《じんぐうこうごう》や額田女王《ぬかたのおおきみ》などは斯《こ》うした神憑《かみがか》りの巫女《みこ》であった。ヨーロッパではこうした能力《のうりょく》を持《も》った女性《じょせい》を仙女《せんにょ》、妖精《ようせい》、魔女《まじょ》、fairy《フエアリー》, fée《フエー》と云《い》う。筆者《ひっしゃ》の所《ところ》にフランスから若《わか》い女性《じょせい》が来《き》て言霊《げんれい》を学《まな》びたいと云《い》った。言霊《げんれい》はむずかしいから妖精《ようせい》fée《フエー》になる道《みち》を教《おし》える。それには先《ま》ず魂《たましい》のliberté《リベルテ》自由《じゆう》を得《え》ることだと説《と》いた。毎週一回一時間宛質問《まいしゅういっかいいちじかんずつしつもん》を持《も》って「直参《じきさん》」に通《かよ》って来《く》る。

このうち神功皇后《じんぐうこうごう》は神道者《しんとうしゃ》武内宿称《たけのうちのすくね》等《ら》の指導《しどう》によって、シャマニズムの境涯《きょうがい》を脱却《だっきゃく》して整理《せいり》された合理的《ごうりてき》な言霊《げんれい》の境涯《きょうがい》を体得《たいとく》した。「是《こ》の日《ひ》に、皇后《こうごう》、如意珠《にょいのたま》（宝珠《ほうじゅ》）を海中《わたなか》に得《え》たまふ。」（日本書紀《にほんしょき》）と伝えられて居《い》る。宝珠《ほうじゅ》は摩尼宝珠《まにほうじゅ》すなわち言霊《げんれい》である。言霊《げんれい》の世《せ》界《かい》に入ってこれを操作《そうさ》するに非《あら》ざれば真《しん》の仏陀《ぶつだ》ではなく、文殊《もんじゅ》、普賢《ふげん》と歌《うた》われた寒山拾得《かんざんじっとく》にしてもその詩《し》を検《しら》べると仮《かり》の仏陀《ぶつだ》、不辟支仏《ふびゃくしぶつ》に過《す》ぎなかった事《こと》が判《わか》る。法華経提婆達多《ほけきょうだいばだった》品《ぼん》には宝珠《ほうじゅ》を獲《え》た八才《はっさい》の龍女《りゅうじょ》の成仏《じょうぶつ》の物語《ものがたり》が載《の》って居《い》て、未《いま》だ真《しん》の仏果《ぶつか》を得《え》ない修業者《しゅぎょうしゃ》、菩薩《ぼさつ》、独覚者達《どっかくしゃたち》と真《しん》の仏陀《ぶつだ》の区別《くべつ》を明白《めいはく》にしている。日本《にほん》に於《お》ける童女成仏《どうにょじょうぶつ》の例《れい》を神功皇后《じんぐうこうごう》に見《み》る事《こと》が出来《でき》る。龍女《りゅうじょ》（辟支仏《びゃくしぶつ》）が摩尼《まに》を獲《え》て成仏《じょうぶつ》する道《みち》が言霊布斗麻邇《げんれいふとまに》の結論《けつろん》である「禊祓《みそぎはらひ》」である。

明治維新《めいじいしん》の前後《ぜんご》に斯《こ》うしたシャーマンの女性《じょせい》が色々《いろいろ》と現《あら》われた。「高山《たかやま》の しん（真《しん》）のはしら（柱《はしら》）ハ とふじん（唐人《とふじん》）や これが大一《だいいち》 神《かみ》のりいふく（立腹《りいふく》）」（天理教祖《てんりきようそ》 中山《なかやま》みき）。「梅《うめ》で開《ひら》いて松《まつ》で治《おさ》める」「いろは四十八文字《しじゆうはちもじ》で、世《よ》を新《さら》つに致《いた》すぞよ」（大本教祖《おおもときようそ》出口《でぐち》ナオ）。斯《こ》うした神憑《かみがか》りお筆先《ふでさき》の言葉《ことば》は本人《ほんにん》にははっきり判《わか》って居《い》たわけだが、第三者《だいさんしゃ》には何《なん》の事《こと》かまるきり見当《けんとう》が付《つ》かなかった。それから今日《こんにち》まで百年《ひやくねん》、後《あと》から出《で》る神憑《かみがか》りが前《まえ》の神憑《かみがか》りの意味《いみ》を段々《だんだん》に開明《かいめい》し、一方《いっぽう》その神憑《かみがか》りに指導促進《しどうそくしん》されて神道《しんとう》の本質言霊布斗《ほんしつげんれいふと》麻邇《まに》の原理《げんり》が開顕《かいけん》され、同時《どうじ》に神代《かみよ》の歴史《れきし》の真相《しんそう》が明《あき》らかになると共《とも》に、斯《こ》うしたわけの判《わか》らぬ寝言《ねごと》が実《じつ》は素朴単純《そぼくたんじゅん》な方法《ほうほう》で表現《ひょうげん》された真実《しんじつ》の真理《しんり》である事《こと》が証拠立《しょうこだ》てられた。

シャマニズムと言霊《げんれい》の関係《かんけい》はこのようなものである。

明治朝廷《めいじちょうてい》に於《お》ての典型的《てんけいてき》なシャーマン（巫女《かんなぎ》）は昭憲皇太后《しょうけんこうたいごう》であられた。日露戦争《にちろせんそう》の際《さい》に維新《いしん》の志士《しし》坂本竜馬《さかもとりょうま》の霊《れい》を謁見《えっけん》されたと云《い》う逸話《いつわ》は所謂霊媒《いわゆるれいばい》の業《わざ》である。「しきしまのやまと言葉《ことば》を たてぬきに おるしづ機《はた》の 音《おと》のさやけさ」。この御歌《みうた》を観《み》ると霊的直観《れいてきちょっかん》の巫女《シャーマン》から既《すで》に言霊《げんれい》の域《いき》に到達《とうたつ》して居《お》られる。皇太后《こうたいごう》は一条家《いちじょうけ》からお輿入《こしい》れの際《さい》、藤原家《ふじわらけ》に伝《つた》わる言霊《げんれい》に就《つ》いての文献《ぶんけん》を宮中《きゅうちゅう》に齎《もた》らされた。その文献《ぶんけん》を明治天皇《めいじてんのう》と共《とも》に研究《けんきゅう》された。これに対《たい》して天皇《てんのう》は賢所《かしこどころ》に存《そん》する文献《ぶんけん》を披瀝《ひれき》され、当時《とうじ》の宮中《きゅうちゅう》の神道《しんとう》を担当《たんとう》して居《い》た中山神祇《なかやまじんぎ》伯《はく》伝統《でんとう》の神秘的《しんぴてき》、行法的《ぎょうほうてき》な言霊学《げんれいがく》を参考《さんこう》にし、皇太后《こうたいごう》の鋭《するど》い霊観直観《れいかんちょっかん》が実際《じっさい》のリーダーである形《かたち》で、天皇《てんのう》、皇后《こうごう》お二人《ふたり》が中心《ちゅうしん》になって宮中《きゅうちゅう》で言霊《げんれい》の修練究明《しゅうれんきゅうめい》が進《すす》められた。「私達《わたしたち》は此処《ここ》まで判《わか》って来《き》た。その先《さき》を示《しめ》して呉《く》れる者《もの》を探《さが》して居《い》る」と云《い》う意味《いみ》の御下問《ごかもん》がお二《ふ》人《たり》の御歌《みうた》の中《なか》で随所《ずいしょ》に身受《みう》けられる。シャーマンとしての皇太后《こうたいごう》の霊覚《れいかく》に私淑《ししゅく》して、それを受継《うけつ》ごうとする形《かたち》で歌人《かじん》として起《お》こったのが九条武子《くじょうたけこ》、柳原白蓮《やなぎわらびゃくれん》の二女性《ふたじょせい》であった。

ジェームズ哲学《てつがく》の純粋経験《じゅんすいけいけん》の世界《せかい》は「シャマニズム」「阿字《あじ》」「南無阿弥陀仏《なむあみだぶつ》」等《など》の従来《じゅうらい》の芸術《げいじゅつ》、宗教《しゅうきょう》、哲学《てつがく》の世界《せかい》の頂点《ちょうてん》であって、その純粋経験《じゅんすいけいけん》の更《さら》に純粋経験《じゅんすいけいけん》をなすものが先《せん》天《てん》である母音《ぼいん》、父韻《ふいん》を縦横《たてぬき》に織《お》りなした田《た》すなわち営田《みつくだ》、神田《みとしろ》の全内容《ぜんないよう》を典拠《てんきょ》として、突《とつ》然《ぜん》に、忽然《こつぜん》として意識《いしき》となって現象《げんしょう》として発現《はつげん》して来《く》る子音《しいん》が生命《せいめい》の純粋創造《じゅんすいそうぞう》である。其《その》数《かず》は三十二《さんじゅうに》である。子音《しいん》が出《で》て来《く》る事《こと》が不自由《ふじゆう》なシャマニズムの世界《せかい》から自由《じゆう》、自主《じしゅ》、自《じ》律《りつ》の言霊布斗麻邇《げんれいふとまに》の境域《きょういき》への飛躍《ひやく》である。

近《きん》代《だい》文《ぶん》明《めい》と言《げん》霊《れい》

王侯《おうこう》の権力《けんりょく》が人間《にんげん》の精神《せいしん》を拘束《こうそく》して居《い》た中世《ちゅうせい》の封建時代《ほうけんじだい》が終《お》わって、ルネッサンス、エントウイソクレング以来人類《いらいじんるい》の精神《せいしん》の自由《じゆう》が高揚《こうよう》され、近代文明《きんだいぶんめい》のすべての部門《ぶもん》に亘《わた》って人類《じんるい》は不拘束《ふこうそく》の境域《きょういき》を自由《じゆう》に遊弋《ゆうよく》して来《き》た。この事《こと》は宗教的《しゅうきょうてき》なシャマニズムが無限《むげん》の宇宙《うちゅう》と無制約《むせいやく》の取引《とりひき》をして、精神《せいしん》に浮《うか》んだままに自由《じゆう》に言辞《げんじ》し行動《こうどう》して来《き》た事《こと》と実《じつ》は同一《どういつ》の経《けい》緯《い》に属《ぞく》する精神活動《せいしんかつどう》、文明活動《ぶんめいかつどう》の解放《かいほう》である。

大学《だいがく》のプロフェッサーが哲学《てつがく》や心理学《しんりがく》や歴史考古学《れきしこうこがく》の新説《しんせつ》を樹《た》て、画家《がか》が新《あたら》しい美《び》を創《そう》造《ぞう》し、音楽家《おんがくか》が新曲《しんきょく》を発表《はっぴょう》し、乃至《ないし》は科学者《かがくしゃ》が新《あたら》しい原子《げんし》の構成要素《こうせいようそ》を発見《はっけん》したり、アミノ酸《さん》の微妙《びみょう》な成分《せいぶん》を組立《くみた》てたりする度《たび》に、世間《せけん》から文明《ぶんめい》の進歩《しんぽ》、新発見《しんはっけん》と持《も》てはやされるが、それはそれで悪《わる》い事《こと》ではなく、人間知性《にんげんちせい》の領域《りょういき》の拡大《かくだい》には相違《そうい》ないが、然《しか》しそうした近代《きんだい》の哲学科学芸術《てつがくかがくげいじゅつ》の進歩《しんぽ》と見做《みな》される事柄《ことがら》は、例《たと》えば前述《ぜんじゅつ》の中世《ちゅうせい》ヨーロッパに於《おい》て魔女《まじょ》として、ジャンヌ・ダルクの様《よう》に火焙《ひあぶ》りの刑《けい》を受《う》けた市井《しせい》の女性《じょせい》が、宗教《しゅうきょう》のドグマの壳《から》を破《やぶ》って人間性《にんげんせい》の自由《じゆう》な領域《りょういき》を高揚《こうよう》した事《こと》や、また例《たと》えば前述《ぜんじゅつ》の天理教《てんりきょう》や大本教《おおもときょう》の教祖《きょうそ》であった無学《むがく》の女性《じょせい》が従来《じゅうらい》の神道《しんとう》にも仏教《ぶっきょう》にも説《と》かれてなかった真実《しんじつ》を半狂乱《はんきょうらん》の状態《じょうたい》で叫《さけ》び出《だ》した狭義《きょうぎ》のシャマニズム、神憑《かみがか》りと、右《みぎ》の哲学《てつがく》、芸術《げいじゅつ》、科学者《かがくしゃ》の思惟行動《しゆいこうどう》とは、実質《じっしつ》に於《おい》て何等選《なんらえら》ぶ所《ところ》のない自由不羈《じゆうふき》の人間性《にんげんせい》が宇宙《うちゅう》の新領域《しんりょういき》を開拓《かいたく》しようとする同一意義《どういついぎ》の活動《かつどう》である。

近代文明《きんだいぶんめい》、近代《きんだい》の学問《がくもん》の世界《せかい》は広《ひろ》い意味《いみ》でのシャマニズムである。神憑《かみがか》り、霊感《れいかん》、オカルティシズムが無法則《むほうそく》、無系列《むけいれつ》、無秩序《むちつじょ》に錯綜《さくそう》し渦巻《うずま》いている事《こと》と同様《どうよう》な世界《せかい》である。法則《ほうそく》がないから従《したが》ってまとまった結論《けつろん》が出《で》て来《こ》ない。従来《じゅうらい》のシャマニズムが無限無制限《むげんむせいげん》の宇宙《うちゅう》と主観体《しゅかんたい》が直接取引《ちょくせつとりひき》をする言霊《げんれい》アだけの操作《そうさ》であり、新発智《しんぼっち》の辟支仏《びゃくしぶつ》や因位《いんい》の菩薩《ぼさつ》の努力《どりょく》である限《かぎ》り、この宇宙《うちゅう》に挑《いど》む直接《ちょくせつ》の方法《ほうほう》を以《もっ》て完全《かんぜん》な仏果《ぶっか》、即《すなわ》ち「無余涅槃《むよねはん》」に到達《とうたつ》するためには弥陀五劫《みだごこう》、大通知勝十劫《だいつうちしょうじっこう》と云《い》われる永遠無量《えいえんむりょう》の思惟《しゆい》を必要《ひつよう》とする、永遠《えいえん》の思《し》索《さく》を要《よう》すると云《い》う事《こと》は、逆《ぎゃく》に云《い》えばその方法《ほうほう》を以《もっ》てしては無余涅槃《むよねはん》、完全《かんぜん》な人間性《にんげんせい》の法則《ほうそく》を開明《かいめい》する事《こと》は不可能《ふかのう》であることを意味《いみ》する。

近代文明全般《きんだいぶんめいぜんぱん》はシャマニズム的態度《てきたいど》、辟支仏《びゃくしぶつ》や因位《いんい》の菩薩《ぼさつ》の態度《たいど》が学問全般《がくもんぜんぱん》の世界《せかい》に拡大《かくだい》されて居《い》るものである。其処《そこ》に結論《けつろん》を導《みちび》き出《だ》す方法《ほうほう》が無《な》い事《こと》は、我儘勝手《わがままかって》な主観《しゅかん》が無限無拘束《むげんむこうそく》の宇宙《うちゅう》に我武沙羅《がむしゃら》に挑《いど》みがかって行《い》くためである。我儘《わがまま》な主観《しゅかん》とは自己《じこ》の見解《けんかい》の制約《せいやく》を受《う》けているアオウエ四智《しち》の事《こと》である。シャマニズムの神憑《かみがか》りが無法則性《むほうそくせい》から究極《きゅうきょく》の涅槃《ねはん》の法理《ほうり》を見出《みいだ》し、近代文明全般《きんだいぶんめいぜんぱん》が芸術《げいじゅつ》も心理学《しんりがく》も科学《かがく》もおしなべて共通普遍《きょうつうふへん》の結論《けつろん》に到達《とうたつ》するためには、主観態《しゅかんたい》の閉鎖拘束《へいさこうそく》から飛躍脱却《ひやくだつきゃく》して、人類共通《じんるいきょうつう》の第五智《だいごち》である言霊《げんれい》イ布斗麻邇《ふとまに》の世界《せかい》に生《うま》れ変《か》わる事《こと》を必須《ひっす》とする。第五《だいご》の精神《せいしん》・言霊《げんれい》イは感情《かんじょう》アでも、知性《ちせい》オエでも、感覚《かんかく》ウでもない。人間即神《にんげんそくかみ》として本具《ほんぐ》の先天性《せんてんせい》に立脚《りっきゃく》して文明《ぶんめい》を創造《そうぞう》して行《い》く宇宙《うちゅう》の自覚体《じかくたい》、造物主《ぞうぶつしゅ》である生命意志活用《せいめいいしかつよう》の原理原則《げんりげんそく》が摩尼宝珠《まにほうじゅ》イである。今日《こんにち》までその人間《にんげん》の創造《そうぞう》する生命意志《せいめいいし》の意義《いぎ》に僅《わず》かに気《き》が付《つ》き始《はじ》めた者《もの》はニーチェとベルクソンだけだった。

第二次世界大戦《だいにじせかいたいせん》の結果《けっか》ヘーゲル哲学《てつがく》の所謂《いわゆる》Grenzbegriff《グレンツベグリッフ》（究極体認《きゅうきょくたいにん》）に基《もと》いた宇宙《うちゅう》の具《ぐ》現《げん》としての国家至上主義《こっかしじょうしゅぎ》が崩壊《ほうかい》した。すなわちヒットラーの第三帝国《だいさんていこく》と同時《どうじ》に日本《にほん》の天皇《てんのう》信仰《しんこう》を中心《ちゅうしん》とする民族主義《みんぞくしゅぎ》、帝国主義《ていこくしゅぎ》が滅亡《めつぼう》した。第二次世界大戦《だいにじせかいたいせん》の後《あと》はヘーゲル弁証法《べんしょうほう》と相似形《そうじけい》を有《ゆう》するマルクス、レーニンの唯物弁証法《ゆいぶつべんしょうほう》科学的帝国主義《かがくてきていこくしゅぎ》の可能性《かのうせい》に対《たい》する希望《きぼう》と予想《よそう》が、その科学自体《かがくじたい》が内部《ないぶ》の生命意志《せいめいいし》の原理《げんり》の存在《そんざい》に近付《ちかづ》こうとしている事《こと》によって、その科学的帝国主義《かがくてきていこくしゅぎ》の可能性《かのうせい》がぐら付《つ》き出《だ》す。ソ連《れん》はなおも執拗《しつよう》にその主義《しゅぎ》を強行《きょうこう》するだろうが、それを強行《きょうこう》しようとすればするほど、科学自体《かがくじたい》が唯物論《ゆいぶつろん》とはその儘《まま》では噛《か》み合《あ》わない生命内部《せいめいないぶ》の意識《いしき》と意志《いし》を開拓《かいたく》して、唯物的《ゆいぶつてき》、プロレタリア独裁主義《どくさいしゅぎ》の破綻《はたん》を大《おお》きくして行《い》く。米国《べいこく》から唱道《しょうどう》され初《はじ》めた人権擁護運動《じんけんようごうんどう》に対《たい》して、ソ連帝国主義《れんていこくしゅぎ》は蝸牛《かたつむり》の壳《から》の中《なか》に閉《と》じ籠《こも》らざるを得《え》なくなる。これは唯物史観《ゆいぶつしかん》が人間《にんげん》を解放《かいほう》する事《こと》ではなくて、逆《ぎゃく》に人間性《にんげんせい》の一局部《いちきょくぶ》を強調《きょうちょう》した仮説《かせつ》の中《なか》に人間《にんげん》を閉鎖拘束《へいさこうそく》する事《こと》である。

ヘーゲル、マルクスの単純《たんじゅん》な唯心《ゆいしん》、唯物弁証法《ゆいぶつべんしょうほう》の行詰《ゆきづま》りと同時《どうじ》に、同《おな》じく個人《こじん》の主観的《しゅかんてき》模索《もさく》の所産《しょさん》であるカント哲学《てつがく》の先験十二範疇《せんけんじゅうにはんちゅう》の不充分《ふじゅうぶん》さが批判《ひはん》されて来《き》た。創造《そうぞう》する人類《じんるい》の生命意志《せいめいいし》の根底《こんてい》は十二個《じゅうにこ》の範疇《カテゴリー》だけでは納《おさ》まり切《き》れない。人間《にんげん》の先天《せんてん》「天津神諸《あまつかみもろもろ》の命《みこと》」は十七神《じゅうななしん》である。この事《こと》はキリスト教《きょう》はもとより、ローマ、ギリシャの文明《ぶんめい》よりも更《さら》に長《なが》い歴史《れきし》を経《へ》て来《き》て居《い》る東洋《とうよう》の「易《えき》」に於《お》ける先天《せんてん》の原理《げんり》が言霊《げんれい》の開明《かいめい》に呼応《こおう》して人類《じんるい》の理《り》解《かい》の上《うえ》に蘇返《よみがえ》って来《き》つつあるからでもある。

だが問題《もんだい》はヘーゲル、マルクス、カントばかりではない。第一次大戦以後《だいいちじたいせんいご》、漸次深《ぜんじふか》まって来《き》たフロイト対《たい》ユングの一派《いっぱ》の意識及《いしきおよ》び潜在意識《せんざいいしき》の世界《せかい》に関《かん》する心理学《しんりがく》、深層心理学的《しんそうしんりがくてき》探索《たんさく》に就《つ》いても、その意識《いしき》、潜在意識《せんざいいしき》、深層心理《しんそうしんり》、超心理《ちょうしんり》と雖《いえど》もまた意識自体《いしきじたい》に他《ほか》ならない時《とき》、意識《いしき》すなわち知《ち》、情《じょう》、感覚《かんかく》を以《もっ》て如何《いか》ほど意識《いしき》の底《そこ》を掻《か》き廻《まわ》しても、後《あと》から後《あと》から出《で》て来《く》るものは依然意識《いぜんいしき》そのものであって、その意識《いしき》を産《う》み出《だ》すところのも一《ひと》つ奥《おく》の道理《どうり》には到達《とうたつ》し得《え》ない。

宇宙《うちゅう》を動《うご》かして居《い》る簡単《かんたん》な二系列《にけいれつ》のエネルギーは磁力《じりょく》と電力《でんりょく》である。この二《ふた》つがそのままに有機体《ゆうきたい》である人間生命《にんげんせいめい》の精神《せいしん》と肉体《にくたい》の存在《そんざい》と活動《かつどう》のモティーヴであって、このモティーヴの権能《けんのう》と律動《りつどう》を自己主体《じこしゅたい》として自覚《じかく》した者《もの》が人間《にんげん》である。その自覚者《じかくしゃ》としての人《にん》間《げん》が今日《こんにち》まで長《なが》い間《あいだ》、宗教的探索《しゅうきょうてきたんさく》の対象《たいしょう》として模索《もさく》され基本要求《きほんようきゅう》されて来《き》たところの「神《かみ》」の実体《じったい》である。そしてこの物理学《ぶつりがく》で云《い》う磁力《じりょく》と電力《でんりょく》とを心理的《しんりてき》に捕《とら》えて自己《じこ》の意志活動《いしかつどう》として操作《そうさ》する方法《ほうほう》が言霊布斗麻邇《げんれいふとまに》である。またその磁力《じりょく》と電力《でんりょく》とを陰陽《いんよう》の経絡《けいらく》の存在《そんざい》と動《うご》きとして捕《とら》えたところが四千年以来《よんせんねんいらい》の東洋医術《とうよういじゅつ》（漢方医学《かんぽういがく》）である。近来《きんらい》、中共《ちゅうきょう》の研究《けんきゅう》に促進《そくしん》されて日本《にほん》でも急速《きゅうそく》に漢方《かんぽう》の進歩《しんぽ》を見《み》ようとして居《い》る。今日世界《こんにちせかい》の最大問題《さいだいもんだい》は人間自《にんげんじ》身《しん》の生命意志活動《せいめいいしかつどう》としての神《かみ》すなわち人間《にんげん》の神性《しんせい》を正確《せいかく》に捕《とら》えることであって、そのためには心理《しんり》と生理《せいり》（医学《いがく》）と物理《ぶつり》が渾然《こんぜん》同《おな》じ一《ひと》つの法則《ほうそく》によって律《りつ》せられる根源《こんげん》を確立《かくりつ》しなければならぬ。

生《せい》命《めい》宇《う》宙《ちゅう》、ピラミッドと言《げん》霊《れい》

『世《せ》界《かい》維《い》新《しん》への進《しん》発《ぱつ》』の巻《かん》末《まつ》で人《にん》間《げん》ピラミッド、人《にん》間《げん》パゴダに就《つ》いて説《と》いた。人《にん》間《げん》そのものが生《い》きたピラミッド、生《い》きたパゴダ、生《い》きた「生《い》命《のち》の樹《き》」「イグドラジルの樹《き》」である。最《さい》近《きん》米《べい》国《こく》でピラミッド研《けん》究《きゅう》が盛《さか》んになって、物《ぶつ》理《り》と生《せい》理《り》とからその四《よん》千《せん》年《ねん》来《らい》の謎《なぞ》の開《かい》明《めい》が試《こころ》みられて居《い》る。T大《だい》学《がく》の大《だい》学《がく》院《いん》で神《しん》道《とう》研《けん》究《きゅう》の論《ろん》文《ぶん》を書《か》いて居《い》るN君《くん》がアルバイトでそのピラミッド会《かい》社《しゃ》の日《に》本《ほん》エイジェンシーのマネジャーをやって居《い》る。その手《て》ずるで筆《ひっ》者《しゃ》の所《ところ》でも二《に》十《じゅっ》個《こ》縦《じゅう》横《おう》に並《なら》んだプラスチック製《せい》の小《ちい》さなピラミッドを用《もち》いて飲《いん》料《りょう》水《すい》の成《せい》分《ぶん》を変《か》えたり、去《さく》年《ねん》鉢《はち》に蒔《ま》いて十《じゅっ》センチに育《そだ》ったグレープ・フルーツの樹《き》に白《しろ》い芳《ほう》香《こう》の花《はな》を咲《さ》かせたり、電《でん》気《き》炬《こ》燵《たつ》の代《かわ》りにピラミッドで足《あし》を暖《あたた》めて寝《ね》たり、色《いろ》々《いろ》と効《こう》果《か》があることを自《じ》分《ぶん》で証《しょう》明《めい》して居《い》る。

先日《せんじつ》は一辺一《いっぺんいち》メートル半《はん》のアルミ製《せい》の大《おお》きなピラミッドのフレームをアパートの六畳間《ろくじょうま》に組立《くみた》てて、その真中《まなか》に座《すわ》って原稿《げんこう》を書《か》いたり、坐禅《ざぜん》をしたり、居眠《いねむ》りをしたりして居《い》る。昨今《さっこん》は日本《にほん》でもテレビやラジオや新聞《しんぶん》でピラミッドを宣伝《せんでん》する様《よう》になって来《き》て米国《べいこく》でも日《に》本《ほん》でもピラミッド・ブームになりそうな形勢《けいせい》である。そのピラミッドのメカニズムとサイコロジーとバイオロジーを究明《きゅうめい》するには物理学《ぶつりがく》と東洋医術《とうよういじゅつ》（ヨガやヴェーダや漢方医学《かんぽういがく》）と、そしてその綜合《そうごう》として言霊学《げんれいがく》を駆使《くし》する必要《ひつよう》がある。四千年前《よんせんねんまえ》のエジプトのファラオの王朝《おうちょう》には日本《にほん》から教伝《きょうでん》された言霊《げんれい》が直観的《ちょっかんてき》な物理学《ぶつりがく》と綜合的《そうごうてき》な医術《いじゅつ》として操作《そうさ》されてピラミッドを創《つく》った様《よう》だ。そのファラオの王朝《おうちょう》に王子《おうじ》として四十才《よんじゅっさい》まで育《そだ》った予言者《よげんしゃ》モーゼは、その間《かん》にピラミッドに親《した》しんだ。そしてその原理《げんり》の淵源《えんげん》と詳細《しょうさい》を学《まな》ぶためにモーゼは高千穂峯《たかちほのみね》（ピラミッドの神道名《しんとうめい》）の国日本《くににほん》に渡来留学《とらいりゅうがく》したわけであった。ピラミッドの意《い》義《ぎ》は彼《かれ》の著書《ちょしょ》ペンタテューク（トーラー）をこの意味《いみ》で調《しら》べて行《い》ったら新《あら》たな発見《はっけん》がなされるだろう。

言霊《げんれい》を開顕《かいけん》するに当《あた》って、ピラミッドの幾何学的構造《きかがくてきこうぞう》の意味《いみ》と、そのバイオコスミック・エナジーの注流発露《ちゅうりゅうはつろ》に就《つ》いて自《みずか》ら実験《じっけん》体験《たいけん》する必要《ひつよう》がある事《こと》を痛感《つうかん》する。本書《ほんしょ》『言霊《げんれい》精義《せいぎ》』の結論《けつろん》である「禊祓《みそぎはらひ》」を説《と》くに当《あた》って、その事前《じぜん》にピラミッドに就《つ》いて、言霊《げんれい》と漢《かん》方医学《ぽういがく》の上《うえ》から判明《はんめい》した道理《どうり》を、まだ充分《じゅうぶん》には纏《まと》まって居《い》ない概論的《がいろんてき》なものであっても、一応紹介《いちおうしょうかい》して置《お》く事《こと》は意義《いぎ》ある事《こと》である。

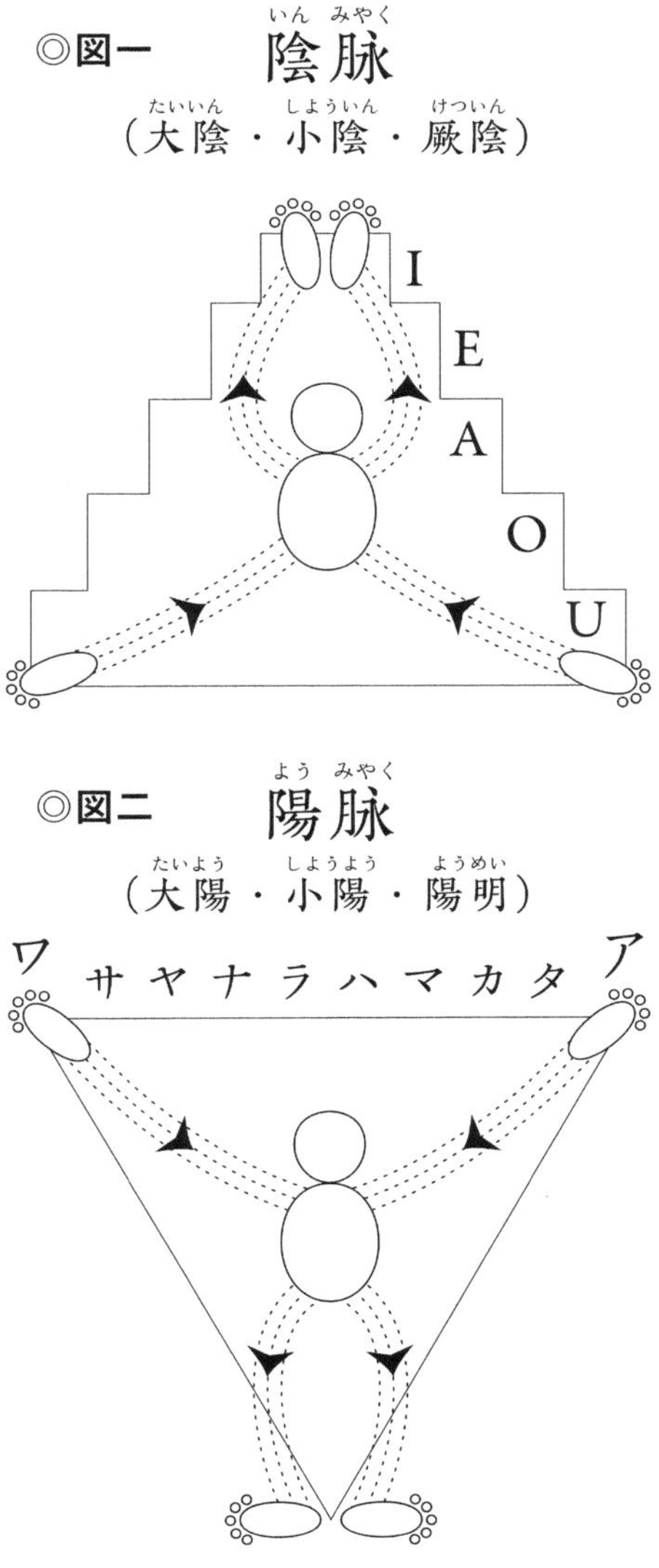

図表-26｜**人間ピラミッド（陰陽経絡）**

(図表《ずひょう》26—図一《ずいち》)は高御産巣日《たかみむすび》であって、その内容《ないよう》はアイエオウの五母音《ごぼいん》、木土火水金《もくどかすいごん》(風地火水空《ふうちかすいくう》)の五行五大《ごぎょうごだい》の体系《たいけい》であり、医学的《いがくてき》は大陰《たいいん》・小陰《しょういん》・厥陰《けついん》の三陰脈《さんいんみやく》の注流上昇《ちゅうりゅうじょうしょう》の姿《すがた》である。三陰脈《さんいんみやく》は人体《じんたい》を通《つう》じて母《はは》の愛《あい》である地《ち》の気《き》すなわち磁気《じき》が放出《ほうしゅつ》される経路《けいろ》であって、陽《よう》である高御産巣日《たかみむすび》の形態《けいたい》に於《おい》て陰《いん》である磁気《じき》が上昇《じょうしょう》する事《こと》は形《かたち》と動《うご》きとが逆《ぎゃく》の姿《すがた》を取《と》る事《こと》に留意《りゅうい》すべきである。宗教的《しゅうきょうてき》に説《と》くなら両掌《りょうて》を中空《ちゅうくう》に高《たか》く合《あ》わせた祈《いの》りの形《かたち》である。「天《てん》にいます我《われ》らの父《ちち》よ、願《ねが》はくは御名《みな》の崇《あが》められん事《こと》を。御国《みくに》の来《きた》らんことを。御意《みこころ》の天《てん》のごとく地《ち》にも行《おこな》はれん事《こと》を。」(新約《しんやく》マタイ伝第六章《でんだいろくしょう》)と祈《いの》る姿《すがた》である。

(図表《ずひょう》26—図二《ずに》)の形《かたち》は神産巣日《かみむすび》であって、両掌《りょうて》を拡《ひろ》げたアワの間《あいだ》に宗教的祈《しゅうきょうてきいの》り、願《がん》が応《こた》えられて天《てん》なる父《ちち》の名《な》、父韻《ふいん》タカマハラナヤサ(乾《けん》兌《だ》離《り》震《しん》巽《そん》坎《かん》艮《ごん》坤《こん》)の知性《ちせい》の八律《はちりつ》八卦《はっけ》が自覚《じかく》され、それが太陽《たいよう》・小陽《しょうよう》・陽明《ようめい》の三陽絡《さんようらく》を通《つう》じて地《ち》に放電注流《ほうでんちゅうりゅう》される。天《てん》なる父《ちち》の律《リズム》は電気《でんき》であって、陰《いん》なる神産巣日《かみむすび》の形態《けいたい》として陽《よう》である電気《でんき》が下降《かこう》する事《こと》(図表《ずひょう》26—図一《ずいち》)とは正反対《せいはんたい》な姿《すがた》である。

(図表《ずひょう》26—図一《ずいち》)の高御産巣日《たかみむすび》の形《かたち》だけではパゴダ、ジクラートの五段階《ごだんかい》を芯棒《しんぼう》として起《お》こって希望《きぼう》と念願《ねんがん》と祈《いの》りを無限《むげん》の宇宙《うちゅう》に捧《ささ》げる（offer《オファー》）シャマニズムの姿《すがた》である。自然界《しぜんかい》では春《はる》の姿《すがた》で木《き》の芽《め》が膨《ふく》らんで伸《の》びて行《い》く気配《けはい》である。（図表《ずひょう》26―図二《ずに》）の神産巣日《かみむすび》の形《かたち》は夏《なつ》の姿《すがた》である。樹《き》の葉《は》が思《おも》うさま空中《くうちゅう》に拡《ひろ》がって太陽《たいよう》のエネルギーを吸収《きゅうしゅう》して行《い》く姿《すがた》であるが、此《こ》の形式《けいしき》だけでは折角《せっかく》一旦《いったん》は捕《とら》えた父《ちち》なる生命《せいめい》の律《リズム》がそのままいきなり地《ち》に吸収《きゅうしゅう》されてしまうこと、恰《あたか》も落雷《らくらい》が樹木《じゅもく》や電柱《でんちゅう》を通《つう》じて意味《いみ》もなく地《ち》にショートする様《よう》なものである。折角《せっかく》神憑《かみがか》り、インスピレーションで受信《じゅしん》した宇宙《うちゅう》の心《こころ》が実《み》を結《むす》ばず、断片《だんぺん》になって逸散《いっさん》してしまう。それならば（図表《ずひょう》26―図一《ずいち》）と（図表《ずひょう》26―図二《ずに》）を如何《どう》結《むす》んだら折角《せっかく》の熱烈《ねつれつ》な祈《いの》りが五劫《ごこう》、十劫《じっこう》の空《むな》しい思惟《しゆい》に終《お》わらず、この電気《でんき》と磁気《じき》が結《むす》び付《つ》いて電磁気《でんじき》となって、神《かみ》である人間《にんげん》の創造意志《そうぞういし》の所産《しょさん》となって、具体的《ぐたいてき》な心象《しんしょう》、現象《げんしょう》として文明《ぶんめい》を構成《こうせい》する様《よう》になるか。

（図表《ずひょう》27―図三《ずさん》）は天地《てんち》の結《むす》びとしての人間《にんげん》ウの活動《かつどう》を示《しめ》す。ア段《だん》は無限宇宙《むげんうちゅう》から父《ちち》（智《ち》）の名《な》としてのその正規《せいき》の律動《りつどう》を受信《じゅしん》する姿《すがた》である。イ段《だん》はその律動《りつどう》を人間《にんげん》が確保《かくほ》して言葉《ロゴス》として摩尼《まに》として捕《と》らえ得《え》た生命意志《せいめいいし》の法則《ほうそく》である。天《てん》（ア）なる父《ちち》の御名《みな》、御国《みくに》が地《ち》（イ）に成就《じょうじゅ》した姿《すがた》である。（図表《ずひょう》27―図三《ずさん》）は秋《あき》の稔《みの》りの姿《すがた》である。（図表《ずひょう》28―図四《ずよん》）は本然《ほんぜん》のアオウエイ（五行《ごぎょう》・五大《ごだい》）を具《そな》えたまま直立《ちょくりつ》して静《しず》かに存在《そんざい》して居《い》る姿《すがた》であり、「五蘊皆空《ごうんかいくう》」の態度《たいど》、季節《きせつ》で云《い》ったら冬《ふゆ》である。

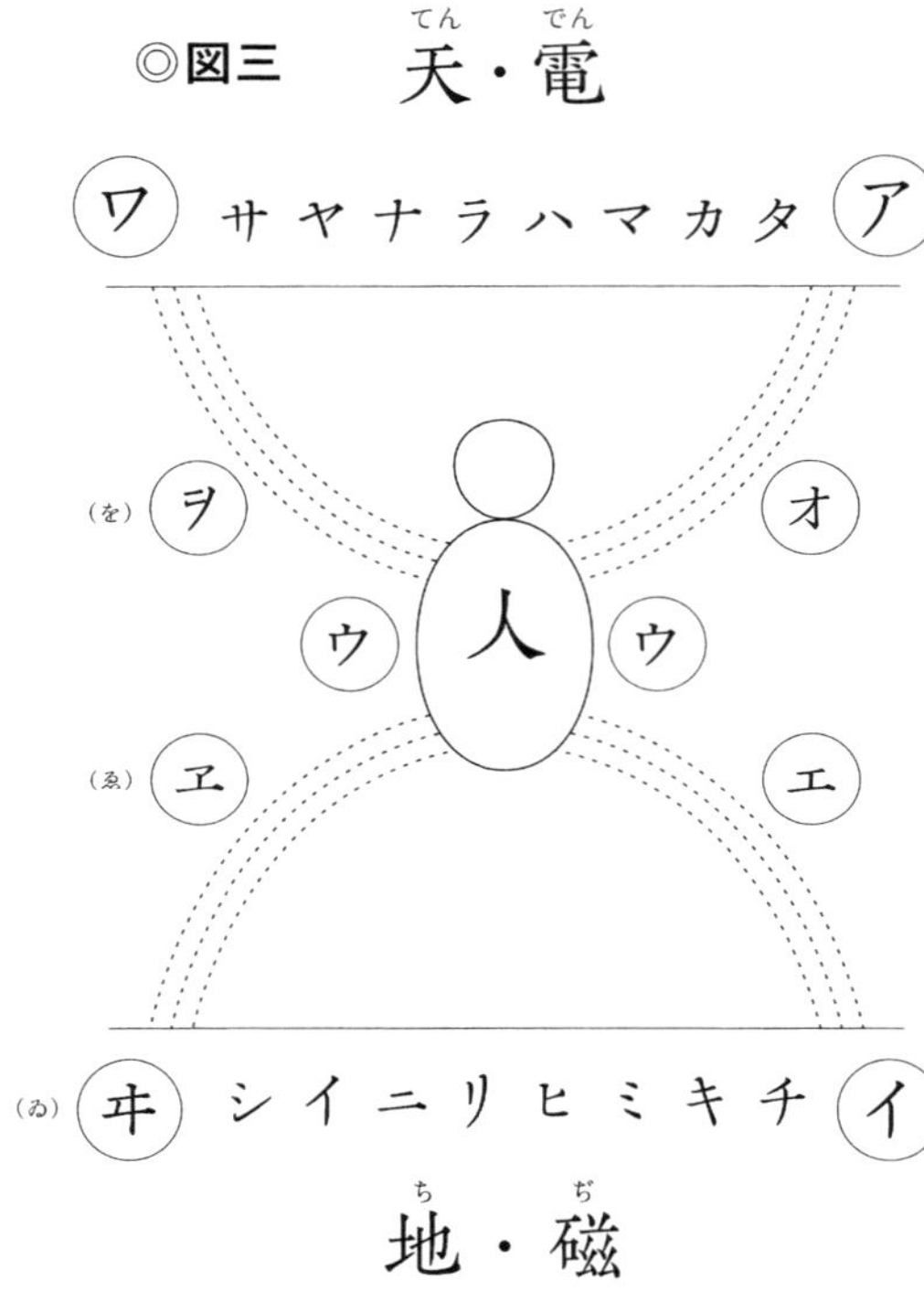

図表-27｜**天・人・地**

◎図四　人間即《にんげんそく》パゴダ（五重塔《ごじゆうのとう》）

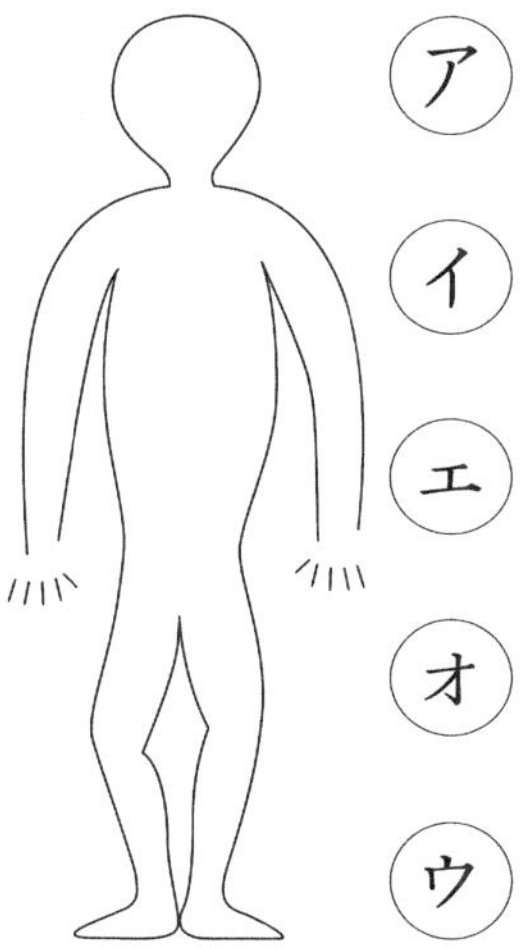

図表-28｜**人間パゴダ**

以上《いじょう》（図表《ずひょう》26―図《ず》一《いち》）（図表《ずひょう》26―図《ず》二《に》）（図表《ずひょう》27―図《ず》三《さん》）（図表《ずひょう》28―図《ず》四《よん》）は云《い》わば平面的《へいめんてき》な理論《りろん》であるが更《さら》にこれをピラミッドの五面体《ごめんたい》の立体《りったい》の上《うえ》に理解《りかい》しよう。（図表《ずひょう》29）ピラミッドは男性《だんせい》だけのものではなく、女性《じょせい》だけのものでもない。陰陽《いんよう》、雌雄《しゆう》、主客《しゅきゃく》が渾然合《こんぜんがっ》体調和《たいちょうわ》した姿《すがた》と見《み》る時立体《ときりったい》の意味《いみ》が肯《うなず》かれる。八父韻《はちふいん》は男性《だんせい》だけのものでもなく、女性《じょせい》だけのものでもなく、陰陽両性交流和合《いんようりょうせいこうりゅうわごう》のリズムである。ピラミッドは縦《たて》には五母音《ごぼいん》、五段《ごだん》階《かい》の次元《じげん》に組立《くみた》てられ、これを空中《くうちゅう》から俯瞰《ふかん》すれば四《よっ》つの斜面《しゃめん》は陰陽八《いんようや》つの意志《いし》の律動《りつどう》を示《しめ》している。ピラミッドは神道布斗麻邇言霊《しんとうふとまにげんれい》の完成《かんせい》された形態《けいたい》であって、これを「高千穂《たかちほ》奇振嶽《くしふるたけ》」と云《い》う。

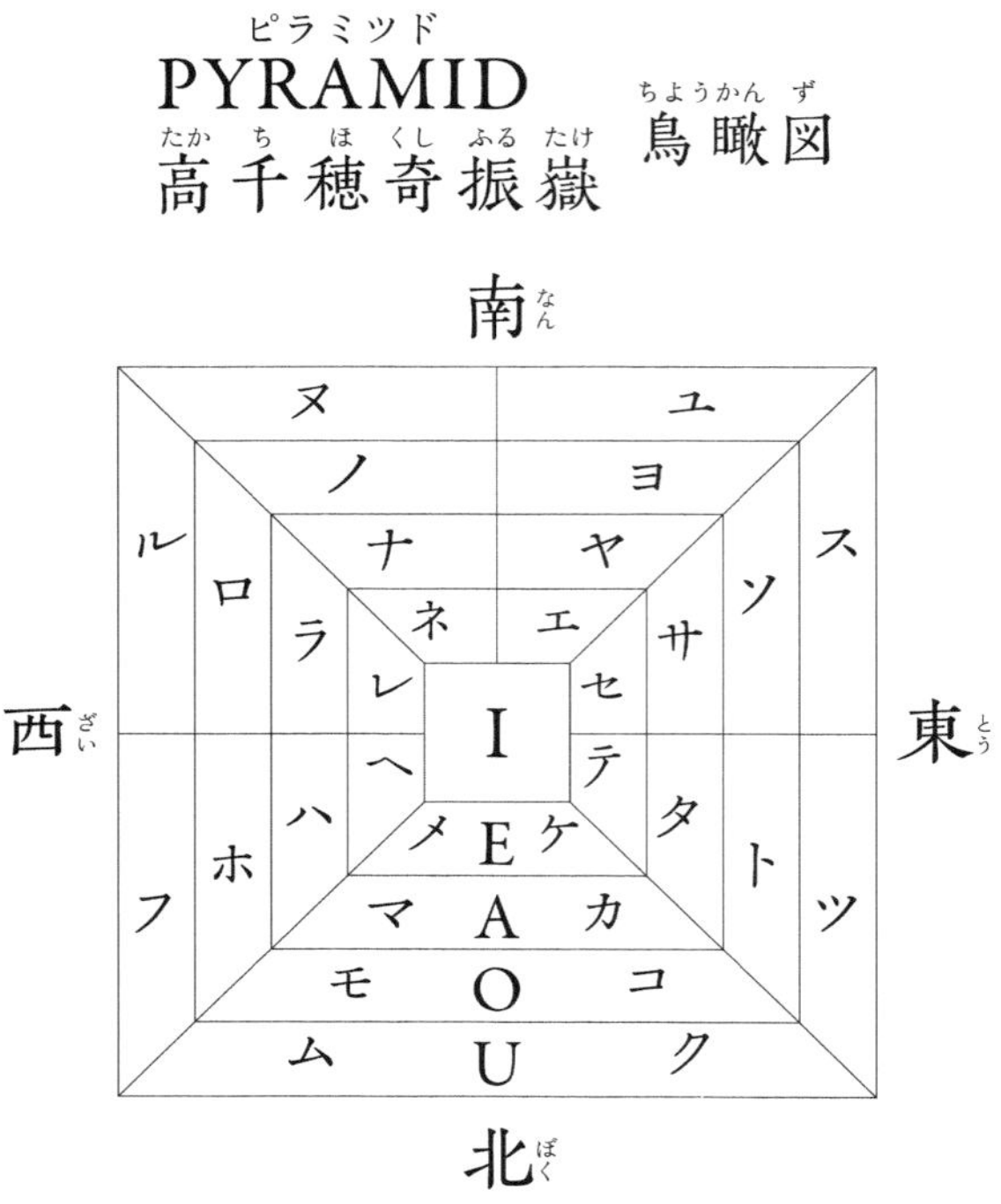

図表-29｜**ピラミッド（高千穂奇振嶽）鳥瞰図**

日外《いつぞや》、曼荼羅《マンダラ》華《け》座《ざ》の舞踊家《マイム》西森守君《にしもりまもるくん》が言霊《げんれい》を問《と》いに訪《たず》ねて来《き》た。昨今《さつこん》武道家《ぶどうか》や宗教家《しゆうきようか》や舞台《ぶたい》の芸術家《げいじゆつか》が言霊《げんれい》に対《たい》する世界《せかい》の関心《かんしん》を知《し》って、これを演技《えんぎ》や武術《ぶじゆつ》や教義《きようぎ》に表現《ひようげん》して自《じ》己《こ》宣伝《せんでん》の材料《ざいりよう》に用《もち》いようと試《こころ》みて居《い》る。ところが言霊《げんれい》は宗教《しゆうきよう》でも哲学《てつがく》でもない。信仰《しんこう》ではなく、祈願《きがん》でもない。修練《しゆうれん》によって得《え》られるものでもない。そうした自己《じこ》に掻《か》き集《あつ》め利用《りよう》して売《う》り出《だ》そうとする物《もの》欲《ほ》しげな「有漏心《うろしん》」すなわち言霊《げんれい》「力」の意図《いと》を洗脳《せんのう》して、本来《ほんらい》の宇宙《うちゆう》の神《かみ》そのもの、即《すなわ》ち人間《にんげん》そのものの在《あ》り方《かた》動《うご》き方《かた》、即《すなわ》ち言霊《げんれい》タ（田《た》）、天照大御神《あまてらすおほみかみ》の御《み》営《つく》田《だ》であるところの、ジェームズの純粋経験《じゆんすいけいけん》の世界《せかい》を更《さら》に一歩《いつぽ》奥《おく》に踏《ふ》み込《こ》んだ純粋《じゆんすい》の創《そう》造性《ぞうせい》を実践《じつせん》する事《こと》が言霊《げんれい》である。

十四《じゆうよん》（十七《じゆうなな》）個《こ》の先天《せんてん》から出発《しゆつぱつ》して演繹《えんえき》と帰納《きのう》の道《みち》を交互《こうご》にまっしぐらに辿《たど》って行《い》って、最後《さいご》にたった一《ひと》つの結論《けつろん》（八咫鏡《やたのかがみ》、エデンの園《その》、弥陀《みだ》の本願《ほんがん》）に到達《とうたつ》する全人類共通普遍《ぜんじんるいきようつうふへん》の道《みち》である。誰《だれ》がやっても同《おな》じ結論《けつろん》が出《で》て来《く》る。従《したが》って言霊布斗麻邇《げんれいふとまに》には特別《とくべつ》な教派《きようは》も宗派《しゆうは》も学派《がくは》も有《あ》り得《え》ない。「誰々《だれだれ》の言霊学《げんれいがく》」と云《い》う様《よう》な主観《しゆかん》と個性《こせい》の色《いろ》が付《つ》いたら布斗麻邇《ふとまに》ではない。言霊《げんれい》は初《はじ》めから終《お》わりまで言霊《げんれい》そのものの唯一筋《ただひとすじ》の存在《そんざい》と実践《じつせん》であって、これを第二次的《だいにじてき》な比喩《ひゆ》や象徴《しょうちょう》に表現《ひょうげん》しようとしたら、それは言霊《げんれい》の形骸《けいがい》であって、その実体《じったい》は死《し》んでしまう。

古来《こらい》の「能《のう》」にせよ、舞踊《ぶよう》にせよ舞台《ぶたい》で形《かたち》に顕《あら》わそうとしたらそれは単《たん》なる言霊《げんれい》の幽霊《ゆうれい》であり死骸《しがい》である。剣道《けんどう》や柔道等《じゅうどうなど》の武技《ぶぎ》に示《しめ》そうとしても同《おな》じ事《こと》である。宗教《しゅうきょう》の教義《きょうぎ》に示《しめ》したら死《し》んだ概念《がいねん》である。古来言霊《こらいげんれい》を表現《ひょうげん》した代表的典型的《だいひょうてきてんけいてき》なマイムと言《い》えば「おかめ、ひょっとこ」のお神楽《かぐら》の踊《おど》りである。おかめは「お甕《かめ》」すなわち天照大御神《あまてらすおほみかみ》の五十音図《ごじゅうおんず》(甕神《みかがみ》・御鏡《みかがみ》)であり、ひょっとこは「火《ひ》(霊《ひ》)吹《ふ》き男《おとこ》」すなわち言霊《げんれい》を発声《はっせい》する姿《すがた》である。おかめ、ひょっとこが判《わか》るためには聖書《せいしょ》や浄土三部経《じょうどさんぶきょう》や法華経《ほけきょう》、易経《えききょう》の導《みちび》きによって、アイウエオ五母音《ごぼいん》、HKSTMRYNの八父韻《はちふいん》の先天《せんてん》と、三十二子音《さんじゅうにしいん》の実相《じっそう》を体得《たいとく》して行《い》かなければならない。

そこで取《と》りあえず西森君《にしもりくん》には(図表《ずひょう》26―図一《ずいち》)、(図表《ずひょう》26―図二《ずに》)、(図表《ずひょう》27―図三《ずさん》)、(図表《ずひょう》28―図四《ずよん》)の図形《ずけい》を示《しめ》した。(図表《ずひょう》26―図一《ずいち》)は人間《にんげん》が具備《ぐび》する生命《せいめい》のエネルギーを無限《むげん》の宇宙《うちゅう》に向《む》って放出《ほうしゅつ》する形《かたち》。(図表《ずひょう》26―図二《ずに》)は宇宙《うちゅう》に遍満《へんまん》する光《ひか》り即《すなわ》ち生命意志《せいめいいし》の律《りつ》動《どう》を受信《じゅしん》して地上《ちじょう》に伝導《でんどう》する形《かたち》。（図表《ずひょう》27―図三《ずさん》）はこの地《ち》の愛《あい》と天《てん》の知性《ちせい》を結《むす》んで文明《ぶんめい》を創造《そうぞう》する活動体《かつどうたい》としての人間《にんげん》（言霊《げんれい》ウ）の位置《いち》と意義《いぎ》。（図表《ずひょう》28―図四《ずよん》）は地水風火空《ちすいふうかくう》（イ・オ・ア・エ・ウ）の五重塔《パゴダ》の形《かたち》で、般若心経《はんにやしんぎょう》の「五蘊皆空《ごうんかいくう》」の姿《すがた》である。季節《きせつ》で云《い》ったら（図表《ずひょう》26―図一《ずいち》）は春《はる》、（図表《ずひょう》26―図二《ずに》）は夏《なつ》、（図表《ずひょう》27―図三《ずさん》）は秋《あき》、（図表《ずひょう》28―図四《ずよん》）は冬《ふゆ》であり、人間《にんげん》の人間性言霊《にんげんせいげんれい》の意義《いぎ》を肉体《にくたい》の形《かたち》と動《うご》きに象徴《しょうちょう》したら此《こ》の様《よう》になろう。この四《よっ》つが舞踊《ぶよう》の基礎体系《きそたいけい》でなければなるまい。以上《いじょう》のように話《はな》したら西森君《にしもりくん》は喜《よろこ》んで納得《なっとく》して呉《く》れた。然《しか》し以上《いじょう》の様《よう》な説明《せつめい》は依然従来《いぜんじゅうらい》のシャマニズム的《てき》、行法的神道《ぎょうほうてきしんとう》の範囲《はんい》内《ない》のもので純粋《じゅんすい》の言霊《げんれい》の世界《せかい》（高天原《たかあまはら》）のものではない事《こと》を承知《しょうち》して置《お》いて頂《いただ》かなければならない。

高《たか》天《あま》原《はら》の開《かい》扉《ひ》

人類生命《じんるいせいめい》の「種《しゅ》」は不変《ふへん》であり、その原理《げんり》は不滅《ふめつ》である。全世界《ぜんせかい》の道《みち》が八千年《はっせんねん》の劫末《ごうまつ》の大火《たいか》に焼《や》かれて灰燼《かいじん》に帰《き》した時《とき》、その死灰《しかい》の中《なか》から再《ふたた》び元《もと》の儘《まま》に蘇《よみがえ》るPhenix《フェニックス》（不死鳥《ふしちょう》）のたとえがすなわちその原理《ロゴス》である。不死鳥《ふしちょう》の死灰《しかい》は聖書《せいしょ》として法華経《ほけきょう》や観普賢経《かんふげんきょう》として、或《ある》いは古事記《こじき》、日本書紀《にほんしょき》として或《ある》いは伊勢内宮《いせないくう》の建築《けんちく》の幾何学的構造《きかがくてきこうぞう》として、更《さら》にはエジプトのピラミッドやマヤのジグラートとして残《のこ》って居《い》る。その中《なか》から再《ふたた》び生命《せいめい》の息吹《いぶき》を得《え》て起《た》ち上《あ》がった古《ふる》い、然《しか》し永遠《えいえん》に新《あたら》しい言霊《げんれい》の道《ロゴス》の学問的開顕《がくもんてきかいけん》が本書《ほんしょ》でありその前篇《ぜんぺん》である『言霊百神《げんれいひゃくしん》』である。

生命《せいめい》の内面的律法《ないめんてきりつぽう》である陽神伊邪那岐神《ようしんいざなぎのかみ》はこの様《よう》にして世界的《せかいてき》には八千年間《はっせんねんかん》、日本的《にほんてき》には三千年間《さんぜんねんかん》、その根拠《こんきょ》である原理《げんり》の殿堂高天原《でんどうたかあまはら》を結界閉鎖《けっかいへいさ》して、その中《なか》に籠《こも》って四方《しほう》の世《せ》界《かい》との交渉《こうしょう》を断《た》ったまま悠々《ゆうゆう》と時間《じかん》の推移《すいい》を待《ま》って居《い》た。この待《ま》って居《い》た期間《きかん》を仏教的《ぶつきょうてき》に説明《せつめい》すれば菩提樹《ぼだいじゅ》の下《もと》で仏陀《ぶつだ》が涅槃《ねはん》の眠《ねむ》りの中《なか》に経過《けいか》した期間《きかん》であり、基督教《キリストきょう》で云《い》えば神《かみ》の小羊《こひつじ》が起《た》ち上《あ》がってその伴《とも》なるロゴスの花嫁《はなよめ》を迎《むか》えるまでの黙示録第二十章《もくしろくだいにじゅっしょう》までに説《と》かれて居《い》る期間《きかん》である。今《いま》その仏陀《ぶつだ》は三千年《さんぜんねん》の眠《ねむ》りから覚《さ》めて安祥《あんしょう》に起《た》ち上《あ》がり、小羊《こひつじ》は降《こう》臨《りん》した律法《ロゴス》の花嫁《はなよめ》の手《て》を執《と》って並《なら》び起《た》った。

先天《せんてん》に即《そく》した生命《せいめい》の内側《うちがわ》の創造原理《そうぞうげんり》でありその主体《しゅたい》である陽神伊邪那岐神《ようしんいざなぎのかみ》が、その結界《けっかい》閉鎖《へいさ》された本拠《ほんきょ》である高天原《たかあまはら》に於《おい》て八千年《はっせんねん》の入涅槃《にゅうねはん》（latent life《レイテント ライフ》）を終《お》わって、高天原《たかあまはら》の扉《とびら》を開《ひら》いて、新《あら》たな創造《そうぞう》に向《むか》って起《た》ち上《あ》がった。文明《ぶんめい》の創造《そうぞう》は主体自身《しゅたいじしん》のみでは成立《せいりつ》しない。若《も》し主体自身《しゅたいじしん》だけで存在《そんざい》しようとするならば、チベット山中《さんちゅう》に瞑想《めいそう》を続《つづ》けるヨギの生活《せいかつ》より他《ほか》はない。必《かなら》ず客体《きゃくたい》に呼《よ》びかけてこれと相呼応《あいこおう》して行《おこな》われなければならない。そしてその新《あたら》しい創造《そうぞう》の相手《あいて》はその昔《むかし》、相呼《あいよ》び合《あ》って高天原《たかあまはら》、エデンの園《その》を建設《けんせつ》した客体《きゃくたい》の陰神伊《いんしんい》邪那美神《ざなみのかみ》である。その黄泉大神《よもつおほかみ》は高天原《たかあまはら》が結界閉鎖《けっかいへいさ》された後《あと》、現在《げんざい》の人類《じんるい》の歴史《れきし》や考古学《こうこがく》が到達《とうたつ》し得《う》る限《かぎ》りの悠久《ゆうきゅう》の年月《ねんげつ》の間《あいだ》、高天原《たかあまはら》の外《そと》の四方津国《よもつくに》に離婚《りこん》されて居《い》て、その世界《せかい》の主宰者《しゅさいしゃ》として社会《しゃかい》の混乱《こんらん》を促進《そくしん》し生存競争《せいぞんきょうそう》を助長《じょちょう》する文明《ぶんめい》の裏《うら》の工作《こうさく》、すなわち現実界《げんじつかい》ウ言霊《げんれい》を基調《きちょう》とする経営《けいえい》に従事《じゅうじ》して居《い》た。この嘗《かつ》て夫婦別《ふうふわか》れした古《ふる》い妻神《つまがみ》が再《ふたた》び新《あら》たな創《そう》造《ぞう》の対象《たいしょう》であり客体《きゃくたい》である。八千年《はっせんねん》この方世界《かたせかい》の大魔王《だいまおう》として活動《かつどう》して居《い》る古《ふる》き妻神《つまがみ》と協力《きょうりょく》しての新《あら》たな世界《せかい》の創造経綸《そうぞうけいりん》を「禊《みそ》ぎ祓《はら》ひ」と云《い》う。

先天《せんてん》に即《そく》した人類《じんるい》の創造《そうぞう》する内面的主体《ないめんてきしゅたい》である生命意志《せいめいいし》の基本原理《きほんげんり》の殿堂《でんどう》である高天原《たかあまはら》、エデンの園《その》は何故《なぜ》に斯《かく》も長年月《ちょうねんげつ》の間《あいだ》、結界《けっかい》、閉鎖《へいさ》、隠没《おんもつ》して居《い》たか。その理由《りゆう》はこの基本《きほん》原理《げんり》を理解操作《りかいそうさ》する高天原《たかあまはら》の覚者《かくしゃ》、聖者以外《せいじゃいがい》の予母《よも》（四方《よも》）津国《つくに》の民衆衆生《みんしゅうしゅじょう》の知性《ちせい》がおしなべてこれを理解《りかい》するに応《ふさわ》しく向上発達覚醒《こうじょうはったつかくせい》する時節《じせつ》を気永《きなが》に待期《たいき》する為《ため》であった。「巣《す》に棲《す》み穴《あな》に住《す》みて」（日本書紀《にほんしょき》）とあるが、巣《す》は静《す》で、言葉《ことば》なき状態《じょうたい》、穴《あな》は天名《あな》で母音《ぼいん》だけで父韻《ふいん》の操作《そうさ》のない姿《すがた》である。八千年昔《はっせんねんむかし》の一般《いっぱん》の世界人類《せかいじんるい》は今日《こんにち》のボルネオの奥地《おくち》のジャングルに住《す》む未開人種《みかいじんしゅ》と同様《どうよう》な知的《ちてき》に幼稚《ようち》なものであった。こうした原始《げんし》ヨーロッパ人《じん》、アフリカ人《じん》、アジア人《じん》、南北《なんぼく》アメリカ人《じん》が段々《だんだん》に知性《ちせい》に目覚《めざ》めて、世界人《せかいじん》が科学《かがく》（ウ）に、芸術《げいじゅつ》（ア）に共通《きょうつう》の常識《じょうしき》と理解《りかい》を持《も》ち、世界《せかい》の各地《かくち》に大学《だいがく》が開設《かいせつ》されて知識《ちしき》の交換《こうかん》が自由《じゆう》になり、各種《かくしゅ》の会議《かいぎ》が招集《しょうしゅう》されて政策《せいさく》の談合《だんごう》が盛《さか》んになり、学問《がくもん》の中《なか》でも特《とく》にウ言霊《げんれい》の活《かつ》用《よう》である科学《かがく》が見事《みごと》に発達《はったつ》して人間《にんげん》が宇宙空間《うちゅうくうかん》を遊歩出来《ゆうほでき》る様《よう》になった今日《こんにち》の文明《ぶんめい》の段階《だんかい》に到達《とうたつ》する為《ため》には、八千年《はっせんねん》の歳月《さいげつ》は決《けっ》して長過《ながす》ぎる時間《じかん》ではない。

ウ言霊《げんれい》に立脚《りっきゃく》した科学《かがく》が発達《はったつ》した事《こと》はそのウ言霊《げんれい》を操作《そうさ》して人類《じんるい》の国家《こっか》、民族《みんぞく》、企業《きぎょう》、個人間《こじんかん》に生存競争《せいぞんきょうそう》の渦《うず》を巻《ま》き起《お》こし、世界《せかい》を矛盾相剋《むじゅんそうこく》の修羅場《しゅらば》に導《みちび》いた大天使《だいてんし》ルシファーすなわちサタンの働《はたら》きであり、半面《はんめん》にはその偉大《いだい》なる功績《こうせき》である。人間《にんげん》の最大《さいだい》の悪《あく》は国家《こっか》民族間《みんぞくかん》の戦争《せんそう》である。それは最大《さいだい》の犠牲《ぎせい》を伴《ともな》うこの上《うえ》ない悲惨事《ひさんじ》であるが、この悪《あく》なる悲《ひ》惨事《さんじ》の結果《けっか》として常《つね》に科学《かがく》と技術《ぎじゅつ》と産業《さんぎょう》の目覚《めざ》ましい発達《はったつ》と云《い》う大《おお》きな福音《ふくいん》を人類《じんるい》にもたらした。晩近《ばんきん》の第一次世界大戦《だいいちじせかいたいせん》の後《あと》に相対性理論《そうたいせいりろん》が樹《た》てられ、第二次世界大戦《だいにじせかいたいせん》の後《あと》にはすべての科学《かがく》の基礎《きそ》である理論物理学《りろんぶつりがく》が完成《かんせい》の領域《りょういき》を目指《めざ》してラストスパートの姿《すがた》である。すべての悪魔《あくま》の仮面《かめん》を被《かぶ》って地上《ちじょう》に降《くだ》った大天使《だいてんし》ルシファーの業績《ぎょうせき》である。その活動《かつどう》はエデン閉鎖《へいさ》の後《あと》、悠久八千年《ゆうきゅうはっせんねん》に亘《わた》る長《なが》い長《なが》い努力《どりょく》であった。ルシファーなどと云《い》えば神秘的《しんぴてき》神話的《しんわてき》に聞《き》こえるが、それはそうした仮想的観念的存在《かそうてきかんねんてきそんざい》ではなく、現実《げんじつ》にはそのルシファーの役《やく》に任《にん》ぜられ、若《も》しくはその役《やく》を買《か》って出《で》た武力《ぶりょく》と金権《きんけん》を駆使《くし》する民族《みんぞく》、結社《けっしゃ》、集団《しゅうだん》、個人等《こじんなど》のメリットである。

ウ言霊《げんれい》の指導《しどう》の下《もと》に高天原《たかあまはら》、エデンの園《その》の外《そと》の予母都国《よもつくに》の文明《ぶんめい》が此処《ここ》まで発達《はったつ》したならば天使《てんし》ルシファーが悪魔《あくま》の仮面《かめん》を捨《す》ててエレガントな昔《むかし》の大天使《だいてんし》の姿《すがた》に還《かえ》り、その古《ふる》い兄弟《きょうだい》であるガブリエル、ラファエル、ウリエル、ミカエルである四大天使《よんだいてんし》と同列《どうれつ》の位置《いち》に直《なお》って、天《てん》なる「主《しゅ》」の許《もと》に復命《ふくめい》（かえりごと）を申《もう》し上《あ》げる時期《じき》が近付《ちかづ》いて居《い》る。ルシファーが永久不変《えいきゅうふへん》の悪魔《あくま》として地上《ちじょう》を攪乱《かくらん》しなければならぬ様《よう》には生命《せいめい》なる「主《しゅ》」は命令《めいれい》して居《い》ない。そのルシファーは八千年《はっせんねん》に亘《わた》って地上《ちじょう》の人間社会《にんげんしゃかい》を攪乱《かくらん》し、且《か》つその間《あいだ》に予定《よてい》された必要《ひつよう》な建設《けんせつ》を行《おこな》って来《き》た。それは半面《はんめん》には罪状《ざいじょう》であり半面《はんめん》には功績《こうせき》である両面《りょうめん》の効果《こうか》がある。そうした功罪両面《こうざいりょうめん》の所産《しょさん》である現代文明《げんだいぶんめい》の現実《げんじつ》のすべてが、八千年間閉鎖結界《はっせんねんかんへいさけっかい》されている高天原《たかあまはら》、エデンの園《その》の原理《げんり》に則《のっと》って、人間生命本具《にんげんせいめいほんぐ》の先天性《せんてんせい》に順応《じゅんのう》するように整理合理化《せいりごうりか》される。そのエデンの園《その》の原理《げんり》はその昔《むかし》ルシファー自身《じしん》（言霊《げんれい》ウ）が彼《かれ》の兄弟《きょうだい》の天使達《てんしたち》（言霊《げんれい》アイエオ）と協力《きょうりょく》し共同《きょうどう》して創造《そうぞう》したものであったことを忘《わす》れてはならない。この整理《せいり》と合理化《ごうりか》、すなわち悪魔《あくま》ルシファーが元《もと》の大天使《だいてんし》ルシファーに還《かえ》る操作《そうさ》が「禊祓《みそぎはらひ》」である。（『言霊百神《げんれいひゃくしん》』新装版《しんそうばん》２４４頁《ページ》参照《さんしょう》）

禊《みそぎ》祓《はらひ》の理《り》念《ねん》

エデンの外《そと》の領域《りょういき》の予母津国《よもつくに》に於《おい》て八千年間《はっせんねんかん》を渾沌《こんとん》として渦巻《うずま》きながら、その間《かん》悠々《ゆうゆう》として覚醒《かくせい》と発達《はったつ》と分裂《ぶんれつ》を続《つづ》けて今日《こんにち》に到《いた》っている人類《じんるい》の文明《ぶんめい》の未到未成熟《みとうみせいじゅく》を補足《ほそく》し、矛盾《むじゅん》を整理《せいり》し、分裂《ぶんれつ》を綜合《そうごう》し、その中《なか》でもアイウエオ五言霊《ごげんれい》のうちで最《もつと》も顕著《けんちょ》な発達《はったつ》を見《み》たウ言霊《げんれい》（科学産業《かがくさんぎょう》）天津金木《あまつかなぎ》をその支配者《しはいしゃ》、専有者《せんゆうしゃ》、独裁者《どくさいしゃ》の手《て》から人類《じんるい》の全体性《ぜんたいせい》、普遍性《ふへんせい》、共通性《きょうつうせい》と云《い》う自由《じゆう》な領域《ラウム》に解放《かいほう》し、斯《こ》うして八千年培《はっせんねんつちか》って来《き》たあらゆる文明《ぶんめい》の萠芽《ほうが》を地球《ちきゅう》と云《い》う形而上《けいじじょう》、形而下《けいじか》の広大《こうだい》な耕地《こうち》に整然《せいぜん》と栽培育成《さいばいいくせい》する事《こと》が「禊祓《みそぎはらひ》」であり、すなわち霊注《みそぎ》（張霊《はらひ》）と身削《みそぎ》（払霊《はらひ》）である。

人類文明《じんるいぶんめい》の処置操作《しょちそうさ》の原理《げんり》である創造《そうぞう》する生命意志《せいめいいし》の律法《りっぽう》は既《すで》に八千年昔《はっせんねんむかし》にその研究《けんきゅう》が完成《かんせい》されて、結界閉鎖《けっかいへいさ》されたエデンの園《その》に厳重《げんじゅう》に保管《ほかん》されて居《い》る。その律法《りっぽう》は日本《にほん》が世界《せかい》の霊《ひ》の本《もと》である証拠《しょうこ》として、その実体《じったい》である言霊布斗麻邇《げんれいふとまに》が皇典古事記《こうてんこじき》の中《なか》に比喩《ひゆ》と象徴《しょうちょう》を以《もっ》て詳細《しょうさい》に記述《きじゅつ》されて居《い》る。前著《ぜんちょ》『言霊百神《げんれいひゃくしん》』はその律法言霊布斗麻邇《りっぽうげんれいふとまに》を比喩《ひゆ》と象徴《しょうちょう》から洗《あら》い出《だ》して、その道理《どうり》の体系《たいけい》をアルパからオメガまで一通《ひととお》り概念的《がいねんてき》に、或《あ》る場合《ばあい》は行法《ぎょうほう》的《てき》に述《の》べたものである。ウを出発《しゅっぱつ》とするオアエイの五母音《ごぼいん》（五行《ごぎょう》、五大《ごだい》）は宇宙《うちゅう》の実在《じつざい》である。ＴＨＳＫＭＲＹＮの八父韻《はちふいん》（八卦《はっけ》）は心象《しんしょう》、現象《げんしょう》が発現《はつげん》する意志活動《いしかつどう》の契機《モーメント》である。そして三十二子音《さんじゅうにしいん》は万象《ばんしょう》の相《そう》の単元《たんげん》であり、科学的《かがくてき》には原子《げんし》である。生命《せいめい》すなわち神《かみ》の律《りつ》法《ぽう》はただ是丈《これだ》けしかなく、これで全部《ぜんぶ》である所《ところ》の至極簡単《しごくかんたん》なもので、この母音《ぼいん》、父韻《ふいん》、子《し》音《いん》の五十音《ごじゅうおん》を合理的《ごうりてき》に整理配列組織《せいりはいれつそしき》した完成体《かんせいたい》が高天原《たかあまはら》、エデンの園《その》の内景《ないけい》であり、その実体実質《じったいじっしつ》であって、これを建御雷神《たけみかづちのかみ》（天照大御神《あまてらすおほみかみ》）と云《い》い、八千年昔人類《はっせんねんむかしじんるい》が既《すで》に創造発見《そうぞうはっけん》したものである。

旧著《きゅうちょ》『言霊百神《げんれいひゃくしん》』は更《さら》に英語《えいご》に翻訳《ほんやく》されて、世界各国《せかいかくこく》の国会《こっかい》や大学《だいがく》の図書館《としょかん》に収蔵《しゅうぞう》されて居《い》るから、も早《はや》何者《なにもの》も此《こ》の真理《しんり》と事実《じじつ》の存在《そんざい》を否定《ひてい》する事《こと》は出来《でき》なくなって居《い》る。今《こん》日《にち》まだその個人《こじん》の因縁《いんねん》が熟《じゅく》さず、言霊《げんれい》の存在《そんざい》に気《き》が付《つ》く機会《きかい》に恵《めぐ》まれない不幸《ふこう》な遅蒔《おそま》きの人《ひと》だけが右往左往《うおうさおう》して、あらぬ方角《ほうがく》の暗中模索《あんちゆうもさく》を続《つづ》けて居《い》る。

『言霊百神《げんれいひやくしん》』は母音《ぼいん》、半母音《はんぼいん》、父韻《ふいん》である先天十四神《せんてんじゆうよんしん》すなわち「天津磐境《あまついはさか》」「天津神諸《あまつかみもろもろ》の命《みこと》」を最初《さいしよ》に樹立《じゆりつ》して、此処《ここ》から古事記《こじき》の順序通《じゆんじよとお》りに系統的《けいとうてき》に全体《ぜんたい》の構造《こうぞう》の説明《せつめい》をしてあるから、この経路《けいろ》に従《したが》って言霊《げんれい》の実体《じつたい》を丹念《たんねん》に体得把握《たいとくはあく》して行《い》けば、人間《にんげん》は誰《だれ》でもみずからエデンの扉《とびら》を開《ひら》き、無上正覚《むじようしようかく》の仏陀《ぶつだ》の境域《きよういき》に到達《とうたつ》する事《こと》が出来《でき》る。誰《だれ》が学《まな》んでも同一結論《どういつけつろん》に到達《とうたつ》する。この後《のち》『言霊百神《げんれいひやくしん》』をテキストにして前後十年間《ぜんごじゆうねんかん》毎月二回《まいつきにかい》宛講義《ずつこうぎ》を行《おこな》って来《き》たが、理解者《りかいしや》がないので無駄《むだ》だと知《し》って、宗教又《しゆうきようまた》は学術団体《がくじゆつだんたい》の形《かたち》での第三文明会《だいさんぶんめいかい》は解散《かいさん》することにした。現在《げんざい》は言霊《げんれい》に就《つ》いて疑団質問《ぎだんしつもん》を持《も》って向《む》こうから訪《たず》ねて来《く》る人《ひと》にだけに禅《ぜん》の「直参《じきさん》」の形《かたち》で答《こた》えることにして居《い》る。また言霊啓蒙《げんれいけいもう》のために一挙手一投足《いつきよしゆいつとうそく》の協力《きようりよく》を惜《お》しまぬ人《ひと》だけに会《あ》うこととして居《い》る。

五十音《ごじゆうおん》の律法《りつぽう》は斯《か》く簡単《かんたん》なものだが、それでいて至極難解《しごくなんかい》なものである。それはアオウエイの五《いつ》つの母音《ぼいん》（五行《ごぎよう》、五大《ごだい》）にしてからが、この五《いつ》つの存在《そんざい》を自己内面《じこないめん》に把握《はあく》し、その次元的配列《じげんてきはいれつ》を識別《しきべつ》するために古来仏教徒《こらいぶつきょうと》も、ヨギも、或《ある》いはキリスト教徒《きょうと》、ユダヤ教徒《きょうと》も教派《きょうは》、宗派《しゅうは》の別《べつ》なく渾身《こんしん》の努力《どりょく》を傾《かたむ》けてその体得《たいとく》に工夫《くふう》して来《き》た所《ところ》のものである。五母《ごぼ》音《いん》の何《いず》れか一《ひと》つに思惟《しゆい》が停頓執着《ていとんしゅうちゃく》している間《あいだ》は実在《じつざい》の自由明快《じゆうめいかい》な識別操作《しきべつそうさ》は不可能《ふかのう》である。また八父韻《はちふいん》の操作《そうさ》にしても今日只今《こんにちただいま》、今此処《いまここ》に働《はたら》いて居《い》る自他《じた》の生命意志《せいめいいし》の動向《どうこう》をそのまま内面《ないめん》のリズムに把捉《はそく》したものがすなわち八父韻《はちふいん》であるのであって、換言《かんげん》すれば自他《じた》の生《せい》命意志《めいいし》の動向《どうこう》をそのまま自覚《じかく》し、観察《かんさつ》し、自由《じゆう》に操作《そうさ》する事《こと》がその八卦《はっけ》の運用《うんよう》である。仏《ぶつ》陀《だ》の別名《べつめい》を調御丈夫《じょうごじょうぶ》と云《い》う「自他《じた》の生命意志《せいめいいし》をみずから調御《コントロール》する者《もの》」である。

本具《ほんぐ》の先天性《せんてんせい》に順応《じゅんのう》する完全《かんぜん》な自己《じこ》コントロールが人間本来《にんげんほんらい》の自由《じゆう》、自主《じしゅ》、自律性《じりつせい》の所以《ゆえん》である。支配者《しはいしゃ》も、被支配者《ひしはいしゃ》もその本具《ほんぐ》の生命《せいめい》の権能《けんのう》に帰《かえ》らぬ限《かぎ》り人間《にんげん》は常《つね》に何等《なんら》かの思惟《しゆい》の制約拘束《せいやくこうそく》を受《う》け、何者《なにもの》かの奴隷《どれい》であり、自己主張《じこしゅちょう》の道化役者《どうけやくしゃ》でなければならない。その人間《にんげん》の本具先天《ほんぐせんてん》の自由《じゆう》の法則《ほうそく》が高天原《たかあまはら》の言霊《げんれい》である。すなわちこの父母《ふぼ》（子《し》）音《いん》の五十《ごじゅう》の律法《りっぽう》の原典《げんてん》が高天原《たかあまはら》、エデンの園《その》そのものであり、これによって万象《ばんしょう》を帰納《きのう》induction《インダクション》する操作《そうさ》を「闇淤伽美神《くらおかみのかみ》」と云《い》い、すなわち「みそぎはらひ」（霊削《みそぎ》、払霊《はらひ》）である。またその律法《りつぽう》に基《もとづ》いて万法《ばんぽう》を演繹《えんえき》deduction《デイダクシヨン》して行《い》く道《みち》を「闇御津羽神《くらみつはのかみ》」と云《い》い、すなはちこれまた「みそぎはらひ」（霊注《みそぎ》・張霊《はらひ》）である。禊祓《みそぎはらひ》の神法《しんぽう》はこの律法《りつぽう》の原典《げんてん》と、帰納法《きのうほう》、演繹法《えんえきほう》の三《みつ》つを以《もつ》て操作《そうさ》される。

禊祓《みそぎはらひ》は陽神《ようしん》と陰神《いんしん》、伊邪那岐美両神《いざなぎみりようしん》のコオペレーションによって為《な》される。陰陽両神《いんようりようしん》の協同体《きようどうたい》は渾然《こんぜん》たる一体《いつたい》であって、陰陽《いんよう》、岐美《きみ》、物心《ぶつしん》、霊肉《れいにく》を揚棄《ようき》した一者《いつしや》である。その一《いつ》者《しや》としての名《な》を伊邪那岐大神《いざなぎのおほかみ》と書《か》き分《わ》けられている。すなわち神魔《しんま》の協同体《きようどうたい》である。神《かみ》の実体《じつたい》である律法《りつぽう》は八千年《はつせんねん》の閉鎖《へいさ》の鍵《かぎ》を開《ひら》いて自己《じこ》の真姿真態《しんししんたい》を全世界《ぜんせかい》に呈露《ていろ》し、暗黒《あんこく》の魔《ま》界《かい》を智慧《ちえ》の光明《こうみよう》を以《もつ》て隈《くま》なく照射《しようしや》する。魔界《まかい》の実状《じつじよう》である渾沌《こんとん》と矛盾《むじゆん》と相剋《そうこく》は整然《せいぜん》たる叡《えい》智《ち》の誘導《ゆうどう》を得《え》て円融無碍《えんゆうむげ》の生命《せいめい》の調和《ちようわ》の世界《せかい》に蘇生《そせい》する。（『言霊百神《げんれいひやくしん》』新装版《しんそうばん》２４４頁《ページ》参照《さんしよう》）

禊祓《みそぎはらひ》の主体側《しゆたいがわ》に立脚《りつきやく》して客体《きやくたい》と交渉《こうしよう》を開始《かいし》する基礎原理《きそげんり》を「筑紫《つくし》の日向《ひむか》の橘《たちばな》の小門《おど》の阿《あ》波岐原《はぎはら》」と云《い》う。これは高天原《たかあまはら》の全貌《ぜんぼう》である五十音図《ごじゆうおんず》の意義《いぎ》を厳《おごそ》かに表現《ひようげん》した詩的《してき》な讃辞《さんじ》であって、橘《たちばな》の小門《おど》（音《おと》）はアオウエイ五母音《ごぼいん》であり、阿波岐原《あはぎはら》はアワイヰ《ゐ》（粟飯《あわいい》）原《はら》であって、五十音図《ごじゅうおんず》の四隅《よすみ》に位《くらい》する四言霊《よんげんれい》に囲《かこ》まれた世界《せかい》を示《しめ》す。エデンの園《その》の四隅《よすみ》である。ヨブ記《き》に「その隅石《すみいし》は誰《た》が置《すゑ》たりしや」（旧約《きゅうやく》ヨブ記《き》第三十八章《だいさんじゅうはちしょう》）とあるエデンの園《その》の四《よつ》つのcorner《コーナー》 stones《ストーンズ》はアワイヰ《ゐ》の四言霊《よんげんれい》である。（『言霊百神《げんれいひゃくしん》』新装版《しんそうばん》２３９、２４４頁《ページ》参照《さんしょう》）

阿《あ》波《は》岐《ぎ》原《はら》

図表-30 | **阿波岐原**

文《ぶん》明《めい》の鏡《かがみ》、衝《つき》立《たつ》船《ふな》戸《どの》神《かみ》

禊祓《みそぎはらひ》は生命《せいめい》の原理法則《げんりほうそく》への帰納集約《きのうしゅうやく》と、その帰納《きのう》されたものから広《ひろ》い世界《せかい》への演繹展開《えんえきてんかい》である。これは神性《しんせい》すなわち律法《りつぽう》だけの単独《たんどく》の独りよがり《ドグマチック》の活動《かつどう》ではなく、神魔協同《しんまきょうどう》の操作《そうさ》である。このために神魔《しんま》すなわち天界《てんかい》、地獄界各々《じごくかいおのおの》から神界《しんかい》の原理《げんり》と魔界《まかい》の素材《そざい》を持《も》ち寄《よ》って来《く》る。この原理《げんり》と素材《そざい》を合《あ》わせて禊祓《みそぎはらひ》の立地出発《りっちしゅっぱつ》とし、且《か》つ同時《どうじ》にその目標帰結《もくひょうきけつ》として前面《ぜんめん》に掲《かか》げられたものが「衝立船戸神《つきたつふなどのかみ》」であると考《かんが》えられる。衝立《つきたつ》は斎《いつ》き立《た》つであって、斎《いつ》き立《た》てられた内容《ないよう》は天界地獄界双方《てんかいじごくかいそうほう》の全要素《ぜんようそ》が人間《にんげん》の種智《しゅち》の言霊《げんれい》の様態《ようたい》を以《もつ》て表現《ひょうげん》されて居《い》る。その内容《ないよう》を船戸神《ふなどのかみ》と云《い》う。船戸神《ふなどのかみ》は岐神《くなどのかみ》であって、クナは即《すなわ》ち九十七個《きゅうじゅうななこ》の言霊《げんれい》を意味《いみ》する。この数《かず》は従来《じゅうらい》の仏教《ぶっきょう》や基督教式《キリストきょうしき》に神界《しんかい》と魔界《まかい》とを一応《いちおう》分《わ》けて考《かんが》えたものを言霊《げんれい》にあらわした全素材《ぜんそざい》、綜合体《そうごうたい》である。

この綜合体《そうごうたい》は「投《な》げ棄《う》つる御杖《みつえ》に成《な》りませる神《かみ》」（古事記《こじき》）と説明《せつめい》されている。「杖《つえ》」とは前述《ぜんじゅつ》した如《ごと》く剣《つるぎ》とも同義《どうぎ》で、魂《たましい》の憑《よ》り代《しろ》である。天国《てんごく》にもあれ、現在現実《げんざいげんじつ》の地獄《じごく》の社会《しゃかい》にもあれ、一面《いちめん》には宗教的《しゅうきょうてき》に人間《にんげん》が神仏《しんぶつ》、救世主《きゅうせいしゅ》としてそれに頼《たよ》り、或《ある》いはそれを信仰《しんこう》し基本要求《きほんようきゅう》するものであり、他面《ためん》には不本意《ふほんい》乍《なが》らもその中《なか》で生活《せいかつ》して居《い》るより他《ほか》はない社会《しゃかい》の全域全機構《ぜんいきぜんきこう》がその生命《せいめい》の憑《よ》り代《しろ》である。この神《かみ》と魔《ま》、善《ぜん》と悪《あく》、天国《てんごく》と地獄《じごく》の双方《そうほう》の全貌《ぜんぼう》を憑《よ》り代《しろ》として斎《いつき》を立《た》てて、これを土台《どだい》として、その上《うえ》に立脚《りっきゃく》して人間性《にんげんせい》の真態《しんたい》とその生《せい》活《かつ》の基準《きじゅん》を確立《かくりつ》する操作《そうさ》が禊祓《みそぎはらひ》である。

図《ず》(図表《ずひょう》31)に示《しめ》す如《ごと》く高天原《たかあまはら》、天界《てんかい》、極楽《ごくらく》と予母都国《よもつくに》、魔界《まかい》、地獄《じごく》の両者《りょうしゃ》は言霊《げんれい》を以《もっ》て示《しめ》す時全体《ときぜんたい》としては全《まった》く同《おな》じ内容《ないよう》を持《も》っている。両者《りょうしゃ》の相違《そうい》する所《ところ》は自覚《じかく》されて居《い》るか、無自覚《むじかく》であるか、全体《ぜんたい》が合理的《ごうりてき》に統一調和《とういつちょうわ》して居《い》るか、個々別々《ここべつべつ》に割拠《かっきょ》して自己主張《じこしゅちょう》を行《おこな》うかと云《い》うほんの僅《わず》かな差異《さい》が本来同《ほんらいおな》じものであり、仏教《ぶっきょう》の云《い》う「煩悩即菩提《ぼんのうそくぼだい》」である天《てん》界《かい》と地獄界《じごくかい》、善《ぜん》と悪《あく》とを全《まった》く異《こと》なった様相《ようそう》のものにしてしまう。「毫厘《ごうり》も差《さ》あれば天地《てんち》懸《はる》かに隔《へだ》る」(従容録《しょうようろく》)である。人類《じんるい》が無関心《むかんしん》に見過《みすご》して居《い》る毫厘《ごうり》の差《さ》を母音《ぼいん》、父韻《ふいん》(子音《しいん》)の剣《つるぎ》の操作《そうさ》を以《もっ》て是正《ぜせい》する事《こと》が禊祓《みそぎはらひ》である。

衝立船戸神《つきたつふなどのかみ》（一）

(ゐ) ヰ シ イ ニ リ ヒ ミ キ チ イ	仏陀《ぶつだ》	救世主《きゆうせいしゆ》	天界《てんかい》	生命《せいめい》の恒常《こうじよう》不変《ふへん》の律法《りつぽう》の世界《せかい》
(ゑ) ヱ　エ	菩薩《ぼさつ》	天使《てんし》		
ワ　阿波岐原《あはぎはら》　ア	縁覚《えんがく》	受膏者《じゆこうしや》		
(を) ヲ　オ	声聞《しようもん》	求道者《きゆうどうしや》		
ウ ス ユ ヌ ル フ ム ク ツ ウ	天人《てんにん》	自然人《しぜんじん》		
○ 天津金木音図《あまつかなぎおんず》（赤珠音図《あかたまおんず》） ウ	衆愚《しゆうぐ》	生存競争《せいぞんきようそう》	地獄《じごく》	現在《げんざい》の人類《じんるい》社会《しやかい》
○○○○○○○○○ オ	修羅《しゆら》	思想相剋《しそうそうこく》		
○ 宝音図《たからおんず》 ア	餓鬼《がき》	貪欲《どんよく》		
○○○○○○○○○ エ	畜生《ちくしよう》	野獣性《やじゆうせい》		
○ 天津菅麻音図《あまつすがそおんず》 イ	地獄《じごく》	無法則《むほうそく》		

図表-31｜**衝立船戸神（一）**

或時《あるとき》、雄略天皇《ゆうりやくてんのう》が葛城山《かづらぎさん》に登《のぼ》られた時《とき》、天皇《てんのう》の装《よそ》おいとも、鹵簿《ろぼ》の行列《ぎょうれつ》とも全《まった》く等《ひと》しい人々《ひとびと》の一団《いちだん》が向《むか》いの山《やま》に登《のぼ》って来《き》た。天皇《てんのう》は怒《いか》ってその名《な》を問《と》うた時《とき》その人《ひと》は、「吾《あ》は悪事《まがこと》も一言《ひとこと》、善事《よごと》も一言《ひとこと》、言離《ことさか》の神《かみ》、葛城《かづらぎ》の一言主《ひとことぬし》の大神《おほかみ》なり」（古事記《こじき》）と答《こた》えた。そこで天《てん》皇《のう》は畏《かしこ》みて申《もう》された「恐《かしこ》し、我《わ》が大神《おほかみ》、現《うつ》しおみまさむとは、覚《し》らざりき」（古事記《こじき》）と。天皇《てんのう》は鹵簿《ろぼ》の太刀《たち》、弓矢《ゆみや》も衣服《いふく》をも脱《ぬ》がしめてこれに献《たてまつ》り拝《おが》んだ。一言主大神《ひとことぬしのおほかみ》はその献物《けんもつ》を受《う》けたまい、天皇《てんのう》を山《やま》の口《くち》まで送《おく》って来《き》た。

言離《ことさか》は言性《ことさか》である。葛城《かつら》は書連城《かつら》であって、言霊《げんれい》を書《か》き連《つら》ねた音図《おんず》のことである。葛城《かづらぎ》の一言主大神《ひとことぬしのおほかみ》は雄略天皇《ゆうりやくてんのう》が自分自身《じぶんじしん》の魂《たましい》の権威《けんい》を言霊《げんれい》の組織《そしき》として直観的《ちょっかんてき》な霊視《れいし》によって悟《さと》った事《こと》の云《い》わば神秘的《しんぴてき》な消息《しょうそく》である。一言主大神《ひとことぬしのおほかみ》は天皇自身《てんのうじしん》であり、普《あまね》く人類自身《じんるいじしん》の魂《たましい》の内景《ないけい》である。天使《てんし》の言葉《ことば》と悪魔《あくま》の言葉《ことば》は同一《どういつ》であり、言語自体《げんごじたい》としての区別《くべつ》はない。この神話《しんわ》は天国《てんごく》と地獄《じごく》、善《ぜん》と悪《あく》とを一如《いちにょ》の表裏《ひょうり》として識別《しきべつ》する衝立船戸神《つきたつふなどのかみ》の百音図《ひゃくおんず》（図表《ずひょう》32）を理解《りかい》する上《うえ》によき参考《さんこう》である。

「世間《せけん》の事《こと》を推尋《すいじん》するに　子細《しさい》に総《す》べて皆《み》な知《し》ると…（中略《ちゅうりゃく》）…故《ゆえ》に知《し》る　雑濫《ざつらん》の口《くち》は　背《はい》と

面《めん》と総《す》べて伊《かれ》に由《よ》るを　冷暖《れいだん》は我《わ》れ自《みず》から量《はか》る　奴《ど》の唇皮《しんび》を信《しん》ぜず」（寒山《かんざん》）

高天原《たかあまはら》の言霊五十個《げんれいごじゅっこ》と予母都国《よもつくに》の内容《ないよう》を言霊《げんれい》に要約《ようやく》した五十個《ごじゅっこ》と併《あわ》せて百個《ひゃっこ》の言霊《げんれい》を百《も》道《ち》（餅《もち》、鏡餅《かがみもち》）と云《い》う。百個《ひゃっこ》のうちから未検討《みけんとう》のウオエの三実在《さんじつざい》を保留《ほりゅう》した九十七個《きゅうじゅうななこ》が岐《くなど》（船戸《ふなど》）神《かみ》である。この三実在《さんじつざい》はその昔《むかし》、伊邪那岐命《いざなぎのみこと》が予母都国《よもつくに》から高天原《たかあまはら》に逃《に》げ帰《かえ》った時《とき》、黄泉醜女《よもつしこめ》に投《な》げ付《つ》けて追《お》い返《かえ》した「桃《もも》（百《もも》）の子三《みみ》つ」（ウオエ）である。この三個《さんこ》の原理《げんり》は天界《てんかい》と地獄界《じごくかい》のシンポジウムである禊祓《みそぎはらひ》によって初《はじ》めて具体化《ぐたいか》されて「三貴子《さんきし》」の生命《せいめい》観《かん》、宇宙観《うちゅうかん》、世界観《せかいかん》としてその存在意義《そんざいいぎ》が明《あき》らかにされる。

右《みぎ》の衝立船戸神《つきたつふなどのかみ》の（仮《かり》の）図《ず》（図表《ずひょう》31）は従来《じゅうらい》の宗教《しゅうきょう》の立場《たちば》から考《かんが》えて天界《てんかい》と地獄界《じごくかい》が対称《たいしょう》に存《そん》して居《い》て、地獄《じごく》が地獄《じごく》のままで「末法万年《まっぽうまんねん》」として永遠《えいえん》に存在《そんざい》を続《つづ》けると考《かんが》えることは人間《にんげん》には我慢《がまん》の出来《でき》ない事《こと》である。資本主義《しほんしゅぎ》にせよ唯物共産主義《ゆいぶつきょうさんしゅぎ》にせよ、それが今《こん》後一千年《ごいっせんねん》も続《つづ》かなければならぬとしたら全人類《ぜんじんるい》はうんざりせざるを得《え》ない。現在《げんざい》の地獄《じごく》を地獄《じごく》として、その地獄相《じごくそう》の各面《かくめん》を種智言霊《しゅちげんれい》に還元《かんげん》して、其処《そこ》からすっきり脱出解決《だっしゅつかいけつ》出来《でき》る方法《ほうほう》がある事《こと》を示《しめ》すために、完全世界《かんぜんせかい》と不完全世界《ふかんぜんせかい》を対比《たいひ》させてみたのである。

「禊祓《みそぎはらひ》」は言霊《げんれい》の最高《さいこう》の結論《けつろん》を産《う》む操作《そうさ》である。その道理《どうり》となるものは前掲《ぜんけい》の「阿波岐《あはぎ》原《はら》」（八咫鏡《やたのかがみ》、天津太祝詞《あまつふとのりと》）の五十《ごじゆう》の言霊図《げんれいず》（図表《ずひよう》30）であり、その方法《ほうほう》を示《しめ》すものは火之迦具土神《ほのかぐつちのかみ》以下《いか》、上筒之男神《うはつつのをのかみ》までの四十七神《よんじゆうななしん》のやり方《かた》である。これに禊祓《みそぎはらひ》の結論《けつろん》として決定《けつてい》される「三貴子《さんきし》」の綜合《そうごう》された言霊図体系《げんれいずたいけい》を加《くわ》えて合計百神《ごうけいひやくしん》となる。この百神《ひやくしん》が言霊《げんれい》理法《りほう》の総体《そうたい》である。

衝立船戸神《つきたつふなどのかみ》は岐神《くなど》とも云《い》い、岐《くな》は九十七《きゆうじゆうなな》を意味《いみ》する。この九十七《きゆうじゆうなな》のうち既《すで》に理《り》が明《あき》らかになった五十音言霊《ごじゆうおんげんれい》と、法《ほう》の操作《そうさ》を終了《しゆうりよう》した船戸神《ふなどのかみ》までで、既《すで》に二十五神《にじゆうごしん》の原理法《げんりほう》が開明《かいめい》されて居《お》り、残《のこ》りの二十五神《にじゆうごしん》が『言霊精義《げんれいせいぎ》』に於《おい》て文明《ぶんめい》の帰納《きのう》と演繹両般《えんえきりようはん》に処置《しよち》される操《そう》作《さ》である。これは「道之長乳歯神《みちのながちはのかみ》」から「上筒之男命《うはつつのをのみこと》」までの二十二神《にじゆうにしん》と、最後《さいご》の三貴子《さんきし》の音図体系《おんずたいけい》の結論《けつろん》である。衝立船戸神《つきたつふなどのかみ》は未《いま》だ操作《そうさ》が完了《かんりよう》しないものまでを含《ふく》めて九十七《きゆうじゆうなな》の全体《ぜんたい》を設計図《せつけいず》、指導原理《しどうげんり》として斎《いつ》き祭《まつ》り掲揚《けいよう》してあるもので、これを掲《かか》げていよいよ未操《みそう》作《さ》の二十二神《にじゆうにしん》の実地《じつち》が始《はじ》まる。

衝《つき》立《たつ》船《ふな》戸《どの》神《かみ》（二）

	ワ	サ	ヤ	ナ	ラ	ハ	マ	カ	タ	ア
（を）	ヲ									オ
	ウ				八《や》咫《たの》鏡《かがみ》五《ご》十《じゆう》音《おん》言《げん》霊《れい》					ウ
（ゑ）	ヱ									エ
（ゐ）	ヰ	シ	イ	ニ	リ	ヒ	ミ	キ	チ	イ

火《ほ》之《の》迦《か》具《ぐ》土神《つちのかみ》より上筒《うはつつ》之《の》男命《をのみこと》に到《いた》る
言霊《げんれい》の整理《せいり》・操作《そうさ》の原理《げんり》47個《こ》

言霊《げんれい》（理《り》）50、操作《そうさ》（法《ほう》）47
合計《ごうけい》97を岐《クナド》（船戸《ふなどの》）神《かみ》と云《い》う
結論《けつろん》（三貴子《さんきし》）の体系《たいけい》3
97＋3＝100神《しん》

図表-32｜**衝立船戸神（二）**

道《みち》の連《れん》続《ぞく》と循《じゅん》環《かん》、道《みち》之《の》長《なが》乳《ち》歯《はの》神《かみ》

禊祓《みそぎはらひ》の素材原図《そざいげんず》をパネルに掲《かか》げて禊祓《みそぎはらひ》の第一段階《だいいちだんかい》、身削《みそ》ぎ、払霊《はらひ》、帰納《きのう》の操作《そうさ》が開始《かいし》される。「道之長乳歯神《みちのながちはのかみ》」は帯《おび》に成《な》った神《かみ》とある。道《みち》が長《なが》く連続循環《れんぞくじゅんかん》して杜絶《とだ》えない事《こと》である。例《たと》えば春《はる》に豆《まめ》の種《たね》を播《ま》くと根《ね》が出《で》て、葉《は》が茂《しげ》り、花《はな》が咲《さ》き、秋《あき》に実《み》が熟《うれ》る。これは自《し》然界《ぜんかい》の道《みち》の一《ひと》つの周期律《しゅうきりつ》である。この周期律《しゅうきりつ》は来《く》る年《とし》も繰《く》り返《かえ》されて循環《じゅんかん》して尽《つ》きることがない。人類社会《じんるいしゃかい》の諸般《しょはん》の事業《じぎょう》の様態《ようたい》もまた斯《かく》の如《ごと》きものでなければならない。春《はる》の種蒔《たねま》きから秋《あき》の収穫《しゅうかく》まで各段階《かくだんかい》が一貫《いっかん》したハーモニーを保《たも》たなければならない。途中《とちゅう》でリズムが停滞《ていたい》する時《とき》、秋《あき》の稔《みの》りは期待《きたい》出来《でき》ない。一周期律《いちしゅうきりつ》が成《な》り立《た》たぬと、来年《らいねん》の周期《しゅうき》への連続《れんぞく》も望《のぞ》み得《え》ない。経済《けいざい》五《ご》カ年計画《ねんけいかく》を樹《た》て、成功《せいこう》するためには途中《とちゅう》の道《みち》が調和連続《ちょうわれんぞく》しなければならぬ。

　文明《ぶんめい》を創造《そうぞう》する生命意志《せいめいいし》のリズムを正《ただ》しく捕《とら》える権能《けんのう》が人間《にんげん》の実践理性《じっせんりせい》、叡智《えいち》、言霊《げんれい》エである。その律《りつ》はア段《だん》に明瞭《めいりよう》に現《あら》われて、八咫鏡《やたのかがみ》の十拳剣《とつかのつるぎ》の順序《じゆんじよ》ア、タカマハラナヤサ、ワ（創造《そうぞう》、収納《しゆうのう》、綜合《そうごう》、開発《かいはつ》、滲透《しんとう》、成熟《せいじゆく》、繁栄《はんえい》、調和《ちようわ》）と進《すす》む。易《えき》の後天八卦《こうてんはつけ》の順《じゆん》である。「高天原《たかまはら》が成《な》れば弥栄《いやさ》かえに和《やわ》す」とパラフレーズされる。そのためには最初《さいしよ》にタ、次《つぎ》にカと高天原《たかまはら》と云《い》う意志発現《いしはつげん》の順序《じゆんじよ》を以《もつ》て出発《しゆつぱつ》することである。本来《ほんらい》タカマハラと云《い》う言《こと》葉《ば》は場所《ばしよ》や境域《きよういき》の名《な》ではなくして意志発現《いしはつげん》の原理《げんり》の名《な》である。

　政策《せいさく》でも事業《じぎよう》でも、芸術宗教《げいじゆつしゆうきよう》でもすべて人間《にんげん》の業《わざ》は生命主体《せいめいしゆたい》の創造性《そうぞうせい》の発露《はつろ》である。この創造《そうぞう》する知性叡智《ちせいえいち》が渾沌未剖《こんとんみぼう》の客体《きやくたい》を整理開発《せいりかいはつ》して行《い》くことが文明《ぶんめい》の進歩《しんぽ》である。この時第一義諦《ときだいいちぎたい》は何処《どこ》までも生命発現《せいめいはつげん》の原律《げんりつ》に準拠《じゆんきよ》する所《ところ》にある。そうすれば道《みち》が途中《とちゆう》で歪曲《わいきよく》したり、行方不明《ゆくえふめい》になったり、他《ほか》との矛盾対立《むじゆんたいりつ》に陥《おちい》る失敗《しつぱい》がない。生命《せいめい》の律《りつ》に従《したが》って主体《しゆたい》から主動《しゆどう》して渾沌盲目《こんとんもうもく》の客体《きやくたい》に呼《よ》びかけ指導操作《しどうそうさ》して行《い》く時《とき》、客体《きやくたい》は従順貞淑《じゆうじゆんていしゆく》な妻神《つまがみ》として順調《じゆんちよう》に繁栄《はんえい》と調和《ちようわ》に協力《きようりよく》して行《い》く。社交《しやこう》ダンスが男性《だんせい》のリードによってリズムが展開《てんかい》して行《い》く如《ごと》きものである。何故《なぜ》ならばその渾沌盲目《こんとんもうもく》の客体《きやくたい》、予母都国《よもつくに》、極端《きよくたん》に云《い》えば地獄自《じごくじ》体《たい》も無自覚《むじかく》ではあるが、心理的《しんりてき》にも物理的《ぶつりてき》にもその根底《こんてい》に宇宙生命《うちゅうせいめい》の掟《おきて》が存《そん》して居《い》て、本《ほん》質的《しってき》にはその掟《おきて》によって律《りっ》せられて居《い》るからである。

時《じ》間《かん》・空《くう》間《かん》の相《そう》の変《へん》化《か》、時《とき》置《おか》師《しの》神《かみ》

人類《じんるい》の精神《せいしん》は高低《こうてい》の五段階《ごだんかい》、五次元《ごじげん》に構成《こうせい》されている。即《すなわ》ちイエアオウの五母音《ごぼいん》（地《ち》火風水空《かふうすいくう》・土火木水金《どかもくすいごん》）の五大五行《ごだいごぎょう》である。意志意識《いしいしき》は夫々《それぞれ》の次元《じげん》に応《おう》じて発現《はつげん》して、その段階《だんかい》に於《お》ける精神現象《せいしんげんしょう》を生《しょう》ずる。精神現象《せいしんげんしょう》は父韻《ふいん》の活動《かつどう》によって発現《はつげん》する。父韻《ふいん》は母音《ぼいん》とは性能《せいのう》を異《こと》にする生命活動《せいめいかつどう》のリズムである。それが母音《ぼいん》と結《むす》び付《つ》いて現象《げんしょう》（子音《しいん》）を生《しょう》ずる時《とき》は、その結《むす》び付《つ》く母胎《ぼたい》がアオウエの何《いず》れであるかによって子音《しいん》（父韻《ふいん》）が発《はつ》現《げん》する順序《じゅんじょ》、律動《りつどう》が制約《せいやく》を受《う》ける。発現《はつげん》する精神現象《せいしんげんしょう》すなわち子音《しいん》とは一先《ひとま》ずその段階《だんかい》の母音《ぼいん》に包《つつ》まれて発現《はつげん》する父韻《ふいん》であると云《い》う事《こと》が出来《でき》る。「初《はじ》め子音《しいん》、火之迦具土神《ほのかぐつちのかみ》は胞《え》衣《な》（胎盤《たいばん》）に包《つつ》まれて生《う》まれて来《き》た」と記《しる》されてある。即《すなわ》ち普通一般《ふつういっぱん》の場合《ばあい》子音顕現《しいんけんげん》の順序《じゅんじょ》はアエオウの四段《よんだん》の母音《ぼいん》の制約《せいやく》と影響《えいきょう》を受《う》ける。鳥《とり》や魚《さかな》の幼児《ようじ》が卵殻《らんかく》の中《なか》で育《そだ》つようなものである。
子音《しいん》（父韻《ふいん》）の順序《じゅんじょ》は現象《げんしょう》の時間的変化《じかんてきへんか》の順序《じゅんじょ》を顕《あら》わす、現象《げんしょう》には各種《かくしゅ》の時間的変化《じかんてきへんか》の系列《けいれつ》がある。その前述《ぜんじゅつ》した連続《れんぞく》と循環《じゅんかん》の変化《へんか》の順序《じゅんじょ》を「時置師《ときおかし》」と云《い》う。同《おな》じ豆《まめ》でも大豆《だいず》や隠元《いんげん》は春播《はるま》いて秋《あき》に収穫《しゅうかく》する。碗豆《えんどうまめ》や蚕豆《そらまめ》は秋播《あきま》いて夏収穫《なつしゅうかく》する。春秋寒暑《しんじゅうかんしょ》の時置師《ときおかし》が相違《そうい》するのである。前掲《ぜんけい》した宝音図《たからおんず》は母音《ぼいん》ア（宗教《しゅうきょう》、芸術《げいじゅつ》）に則《そく》した九拳剣《ここのつかのつるぎ》の時置師《ときおかし》の典《てん》型《けい》である。赤珠音図《あかたまおんず》と金木音図《かなぎおんず》は母音《ぼいん》ウオ（感覚《かんかく》、現象《げんしょう》、経験智《けいけんち》）に即《そく》した八拳剣《やつかのつるぎ》の時置《ときおか》師《し》の二態《にたい》である。天津太祝詞《あまつふとのりと》（八咫鏡《やたのかがみ》）音図《おんず》は母音《ぼいん》エ（叡智《えいち》、理性《りせい》、天照大御神《あまてらすおほみかみ》）に即《そく》した十拳剣《とつかのつるぎ》の最勝《さいしょう》の時置師《ときおかし》を顕《あら》わす。法律《ほうりつ》でも政策《せいさく》でも学説《がくせつ》でも、現象《げんしょう》を検《しら》べ事態《じたい》を批判《ひはん》する為《ため》にはそれが母音五行《ぼいんごぎょう》の何処《どこ》の部分《ぶぶん》に根拠《こんきょ》を有《ゆう》し、父韻《ふいん》の如何《いか》なる時置師《ときおかし》の順序《じゅんじょ》を以《もっ》て推移《すいい》するものであるかを量《はか》らなければならぬ。

子音《しいん》の時置師《ときおかし》の綾《あや》のもつれが世界《せかい》の上下四維《じょうげしい》に錯綜《さくそう》して居《い》る。時置師《ときおかし》の矛盾錯雑《むじゅんさくざつ》が現代《げんだい》世界《せかい》、四方津国《よもつくに》の地獄相《じごくそう》の原因《げんいん》である。初《はじ》めなく終《お》わりもなき八拳剣《やつかのつるぎ》、初《はじ》めのみあって終《お》わりなき九拳剣《ここのつかのつるぎ》が随時随所《ずいじずいしょ》に気儘《きまま》に奮《ふる》われてもつれ合《あ》って居《い》る。これと同時《どうじ》に現代《げんだい》の世界《せかい》は一《ひと》つ足《た》りないアオウエ四個《よんこ》の智慧《ちえ》だけで経営《けいえい》されて⊡その四智《しち》の次元的価値《じげんてきかち》の序列《じょれつ》が定《さだ》まらず、物《もの》の権力《けんりょく》と多数決《たすうけつ》の暴力《ぼうりょく》だけが価値《かち》の決定《けってい》の目安《めやす》である。このため人間同志《にんげんどうし》は或《あ》る場合《ばあい》は互《たが》いに協議《きょうぎ》し、譲《ゆず》り合《あ》い、妥協《だきょう》する。その反対《はんたい》の場合《ばあい》は闘争《とうそう》を以《もっ》て相手《あいて》を制圧克《せいあっこく》服《ふく》する事《こと》によってその意志《いし》を遂行《すいこう》する。夫婦《ふうふ》、親子《おやこ》、知人同志《ちじんどうし》、企業《きぎょう》、思想宗教団体《しそうしゅうきょうだんたい》、民《みん》族《ぞく》、国家間《こっかかん》に生命意志《せいめいいし》のリズムの完全《かんぜん》な協調一致《きょうちょういっち》を得《え》ることがないから、その限《かぎ》り世界《せかい》は何時《いつ》までも生存競争《せいぞんきょうそう》の坩堝《るつぼ》である。この儘《まま》では「末法万年《まっぽうまんねん》」である。「末《すえ》の世《よ》の麻《あさ》の乱《みだ》れは草薙《くさなぎ》の太刀《たち》よりほかに釈《と》くものぞなし」。

人類《じんるい》が八千年《はっせんねん》の歴史《れきし》の彼方《かなた》に忘却《ぼうきゃく》して居《い》るエデンの園《その》はユダヤ教《きょう》、キリスト教《きょう》、或《ある》いはマホメット教《きょう》だけの教理《ドグマ》ではなく、彼等《かれら》だけの信仰《しんこう》ではない。生命《いのち》の樹《き》（五母音《ごぼいん》）、知識《ちしき》の樹《き》（五半母音《ごはんぼいん》）、天《てん》なる父《ちち》の名《な》（八父韻《はちふいん》）と、そして両樹《りょうじゅ》の間《あいだ》に繁茂《はんも》する生命《いのち》の樹《き》（四十個《よんじゅっこ》の子音《しいん》）の合計五十音《ごうけいごじゅうおん》は人類《じんるい》の全部《ぜんぶ》が大宇宙《だいうちゅう》から授《さず》かった生命《せいめい》の根本《こんぽん》の機能《きのう》であり、生命《せいめい》の創造活動《そうぞうかつどう》の原律《げんりつ》である。すべての人間《にんげん》が自覚《じかく》と無自覚《むじかく》に拘《かかわ》らず人間《にんげん》である事《こと》の共通普遍《きょうつうふへん》の生命《せいめい》の性能《せいのう》であり掟《おきて》であり、律法《りつぽう》である。この生命《せいめい》の根底《こんてい》の原律《げんりつ》を活用《かつよう》する判断力《はんだんりょく》

（十拳剣《とつかのつるぎ》、モーゼの十戒《じっかい》）を実相《じっそう》の上《うえ》に、すなわち時間《じかん》と空間《くうかん》に行使《こうし》することが「時置師《ときおかし》」の原理《げんり》の活用《かつよう》である。

そのエデンの園《その》の第五《だいご》の知性《ちせい》イ言霊布斗麻邇《げんれいふとまに》は前述《ぜんじゅつ》の如《ごと》く、発祥《はっしょう》と存在《そんざい》の原点《げんてん》であったろう所《ところ》のメソポタミア地域《ちいき》を離《はな》れて地上各地《ちじょうかくち》を長年遍歴《ながねんへんれき》し乍《なが》ら最後《さいご》の安住地《あんじゅうち》を極東《きょくとう》の日本《にほん》島《とう》に定《さだ》めて、其処《そこ》に集合《しゅうごう》された全世界《ぜんせかい》の覚者《かくしゃ》の代表者《だいひょうしゃ》の言語《げんご》（一切諸仏所護念経《いっさいしょぶつしょごねんきょう》、仏所護《ぶっしょご》念《ねん》）である大和言葉《やまとことば》（古代日本語《こだいにほんご》）と、その日本人《にほんじん》すなわち高天原人《たかあまはらじん》の遺伝的潜在的記憶《いでんてきせんざいてききおく》として今日《こんにち》まで完全伝承保存《かんぜんでんしょうほぞん》されて居《い》る。

チルチルとミチルは仙女《せんにょ》に導《みちび》かれて幸福《こうふく》の「青《あお》い鳥《とり》」を求《もと》めて旅《たび》に出《で》た。青《あお》い鳥《とり》の名《な》を「イ」と云《い》う。青《あお》い鳥《とり》は「追憶《ついおく》の国《くに》」へ行《い》っても、「森《もり》の中《なか》」へ行《い》っても、「夜《よる》の宮殿《きゅうでん》」に行《い》っても「未来《みらい》の国《くに》」へ行《い》っても、最後《さいご》に自分《じぶん》の「父母《ふぼ》の家《いえ》」に帰《かえ》って来《き》ても見付《みつ》からなかった。見付《みつ》かったと思《おも》っても色《いろ》が変《かわ》ったり、死《し》んだり、逃《に》げてしまったりした。然《しか》し青《あお》い鳥《とり》は人類《じんるい》の、兄妹《けいまい》に取《と》ってどうしてもなければならないものである。チルチルとミチルに教《おし》えてあげよう。「青《あお》い鳥《とり》」はエデンの園《その》に居《い》る。そのエデンの園《その》は長《なが》い歴史《れきし》の変遷《へんせん》を経《へ》た後《あと》、日本《にほん》の国《くに》の形而上《けいじじょう》の奥《おく》の院《いん》である言霊《げんれい》の神殿《しんでん》の中《なか》に、その初《はじ》めに創造《そうぞう》された日《ひ》の姿《すがた》のままに存在《そんざい》して居《い》る。（『言霊百神《げんれいひゃくしん》』新装版《しんそうばん》２３４頁《ページ》参照《さんしょう》）

時間《じかん》と云《い》うことに就《つ》いて改《あらた》めて考《かんが》えよう。時間《じかん》は客観的《きゃっかんてき》にだけ存在《そんざい》しているのではない。物体現象《ぶったいげんしょう》のみに即《そく》して時間《じかん》があるのではない。物体《ぶったい》の操作《そうさ》によって時間《じかん》を過去《かこ》に戻《もど》し、未来《みらい》に進《すす》め得《え》ると考《かんが》えることは科学《かがく》に虜《とら》われた観念《かんねん》の遊戯《ゆうぎ》（Ｓ・Ｆ）である。時間《じかん》は認識創造《にんしきそうぞう》する主体《しゅたい》である生命意志《せいめいいし》の活動《かつどう》と「即《そく》」の関係《かんけい》に於《おい》てのみ存在《そんざい》する。時間《じかん》はそれに提《たずさ》わる主体《しゅたい》のエネルギーの量《りょう》と質《しつ》に応《おう》じて内容《ないよう》の疎密軽重《そみつけいちょう》を生《しょう》じる。一秒間《いちびょうかん》も短《みじか》くはなく、一万年《いちまんねん》も長《なが》くはない。生命意志《せいめいいし》の活動《かつどう》として内容《ないよう》のない時間《じかん》は存《そん》しない。それは無時間《むじかん》であり、「空《くう》」である。主体《しゅたい》と客体《きゃくたい》とが交渉交流《こうしょうこうりゅう》したときに時間《じかん》（刹那《せつな》）と空間《くうかん》（現象《げんしょう》）が生《う》まれる。時間《じかん》のない空間《くうかん》はなく、空間《くうかん》のない時間《じかん》はない。時間空間《じかんくうかん》は不可分《ふかぶん》な実相《じっそう》の表裏《ひょうり》である。時空《じくう》の流《なが》れを規定《きてい》するために太陽又《たいようまた》は恒星運行《こうせいうんこう》の周期《しゅうき》や結晶体《けっしょうたい》の震動《しんどう》を取《と》って単位《たんい》を定《さだ》めて秒《びょう》、分《ふん》、時《じ》、日《ひ》、月《つき》、年《ねん》の期間《きかん》を設定《せってい》して、物理計算及《ぶつりけいさんおよ》び社会生活上《しゃかいせいかつじょう》の軌範《きはん》として便宜《べんぎ》に利用《りよう》して居《い》るのが客観的《きやつかんてき》な時間《じかん》であって、時分秒《じふんびよう》の時《とき》の刻《きざ》みが生命《せいめい》を規定《きてい》するのではなく、自由《じゆう》な生命意志《せいめいいし》が天体《てんたい》の運行《うんこう》の経過《けいか》を学問《がくもん》と生活《せいかつ》に利用《りよう》して居《い》るのである。

第《だい》二《に》回《かい》目《め》のノアの洪《こう》水《ずい》

禊祓《みそぎはらひ》の前段《ぜんだん》の身削《みそ》ぎは文明《ぶんめい》の帰納《きのう》induction《インダクション》であり、後段《こうだん》の張霊《はらひ》は演繹《えんえき》deduction《デイダクション》である。過去八千年《かこはつせんねん》に亘《わた》ってウ言霊《げんれい》が独《ひと》り専断横行《せんだんおうこう》を続《つづ》けた放漫《ほうまん》な経営《けいえい》によって科学《かがく》と産業《さんぎよう》は豊穣《ほうじよう》に発達《はつたつ》したが、その他《た》のオ言霊《げんれい》（歴史《れきし》）、エ言霊《げんれい》（社会秩序《しやかいちつじよ》）、ア言霊《げんれい》（宗教《しゆうきよう》、芸術《げいじゆつ》、哲学《てつがく》）は出発点《しゆつぱつてん》と帰趨《きすう》を見失《みうしな》ったまま、一方《いつぽう》に物資《ぶつし》の増加《ぞうか》と人口《じんこう》の増殖《ぞうしよく》に促進《そくしん》されながら以上《いじよう》のウ、オ、エ、アの文明《ぶんめい》が全地《ぜんち》の表面《ひようめん》におびただしく氾濫《はんらん》した。人類《じんるい》は嘗《かつ》て遠《とお》い昔《むかし》にも此《こ》の様《よう》な事《こと》を経験《けいけん》した事《こと》を歴史《れきし》は伝《つた》えて居《い》る。即《すなわ》ち思想《しそう》の氾濫《はんらん》としてのノアの洪水《こうずい》である。この時神人《ときしんじん》ノアが起《た》ち上《あ》がって生命《いのち》の律法《りつぽう》である言葉《ロゴス》の原図《げんず》「方舟《はこぶね》」を作成《さくせい》して、これに則《のつと》って新《あたら》しい（都市《とし》）国家《こつか》を建設《けんせつ》した。今日《こんにち》の世界《せかい》の思想氾濫《しそうはんらん》は第二回目《だいにかいめ》のノアの洪《こう》水《ずい》である。

この第二回目《だいにかいめ》の洪水《こうずい》を処理《しより》する為《ため》に我々《われわれ》は改《あらた》めて言葉《ロゴス》の方舟《はこぶね》（言霊図《げんれいず》）を組織復元《そしきふくげん》して、途方《とほう》もない思惟《しゆい》の氾濫《はんらん》の整理《せいり》を開始《かいし》したのである。その第一《だいいち》の処置《しよち》は初《はじ》めを忘《わす》れ、終《お》わりを識《し》らず、意志活動《いしかつどう》の正《ただ》しい出発点《しゆつぱつてん》に立《た》たず、途中《とちゆう》の操作《そうさ》に迷《まよ》って居《い》る思惟《しゆい》の混迷《こんめい》に向《むか》って生命《いのち》の掟《おきて》である言霊《げんれい》を示《しめ》し、その律法《りつぽう》への帰趨《きすう》、帰納《きのう》すなわち身削《みそ》ぎを説《と》く。身削《みそ》ぎとは思惟《しゆい》の氾濫《はんらん》と混乱《こんらん》を整理《せいり》して生命本然《いのちほんぜん》の律法《りつぽう》、言霊《げんれい》に帰結《きけつ》する事《こと》である。

第一回目《だいいちかいめ》のノアの計画《けいかく》は故《ゆえ》あってエホバの反撃《はんげき》に遇《あ》って「バベルの淆乱《みだれ》」と云《い》う失敗《しつぱい》に終《お》わったが、今回《こんかい》の第二回目《だいにかいめ》の生命《いのち》の律法《りつぽう》の宣布《せんぷ》は何者《なにもの》にも妨害《ぼうがい》される事《こと》なく順調《じゆんちよう》に進捗《しんちよく》している。

モーゼの十戒《トーラー》の原理《げんり》である言霊《げんれい》を説《と》くからにはユダヤ人《じん》の結社《けつしや》からの反抗《はんこう》や反撥《はんぱつ》を受《う》ける事《こと》もない。世界《せかい》のその必然《ひつぜん》の時《とき》が来《き》ているからである。既《すで》に生命《いのち》の律法《りつぽう》である母音《ぼいん》、父韻《ふいん》、子音《しいん》の意義《いぎ》は旧著《きゆうちよ》『言霊百神《げんれいひやくしん》』（及《およ》びその英語訳《えいごやく》）によって少《すく》なくともその概念的註釈《がいねんてきちゆうしやく》は全世界《ぜんせかい》に、特《とく》に欧米諸国《おうべいしよこく》、諸民族《しよみんぞく》に教伝《きようでん》された。幾《いく》つかの大学《だいがく》その他《た》の図書館《としよかん》に収納《しゆうのう》されて覚者《かくしや》の真剣《しんけん》な研究《けんきゆう》と修練《しゆうれん》の前《まえ》に呈示《ていじ》されて居《い》る。

現代《げんだい》はアオウエ四《よっ》つの母音《ぼいん》が各々《おのおの》孤立《こりつ》して居《い》て、一本《いっぽん》の生命《いのち》の樹《き》を成《な》さぬために父韻《ふいん》の本然《ほんぜん》のリズムが影響《えいきょう》されて、エデンの園《その》の四《よっ》つの生命《いのち》の河《かわ》（アオウエ）の流《なが》れが各々勝手《おのおのかって》な方角《ほうがく》に奔流《ほんりゅう》して居《い》る。ノアの洪水《こうずい》の原因《げんいん》は四十日四十夜雨《よんじゅうにちよんじゅうやあめ》が降《お》り続《つづ》いた事《こと》でもあるが、それと同《おな》じ意味《いみ》で四《よっ》つの河《かわ》の流《なが》れの方向《ほうこう》が定《さだ》まらぬために、流《なが》れと流《なが》れが衝突《しょうとつ》して氾濫《はんらん》を来《き》したのである。換言《かんげん》すれば父韻《ふいん》が母音《ぼいん》に、勝手気儘《かってきまま》な女性《じょせい》に男性《だんせい》が引《ひ》き廻《まわ》されて居《い》る事《こと》の為《ため》である。然《しか》しこの事《こと》が善《よ》いとか悪《わる》いとか批評《ひひょう》しても始《はじ》まらない。抽象的《ちゅうしょうてき》な批判《ひはん》は解決《かいけつ》にはならない。氾濫《はんらん》は現実《げんじつ》である。現実《げんじつ》を現実《げんじつ》として素直《すなお》に静《しず》かにそれを承認《しょうにん》し乍《なが》ら、自《じ》他《た》の「業《ごう》の催《もよお》し」に企図《きと》する愚《おろか》かな行《おこな》いを悲《かな》しみ乍《なが》らもそれをその儘《まま》に承認《しょうにん》して、その解《かい》決《けつ》を弥陀仏《みだぶつ》の四十八願成就《しじゅうはちがんじょうじゅ》の期《とき》まで安心《あんしん》して待《ま》って居《い》たのが浄土真宗《じょうどしんしゅう》の親鸞《しんらん》の「念仏《ねんぶつ》」であった。七百年昔《ななひゃくねんむかし》のその時代《じだい》は斯《こ》うするより他《ほか》に方法《ほうほう》は無《な》かった。

然《しか》し七百年《ななひゃくねん》が経過《けいか》した今日《こんにち》に於《お》ては四十八願《しじゅうはちがん》の内容《ないよう》が四十八言霊《しじゅうはちげんれい》としてその正確《せいかく》な端麗《たんれい》な姿《すがた》を既《すで》に世界《せかい》に顕現《けんげん》した。四十八願《しじゅうはちがん》は既《すで》に成就《じょうじゅ》され、極楽《ごくらく》であるエデンの園《その》の扉《とびら》は開《ひら》かれた。宇宙《うちゅう》（神《かみ》）の律法《りっぽう》である生命意志《せいめいいし》の原律《げんりつ》が明《あき》らかになったのであるから、も早《はや》人《にん》間《げん》の精神《せいしん》の全部《ぜんぶ》である母音《ぼいん》（生命《せいめい》の権能《けんのう》）、父韻《ふいん》（生命意志《せいめいいし》の律動《りつどう》）、子音《しいん》（心象《しんしょう》、現象《げんしょう》）をそのまま素直《すなお》に承認《しょうにん》し実行《じっこう》すればよい。神《かみ》が有《あ》るとか無《な》いとか、人間《にんげん》は何処《どこ》から来《き》て何処《どこ》へ行《い》ったらよいのかなどと是以上迷《これいじょうまよ》ったり絶望《ぜつぼう》したりする必要《ひつよう》はなくなった。今迷《いままよ》って居《い》るものは彼《かれ》（汝《なれ》）と云《い》う小《ち》さな個人《こじん》が独《ひと》り迷《まよ》っているだけであって、世界自体《せかいじたい》、人類《じんるい》の本体《ほんたい》は既《すで》にその神《かみ》のエデンの園《その》の道《みち》の時代《じだい》に帰《かえ》って居《い》る。如何《いか》ほど個々《ここ》の個人《こじん》や、一《ひと》つ一《ひと》つの国家政府《こっかせいふ》が迷《まよ》い苦《くる》しもうと、自説《じせつ》を主張《しゅちょう》して他《た》に強要《きょうよう》しようと、その迷《まよ》いや執念《しゅうねん》の解決方法《かいけつほうほう》は世界《せかい》に人類文明《じんるいぶんめい》の公理《こうり》、定理《ていり》として公開《こうかい》されて居《い》るのだから、是以上個《これいじょうこ》が個《こ》として迷《まよ》わなければならぬ因縁《いんねん》があるならその個人《こじん》の業《ごう》が自然《しぜん》に尽《つ》きる迄《まで》、親鸞《しんらん》のように安《やす》んじて迷《まよ》って居《い》ればよい。

ソ連《れん》はソ連《れん》でウ言霊《げんれい》に拘束《こうそく》されている科学的帝国主義《かがくてきていこくしゅぎ》が続《つづ》く限《かぎ》り、続《つづ》けられる丈《だ》け続《つづ》けて居《い》るがよい。米国《べいこく》でその背後《はいご》のユダヤ権力《けんりょく》、金力《きんりょく》がモーゼならぬダビデの道《みち》として操作《そうさ》して居《い》る言霊《げんれい》オウである神秘主義的《しんぴしゅぎてき》カバラの哲学宗教《てつがくしゅうきょう》を以《もっ》て世界《せかい》を指導《しどう》し得《う》ると思《おも》って居《い》る限《かぎ》り、それを以《もっ》て指導《しどう》を続《つづ》けて居《い》るがよい。印度《いんど》は印度《いんど》でその独特《どくとく》の言霊《げんれい》アの神秘主義《しんぴしゅぎ》であるヨガやヴェーダの方法《ほうほう》で世界《せかい》が解決出来《かいけつでき》ると信《しん》じて居《い》る間《あいだ》は何処《どこ》までもその希望《きぼう》を墨守《ぼくしゅ》して居《い》るがよい。アフリカはアフリカで欧州《おうしゅう》の植民地政策《しょくみんちせいさく》からようやく脱却《だっきゃく》して、オ言霊《げんれい》の動《うご》きである民族《みんぞく》の自主独立運動《じしゅどくりつうんどう》をいよいよ活発《かっぱつ》に推進《すいしん》させるがよい。斯《か》の如《ごと》くして全世界《ぜんせかい》の表面《ひょうめん》はまだ当分《とうぶん》の間《あいだ》は親鸞《しんらん》の云《い》う「業《ごう》の催《もよお》し」による煩悩熾盛興隆《ぼんのうしせいこうりゅう》の道《みち》をめいめいに突《つ》き進《すす》んで行《い》くがよいのである。

この間《かん》、幾《いく》ら困《こま》ろうと迷《まよ》おうと行《ゆ》き詰《づ》まろうと、それは個々《ここ》のイデオロギー、即《すなわ》ち母音《ぼいん》の偏《かたよ》りと父韻《ふいん》の不完全《ふかんぜん》な活用《かつよう》に拘束《こうそく》されて居《い》る個人並《こじんなら》びに国家民族《こっかみんぞく》の困惑《こんわく》であって、それはその部分局面《ぶぶんきょくめん》だけの悩《なや》みである。全地球全世界《ぜんちきゅうぜんせかい》は既《すで》に人類《じんるい》みずからの未来《みらい》の生命意志《せいめいいし》の原理《げんり》である最高《さいこう》の叡智《えいち》の指導《しどう》の下《もと》に第三《だいさん》の文明時代《ぶんめいじだい》の建設《けんせつ》に向《むか》って出発《しゅっぱつ》した。「悩《なや》む者《もの》よ、とく立《た》ちて、恵《めぐ》みの座《ざ》に来《きた》れや。天《てん》の力《ちから》に癒《いや》し得《え》ぬ、悲《かな》しみは地《ち》にあらじ。」（讃美歌《さんびか》３９９番《ばん》）。この歌《うた》を単《たん》なるキリスト教信仰《きょうしんこう》と考《かんが》えない。恵《めぐ》みの座《ざ》は言霊《げんれい》の組織《そしき》エデンの園《その》であり、弥陀四十八願成就《みだしじゅうはちがんじょうじゅ》の極楽国土《ごくらくこくど》である。悩《なや》める個人《こじん》も、勝手《かって》な母音《ぼいん》を強調《きょうちょう》する傲《おご》れる国家《こっか》も民族《みんぞく》もおしなべて此《こ》の共通普遍《きょうつうふへん》の恵《めぐ》みの座《ざ》に集《あつ》まって来《く》る。個人《こじん》も国家《こっか》も民族《みんぞく》も如何《いか》ほど赤《あか》ん坊《ぼう》のようにむずかって泣《な》き叫《さけ》ぼうと、地《じ》たんだ踏《ふ》んで暴《あば》れまわろうと、それをなだめ鎮《しず》める天《てん》と地《ち》の父《ちち》と母《はは》の知慧《ちえ》と愛《あい》のいたわりの手《て》は既《すで》にさし伸《の》べられて居《い》る。

ロゴスへの還元《かんげん》、和豆良比能宇斯能神《わづらひのうしのかみ》

禊祓《みそぎはらひ》の前段《ぜんだん》の帰納《きのう》の道《みち》の操作《そうさ》は更《さら》に「和豆良比能宇斯能神《わづらひのうしのかみ》」「道俣神《ちまたのかみ》」「飽咋之宇斯能《あきぐひのうしの》神《かみ》」と続《つづ》いて行《い》く。昔《むかし》エホバが言葉《ことば》を紊《みだ》して以来《いらい》、同一《どういつ》の事《こと》を表現《ひょうげん》するために様々《さまざま》な言語《げんご》が用《もち》いられる。「人間《にんげん》」と云《い》う言葉《ことば》がman《マン》, homme《オム》, Mensch《メンシュ》, 人《ニン》、ひと、と云《い》うようにバラバラになって居《い》る。「家《いえ》」と云《い》う名《な》でもhouse《ハウス》, maison《メゾン》, Haus《ハオス》, 家《カ》、いえ、と云《い》うように区々《まちまち》であって中々《なかなか》に煩《わづら》（和豆良比《わづらひ》）わしい。然《しか》し、いずれも同一《どういつ》の唯一《ゆいいつ》の事《こと》を示《しめ》そうとして居《い》るのである。世界人《せかいじん》の誰《だれ》でもが心《こころ》の奥《おく》では弁《わき》まえて居《い》る同一唯一《どういつゆいいつ》の事物《じぶつ》の実相《じっそう》を如何《いか》に表現《ひょうげん》したらすべてに妥当《だとう》であるか、此処《ここ》に生命《せいめい》（神《かみ》）の言葉《ことば》である言霊布斗麻邇《げんれいふとまに》の権威《けんい》がある。「ひと」と云《い》う布斗麻邇語《ふとまにご》は「一《ひ》・十《と》」である。「いえ」とは五重《いへ》（五重塔《ごじゅうのとう》・パゴダ）である。言語《げんご》そのものが生命《せいめい》の原理《げんり》によって創《つく》られて居《い》る。これに就《つ》いての概念的《がいねんてき》な説明《せつめい》も解釈《かいしゃく》も不用《ふよう》である。この事《こと》を「惟神《かんながら》 言挙《ことあ》げせず」と云《い》う。世界各国語《せかいかっこくご》が今《いま》のままバラバラであっても差支《さしつか》えないが、然《しか》しその根底《こんてい》に存《そん》する言霊布斗麻邇《げんれいふとまに》から生《う》まれた生命《せいめい》の実相《じっそう》の言葉《ことば》、即《すなわ》ち父韻《ふいん》、母音《ぼいん》、子音《しいん》の五十音《ごじゅうおん》の麻邇《まに》（麻尼《まに》）の組《く》み合《あ》わせによって領《し》られる熟語《じゅくご》（真言《しんごん》）、人類共通語《じんるいきょうつうご》に各国語《かくこくご》が帰納《きのう》される事《こと》に気《き》が付《つ》いた時《とき》、その昔《むかし》エホバが世界《せかい》の言葉《ことば》を紊《みだ》した時以来《ときいらい》の混乱《こんらん》が終熄《しゅうそく》する。共通語《きょうつうご》を言語素《げんごそ》と云《い》う。

右《みぎ》は単《たん》に国語《こくご》の問題《もんだい》を取《と》り上《あ》げただけだが「和豆良比能宇斯《わづらひのうし》」とは煩《わずら》わしい不明瞭《ふめいりょう》な言葉《ことば》を無《な》くすることである。哲学《てつがく》や法律用語《ほうりつようご》を構成《こうせい》して居《い》る煩雑《はんざつ》な言語《げんご》（文字《もじ》）や宗教典《しゅうきょうてん》の教義《きょうぎ》（ドグマ）を表《あら》わす難解《なんかい》な比喩《ひゆ》や象徴《しょうちょう》を祓《はら》い清《きよ》めて簡単明瞭《かんたんめいりょう》な摩尼《まに》すなわち布斗麻邇語《ふとまにご》に帰納還元《きのうかんげん》して行《い》く時《とき》、すべての言語《げんご》は人類先天《じんるいせんてん》の知性《ちせい》である唯一《ゆいいつ》のロゴスの全体系《ぜんたいけい》から割《わ》り出《だ》されて来《く》るから、主義《しゅぎ》と主義《しゅぎ》との間《あいだ》の矛盾《むじゅん》、無理解《むりかい》、宗教《しゅうきょう》と宗教《しゅうきょう》の間《あいだ》の誤解対立《ごかいたいりつ》、親《おや》と子《こ》の間《あいだ》の言葉《ことば》の断絶《だんぜつ》は悉《ことごと》く一掃《いっそう》され、時代《じだい》と年齢《ねんれい》の差別《さべつ》が解消《かいしょう》されて、直截容易《ちょくせつようい》な「言辞《ごんじ》の相《そう》」（方便品《ほうべんぼん》）、言語即道理《げんごそくどうり》の大法《だいほう》が、日蓮《にちれん》の予言《よげん》の如《ごと》くに一《いち》閻浮提《えんぶだい》、全宇宙《ぜんうちゅう》に流布《るふ》される事《こと》となる。

分《ぶん》岐《き》、道《ち》俣《またの》神《かみ》

文明《ぶんめい》の帰納《きのう》の道《みち》、身削《みそ》ぎの道《みち》、仏陀無上正覚《ぶつだむじようしようかく》の道《みち》は一筋《ひとすじ》の「白道《びやくどう》」であると説《と》かれて居《い》る。

然《しか》しその白道《びやくどう》には随所《ずいしよ》に分岐点《ぶんきてん》がある。「道俣《ちまた》」(巷《ちまた》、衢《ちまた》)と云《い》う。その巷衢《ちまたちまた》に立《た》った時《とき》行《い》く先《さき》を誤《あやま》ったら山奥《やまおく》や谷底《たにそこ》に踏《ふ》み迷《まよ》う。白道《びやくどう》は山《やま》の尾根道《おねみち》のようにたった一本《いつぽん》だけが通《とお》って居《い》るわけではない。仏教《ぶつきよう》で説《と》かれる白道《びやくどう》は初《はじ》めから有《あ》るわけではない。道《みち》の衢《ちまた》に立《た》って一《ひと》つ一《ひと》つ正《ただ》しい判断《はんだん》を誤《あやま》らず進《すす》んで行《い》った後《あと》で、来《こ》し方《かた》を顧《かえり》みる時《とき》一筋《ひとすじ》の白道《びやくどう》を通《とお》って来《き》た如《ごと》くに思《おも》い出《だ》されるのである。

陰陽両儀《いんようりようぎ》すなわち自他《じた》、主客《しゆきやく》、ア(イウエオ)、ワ(ヰ《ゐ》ウヱ《ゑ》ヲ《を》)は道《みち》の分岐《ぶんき》の始《はじ》まりである。八父韻《はちふいん》(八卦《はつけ》)のリズムは陰陽両性《いんようりようせい》であり、作用《さよう》と反作用《はんさよう》である。タヤ、ハナ、カマ、サラと四組《よんくみ》の相対《あいたい》に耦生《ぐうせい》する。乾《けん》は陽極《ようきょく》、坤《こん》は陰極《いんきょく》、八律《はちりつ》の実相《じっそう》の両端《りょうたん》である。陰陽《いんよう》と云《い》っても母音《ぼいん》半母音《はんぼいん》（実在《じつざい》）のそれと父韻《ふいん》（実相《じっそう》）のそれとを混同《こんどう》すると本体論《ほんたいろん》と現象論《げんしょうろん》の区別《くべつ》が付《つ》かなくなる。田園《でんえん》の衢《ちまた》に立《た》って居《い》る道祖神《どうそしん》の石《いし》の道標《みちしるべ》には男女《だんじょ》の神《かみ》、岐美二神《きみにしん》が刻《きざ》まれてある。

実相《じっそう》の根拠《こんきょ》、飽咋之宇斯能神《あきぐひのうしのかみ》

万象《ばんしょう》の実相《じっそう》は五行《ごぎょう》のア段《だん》に明白顕著《めいはくけんちょ》に現《あら》われる。実相《じっそう》とは単《たん》なる皮相《ひそう》のreal《リアル》ではなくて、real《リアル》 reality《リアリテイ》, pure《ピュア》 experience《エクスペリエンス》としての真実《しんじつ》の相《すがた》である。ア段《だん》は音図《おんず》の冠《かんむり》に当《あた》り、天児屋命《あめのこやねのみこと》と云《い》う。伊勢神宮内宮《いせじんぐうないくう》の建築《けんちく》の棟《むね》に並《なら》ぶ十個《じゅっこ》の千木《ちぎ》に象徴《しょうちょう》されて居《い》る。実相《じっそう》は神《かみ》の赤裸々《せきらら》naked《ネイキッド》な姿《すがた》であり、子音《しいん》が一番明白《いちばんめいはく》に現《あら》われる所《ところ》であって、すべての識別判断《しきべつはんだん》の根拠《こんきょ》である。何度《なんど》も説《と》くが「あらたふと青葉若葉《あおばわかば》の日《ひ》の光《ひかり》」（芭蕉《ばしょう》）と詠《よ》まれた瞳《ひとみ》に焼《や》き付《つ》く様《よう》に感《かん》ぜられる物《もの》の姿《すがた》である。「青色青光《しょうしきしょうこう》、黄色黄光《おうしきおうこう》、赤色赤光《しゃくしきしゃっこう》、白色白光《びゃくしきびゃっこう》」と阿弥陀経《あみだきょう》に述《の》べられてある。青《あお》い色《いろ》とは青《あお》い光《ひかり》であり、黄《き》い《いろ》色《いろ》とは黄《き》い《いろ》光《ひかり》である。色即光《いろそくひかり》と体得《たいとく》する時実《ときじつ》相認識《そうにんしき》に近《ちか》い。飽咋之宇斯《あきぐひのうし》とはこのア段《だん》の実相《じっそう》の子音《しいん》を明白正確《めいはくせいかく》に組《く》むことである。ア段《だん》が確《しっか》りして居《い》ない時他《ときた》のエオウの段《だん》は漠然《ばくぜん》となる。宗教《しゅうきょう》では「阿字《あじ》」「阿弥陀仏《あみだぶつ》」「アラー」

と云《い》い、ア言霊《げんれい》が神《かみ》の顕現《けんげん》の根拠《こんきょ》である。絵画《かいが》や詩《し》や音楽《おんがく》に於《おい》てもア段《だん》の実相《じっそう》が真《しん》に実相《じっそう》でないと、何《なに》を描《えが》き、何《なに》を歌《うた》って居《い》るのか焦点《しょうてん》motive《モティーヴ》が定《さだ》まらない。

だが然《しか》し更《さら》に前述《ぜんじゅつ》した如《ごと》く宗教《しゅうきょう》や芸術《げいじゅつ》に於《おい》て直接《ちょくせつ》個々《ここ》の断片的《だんぺんてき》なアの実相《じっそう》を捕《とら》えても、それだけではその個《こ》と個《こ》との間《あいだ》の連絡関連《れんらくかんれん》がまとまらず、宗教《しゅうきょう》は教派宗派《きょうはしゅうは》に分裂《ぶんれつ》し、絵画《かいが》なら印象派《いんしょうは》、表現派《ひょうげんは》、キュビズム、抽象画等々《ちゅうしょうがとうとう》に分《わか》れ個々《ここ》のものに夫々《それぞれ》に味《あじ》があるのだが、その個々《ここ》を羅列《られつ》しても全体性《ぜんたいせい》、人間性《にんげんせい》の全局《ぜんきょく》が出《で》て来《こ》ない。アはアだけでは文明《ぶんめい》の帰納《きのう》は出来《でき》ない。帰納《きのう》のためには人間性《にんげんせい》の根底《こんてい》に立脚《りっきゃく》した全宇宙《ぜんうちゅう》の枠《わく》、言霊布斗麻邇《げんれいふとまに》イが必要《ひつよう》である。発生《はっせい》の順序《じゅんじょ》から云《い》えばアの真実《しんじつ》はイに凝集整理《ぎょうしゅうせいり》され、イはアに時処位《じしょい》を得《え》しめる。ア段《だん》の時処位《じしょい》が正確《せいかく》に定《さだ》まった姿《すがた》がアタカマハラナヤサワで、天児屋命《あめのこやねのみこと》と云《い》う。

主《しゅ》客《きゃく》の整《せい》理《り》、奥《おき》疎《さかるの》神《かみ》、辺《へ》疎《さかるの》神《かみ》

陰陽両儀《いんようりょうぎ》は主体《しゅたい》と客体《きゃくたい》である。主体《しゅたい》は奥深《おくぶか》い所《ところ》にあり、其処《そこ》から万象《ばんしょう》を起《おこ》して行《い》く。客体《きゃくたい》は却《かえ》って直《す》ぐ眼前《がんぜん》の手近《てぢか》な所《ところ》にある。主体側《しゅたいがわ》から起《おこ》って来《く》る父韻《ふいん》、意志《いし》のリズムはタカサハの四音《しおん》であり、これに応答《おうとう》して客体側《きゃくたいがわ》から起《おこ》るリズムはヤマラナの四音《しおん》である。主《しゅ》体性《たいせい》と客体性《きゃくたいせい》を明瞭《めいりょう》に分《わ》（疎《わ》）け、主体《しゅたい》の能動的《のうどうてき》なリズムと客体《きゃくたい》の受動的《じゅどうてき》なリズムを識別《しきべつ》することが奥疎《おきさかる》、辺疎《へさかる》である。

従《したが》って主体性《しゅたいせい》の奥疎《おきさかる》の内容《ないよう》は奥津那芸佐毘古《おきつなぎさひこ》、奥津甲斐弁羅《おきつかひべら》である。主体的《しゅたいてき》な実相《じっそう》の内《ない》容《よう》を那《ことごと》く芸術的《げいじゅつてき》なア段《だん》の真実《しんじつ》の実相《じっそう》の言葉《ことば》（比古《ひこ》）に整理《せいり》する事《こと》が奥津那芸佐毘古《おきつなぎさひこ》である。芭蕉《ばしょう》の俳諧《はいかい》は知《し》らずして此《こ》の原理《げんり》に叶《かな》って居《い》る。「あらたふと（青葉若葉《あおばわかば》の日《ひ》の光《ひかり》）」（芭蕉《ばしょう》）。青葉若葉《あおばわかば》の光《ひか》り輝《かがや》く実相《じっそう》が神々《こうごう》しいアとラとタの三音《さんおん》によって讃美《さんび》されて居《い》る。

音《おん》の生《い》き生《い》きとした配列《はいれつ》でないと俳諧《はいかい》にはならない。此処《ここ》で何《なに》も俳諧《はいかい》の遊戯《ゆうぎ》を説《と》いて居《い》るのではない。諸法実相《しよほうじつそう》の荘厳《しようごん》を端的《たんてき》な「言辞《ごんじ》の相《そう》」（方便品《ほうべんぼん》）に示《しめ》して操作《そうさ》する事《こと》が哲学《てつがく》、政治《せいじ》、法律《ほうりつ》の真諦《しんたい》である。

奥津甲斐弁羅《おきつかひべら》の神《かみ》も同《おな》じく主体側《しゆたいがわ》の操作《そうさ》である。甲斐《かひ》は山《やま》の峡《はざま》。音《おん》と音《おん》の中間《ちゆうかん》の所《ところ》、例《たと》えばタとカの中間《ちゆうかん》に様々《さまざま》な概念《がいねん》、命題《めいだい》、屁理屈《へりくつ》が並《なら》べられる。それ等《など》をはっきりと弁《わき》まえて羅《なら》べて整理《せいり》する事《こと》である。

辺疎神《へさかるのかみ》の内容《ないよう》はヤマラナの客体側《きやくたいがわ》の四音《しおん》であって、これに関《かん》しても主体側《しゆたいがわ》と同様《どうよう》な辺津《へつ》那芸佐毘古《なぎさひこ》、辺津甲斐弁羅《へつかひべら》の操作《そうさ》を行《おこな》う禊祓《みそぎはらひ》の前段《ぜんだん》の身削《みそ》ぎは文明《ぶんめい》の帰納《きのう》であり、整理《せいり》であり、人間《にんげん》の本性《ほんしよう》に則《のつと》った人事百般《じんじひやつぱん》の合理化簡素化《ごうりかかんそか》である。この簡素化《かんそか》の原理《げんり》が一二三四《ひふみよ》五六七八九十《いむなやこと》の十拳剣《とつかのつるぎ》の言霊《げんれい》の組織《そしき》すなわち五十音図《ごじゆうおんず》としての実在《じつざい》及《およ》び実相《じつそう》の把握操作《はあくそうさ》、すなわち握手《にぎて》（和幣《にぎて》）、闇淤加美神《くらおかみのかみ》である。

衝立船戸神《つきたつふなどのかみ》の典範《てんぱん》を掲《かか》げて、先《ま》ずその内容《ないよう》の操作《そうさ》として禊祓《みそぎはらひ》が開始《かいし》され、道之長乳歯《みちのながちは》、時置師《ときおかし》、和豆良比能宇斯《わづらひのうし》、道俣《ちまた》、飽咋之宇斯《あきぐひのうし》、奥疎《おきさかる》、辺疎神《へさかるのかみ》までの所《ところ》で禊祓《みそぎはらひ》の前段《ぜんだん》の身削《みそ》ぎの過程《かてい》が終了《しゅうりょう》する。身削《みそ》ぎは闇淤加美神《くらおかみのかみ》の法《ほう》であり、文明全体《ぶんめいぜんたい》の掌握《しょうあく》、人間《にんげん》の一切種智《いっさいしゅち》の鏡《かがみ》である言霊《げんれい》に帰納《きのう》して行《い》く道《みち》である。その道《みち》はこの様《よう》に簡潔《かんけつ》なものであるが、文明《ぶんめい》の内容《ないよう》をこの様《よう》に簡単《かんたん》に掌握《しょうあく》することが身削《みそ》ぎ払霊《はらひ》である。これから禊祓《みそぎはらひ》の後段《こうだん》の霊注《みそ》ぎ張霊《はらひ》の操作《そうさ》が始《はじ》まる。人間《にんげん》の智性《ちせい》（知情意《ちじょうい》）の原素《げんそ》である五十音言霊《ごじゅうおんげんれい》を一切《いっさい》の文化《ぶんか》に展開演繹《てんかいえんえき》して行《い》くことであり、闇御津羽神《くらみつはのかみ》と云《い》う。この帰納《きのう》と展開《てんかい》である禊祓《みそぎはらひ》が言霊布斗麻邇《げんれいふとまに》の総結論《そうけつろん》である。『言霊百神《げんれいひゃくしん》』の英語訳《えいごやく》では禊祓《みそぎはらひ》の身削《みそ》ぎ、払霊《はらひ》、霊注《みそ》ぎ、張霊《はらひ》を ablution《アブルーション》, exorcism《エクソシズム》, infusion《インフユージョン》, invigoration《インヴイゴレイション》 と感覚的《かんかくてき》に訳《やく》してあるが、この両者《りょうしゃ》を induction《インダクション》, deduction《ディダクション》（帰納《きのう》・演繹《えんえき》）と訳《やく》した方《ほう》がより正確《せいかく》である。

演繹《えんえき》の為《ため》の五母音《ごぼいん》の位置《いち》の転換《てんかん》、禍津日《まがつひ》と直毘《なほひ》

禊祓《みそぎはらひ》の最後《さいご》の操作《そうさ》である張霊《はらひ》（霊削《みそぎ》）とは一切種智言霊布斗麻邇《いつさいしゆちげんれいふとまに》を人類文明《じんるいぶんめい》の上《うえ》に永遠《えいえん》不滅不変《ふめつふへん》の指導原理《しどうげんり》として活用《かつよう》する事《こと》である。世界《せかい》には国家《こつか》、民族《みんぞく》、法人《ほうじん》、個人《こじん》が種々《しゆじゆ》様々《さまざま》な教義《きようぎ》、学説《がくせつ》、主義《しゆぎ》、憲法《けんぽう》、政策《せいさく》を持《も》って居《い》て、各々《おのおの》が自分《じぶん》のものこそ真理《しんり》であり、一切《いつさい》の原理《げんり》であると確信《かくしん》し行動《こうどう》して居《い》るが、その各々《おのおの》がみずから原理《げんり》と思惟《しゆい》して居《い》る真理《しんり》の上《うえ》に、仏陀《ぶつだ》の言《い》う人間《にんげん》の一切種智《いつさいしゆち》、モーゼやイエスが言《い》う「神《かみ》の律法《りつぽう》」である言霊《げんれい》を以《もつ》て批判《ひはん》と修整《しゆうせい》を行《おこな》い、各々《おのおの》が思惟《しゆい》する真理《しんり》の真理性《しんりせい》を補正確立《ほせいかくりつ》することが禊祓《みそぎはらひ》である。一《いつ》切種智《さいしゆち》、神《かみ》の律法《りつぽう》の権威《けんい》を以《もつ》て判断《はんだん》する時《とき》、各々《おのおの》が真理《しんり》とする所《ところ》が宇宙生命《うちゆうせいめい》のどの部分《ぶぶん》、如何《いか》なる動《うご》きを捕《とら》えて主張《しゆちよう》して居《い》るものであるかを明《あき》らかにする事《こと》である。現在《げんざい》の世界《せかい》に

渦巻《うずま》き、轟々《ごうごう》と鳴《な》りとどろいて居《い》る地獄相《じごくそう》が、その地獄相《じごくそう》のままで、各々《おのおの》が宇宙世界《うちゅうせかい》の如《い》何《か》なる部署《ぶしょ》を分担《ぶんたん》して居《い》るものであるかを、めいめいみずから反省自覚《はんせいじかく》する事《こと》である。宇宙《うちゅう》生命《せいめい》の光明《こうみょう》の如何《いか》なる部分《ぶぶん》として自《みずか》らが輝《かがや》き活動《かつどう》して居《い》るかを、換言《かんげん》すればみずからの「仏性《ぶっしょう》」をみずから確認《かくにん》する事《こと》である。

その為《ため》には先《ま》ず生命《せいめい》の五《いつ》つの権能《けんのう》である五母音《ごぼいん》（五行《ごぎょう》・五大《ごだい》）の根底原理《こんていげんり》の適用《てきよう》から着手《ちゃくしゅ》して行《い》く。この五母音《ごぼいん》に就《つ》いて今《いま》までの禊祓《みそぎはらひ》の帰納《きのう》の段階《だんかい》までの所《ところ》ではアオウエイのうちのアとイの二《ふた》つが主役《しゅやく》であり眼目《がんもく》であった。ここで演繹《えんえき》の段階《だんかい》に転《てん》じる時《とき》、アとイが蔭《かげ》に隠《かく》れて真中《まなか》のオウエの三権能《さんけんのう》が前面《ぜんめん》に出《で》て来《く》る。『上《かみ》つ瀬《せ》は瀬速《せはや》し、下《しも》つ瀬《せ》は瀬弱《せよわ》し』と詔《の》りたまひて、初《はじ》めて中《なか》つ瀬《せ》に降《お》り潜《かづ》きて、滌《すす》ぎたまふ時に」（古事記《こじき》）とある所《ところ》である。瀬《せ》とは生命《いのち》の河《かわ》の流《なが》れの瀬《せ》である。

言霊《げんれい》アは芸術《げいじゅつ》や宗教《しゅうきょう》の諸法実相《しょほうじっそう》が現前《げんぜん》する根底《こんてい》であって、瞬間《しゅんかん》に明滅《めいめつ》する稲妻《いなずま》Funke《フンケ》の如《ご》きものである。動《うご》きが速過《はやす》ぎるから悠久《ゆうきゅう》たる文明《ぶんめい》の流《なが》れを整理《せいり》するには不適当《ふてきとう》である。刹《せつ》那《な》の中《なか》に永遠《えいえん》を摑《つか》むことは出来《でき》るが、時間《じかん》の経過《けいか》を刹那《せつな》に縮《ちぢ》めるわけには行《い》かない。

芸術家《げいじゆつか》や宗教家《しゆうきようか》はそれが文明《ぶんめい》の究極《きゆうきよく》であると主張《しゆちよう》するが、絵画《かいが》や音楽《おんがく》や戯曲《ぎきよく》やそして念仏《ねんぶつ》を以《もつ》て政治《せいじ》、経済《けいざい》、法律《ほうりつ》を処理《しより》するわけには行《い》かない。ピカソは共産主義《きようさんしゆぎ》を問題《もんだい》にしなかったが、彼《かれ》の画《え》を以《もつ》て国家《こつか》の経営《けいえい》は出来《でき》ない。

また言霊《げんれい》イは創造《そうぞう》する生命意志活動《せいめいいしかつどう》の永劫不変《えいごうふへん》の内容《ないよう》と律動《りつどう》impulse《インパルス》であって、文明変化《ぶんめいへんか》の原因《げんいん》ではあるが、それ自体《じたい》は変化《へんか》しない恒常《こうじよう》のものであり動《うご》かないものである。すなわちイの下《しも》ツ瀬《せ》は瀬弱《せよわ》しである。アとイの双《ふた》つは云《い》わば風景《ふうけい》や人物《じんぶつ》を写《うつ》した陰画《ネガ》であって、いよいよこれを陽画《ポジ》に演繹展開《えんえきてんかい》し終《お》わったら、引《ひ》き出《だ》しの中《なか》に蔵《おさ》められるべきものである。言霊《げんれい》アの諸法実相《しよほうじつそう》の実相《じつそう》、real《リアル》 reality《リアリテイ》は従来漠然《じゆうらいばくぜん》たる認識《にんしき》の下《もと》にこれが事実《じじつ》と考《かんが》えて居《い》た所《ところ》の焦点《しようてん》をぴったりと合《あ》わせたものであって、認識《にんしき》の不鮮明《ふせんめい》さと云《い》う穢《きた》なき汚垢《けがれ》を霊削《みそぎ》したものである。

また言霊《げんれい》イは主体《しゆたい》と客体《きやくたい》、宇宙《うちゆう》とは生命《せいめい》とは何《なに》であるかを根本的《こんぽんてき》に解決《かいけつ》し得《え》ないままに、当《あ》てずっぽの仮説《かせつ》に立脚《りつきやく》して、大凡《おおよそ》の見当《けんとう》で世界《せかい》を掻《か》き廻《まわ》して来《き》た従来《じゆうらい》の文明文化《ぶんめいぶんか》の不徹底《ふてつてい》さと云《い》う汚垢《けがれ》を払拭《ふつしよく》して、生命《せいめい》の本体《ほんたい》である五母音《ごぼいん》と意志活動《いしかつどう》のリズムである八父韻《はちふいん》を明《あき》らかにした摩尼宝珠《まにほうじゅ》Manna《マンナ》である。前述《ぜんじゅつ》したマルクスの唯物史観《ゆいぶつしかん》も、フロイトの無意識《むいしき》も、ユングの潜在意識《せんざいいしき》も、カントの範疇《はんちゅう》も不徹底《ふてってい》な仮定又《かていまた》は主観《しゅかん》に過《す》ぎなかった。アもイも予母津国《よもつくに》の世界《せかい》の渾沌《こんとん》を整理《せいり》、禊祓《みそぎはらひ》した結果明《けっかあき》らかに為《な》し得《え》たもので、すなわち汚垢《けがれ》によって成《な》ったものである。

斯《か》くして禊祓《みそぎはらひ》の演繹《えんえき》の段階《だんかい》ではアとイは永遠《えいえん》の原典《げんてん》として大事《だいじ》に保存《ほぞん》され参照《さんしょう》されるが、それをその儘用《ままもち》いられることがない。アを「八十禍津日《やそまがつひ》」と云《い》う。その時《とき》まで最高《さいこう》のものとして尊《とうと》び求《もと》めて来《き》た哲学《てつがく》も宗教《しゅうきょう》も、歴史《れきし》と段階《だんかい》が転換進捗《てんかんしんちょく》する時《とき》、遠慮《えんりょ》なくこれを揚棄《ようき》して、未練《みれん》、執着《しゅうちゃく》、停滞《ていたい》することのない布斗麻邇的思惟《ふとまにてきしゆい》の自由《じゆう》さと果敢《かかん》さを学《まな》ばなければならない。布斗麻邇《ふとまに》はあらゆる正当《せいとう》な歴史的《れきしてき》、宗教的予言《しゅうきょうてきよげん》の実行者《じっこうしゃ》、実現者《じつげんしゃ》である。

上《かみ》ツ瀬《せ》アは瀬速《せはや》く、自由《じゆう》で不羈《ふき》である。下《しも》ツ瀬《せ》ナは瀬遅《せおそ》く、制約的《せいやくてき》、限定的《げんていてき》である。此《こ》の自由《じゆう》と限定《げんてい》の相反《あいはん》するいずれかの方向《ほうこう》に自動的《じどうてき》には進出《しんしゅつ》し、他動的《たどうてき》には引《ひ》き擦《ず》られようとする禍《まが》すなわち歪曲《わいきょく》を如何《いか》に修整《しゅうせい》したならば天地《てんち》、主客双方《しゅきゃくそうほう》に妥当適応《だとうてきおう》する道《みち》の展開《てんかい》が出来《でき》るか、それは中《なか》ツ瀬《せ》のオウエの三音《さんおん》の権能《けんのう》を活用《かつよう》することにある。これは今迄繰《いままでく》り返《かえ》し説《と》いて来《き》た所《ところ》であって、いよいよその結論《けつろん》に到達《とうたつ》する。オは経験知《けいけんち》、悟性《ごせい》、純粋理性《じゅんすいりせい》であって、生命《せいめい》の玉《たま》の緒《を》である。これを「神直毘神《かむなほひのかみ》」と云《い》う。歴史《れきし》と科学《かがく》を展開《てんかい》する生命《せいめい》の権能《けんのう》である。ウは感官感覚《かんかんかんかく》であって、現識《げんしき》であり、具体的事実《ぐたいてきじじつ》の根拠《こんきょ》である。これを「大《おほ》直毘神《なほひのかみ》」と云《い》う。産業経済《さんぎょうけいざい》を経営《けいえい》する生命《せいめい》の権能《けんのう》である。直毘《なほひ》（直霊《なほひ》）とは奔放《ほんぽう》なアや固《こ》定《てい》したイを是正《ぜせい》して中庸《ちゅうよう》を得《え》た道《みち》の動《うご》きを運《めぐ》らすことである。

最後《さいご》のエを伊豆能売神《いづのめのかみ》と云《い》う。御稜威《みいづ》の眼《め》である。神即人間《かみそくにんげん》の権威《オーソリティー》（稜威《りょうい》）の眼目《がんもく》である。すなわち実践理性《じっせんりせい》であり、叡智《ソフィア》であり、般若波羅密多《はんにゃはらみた》である。社会《しゃかい》の倫理道徳《りんりどうとく》と法律《ほうりつ》政治《せいじ》を運用《うんよう》する生命《せいめい》の最高《さいこう》の権威《けんい》である。以上《いじょう》オウエの三権能《さんけんのう》が、根底《こんてい》である諸法実相《しょほうじっそう》アと、一切種智布斗麻邇《いっさいしゅちふとまに》イから一切《いっさい》の、その実際《じっさい》の文明《ぶんめい》の指導原理《しどうげんり》を導《みちび》き出《だ》し、適用操作《てきようそうさ》して行《い》く人間生命《にんげんせいめい》の権能《けんのう》である。ウオエの三音《さんおん》を禊祓《みそぎはらひ》の拠点《きょてん》とすることは日文《ひふみ》の数歌《かぞえうた》（言本《こともと》）に「ウオエニサリヘテノマスアセエホレケ」（ウオエに裂《さ》いて宣《のま》すア瀬恵穂列書《せえほれけ》）とある事《こと》と符合《ふごう》する。

実相《じっそう》の軌範《きはん》、綿津見神《わたつみのかみ》、筒之男命《つつのをのみこと》

以上《いじょう》で文明《ぶんめい》の諸相《しょそう》の上《うえ》にアオウエイ五母音《ごぼいん》の権能《けんのう》を展開実現《てんかいじつげん》し、そのうち緊要《きんよう》にして妥《だ》当《とう》な知性《ちせい》を指摘《してき》し選出《せんしゅつ》する仕事《しごと》が終《お》わったから、次《つぎ》の段階《だんかい》はその文明《ぶんめい》の上《うえ》に八父韻《はちふいん》のリズムと三十二子音《さんじゅうにしいん》の実相《じっそう》の原則《げんそく》を適用《てきよう》し活用《かつよう》することである。「水底《みなぞこ》に滌《そそ》ぐ」とあるのは橘《たちばな》の小門《おど》の阿波岐原《あはぎはら》の生命《いのち》の河《かわ》の流《なが》れの中《なか》ツ瀬《せ》の水底《みなぞこ》であって、すなわちオウエの最下段《さいかだん》エの父韻及《ふいんおよ》び子音《しいん》の操作《そうさ》である。「底津綿津見神《そこつわたつみのかみ》」「底筒之男命《そこつつのをのみこと》」と云《い》う。綿《わた》は渡《わた》すであり、また海《わた》（うみ、産《うみ》）である。仏教《ぶつきょう》で「度《ど》」と云《い》うことは此岸《しがん》から彼岸《ひがん》へ、すなわち主体《しゅたい》から客体《きゃくたい》（全体《ぜんたい》）へ渡《わた》り渡《わた》すことであり、綿津見《わたつみ》のワタはその度《ど》である。担《ただ》し神道《しんとう》の場合《ばあい》は主《しゅ》から客《きゃく》に一方的《いっぽうてき》に渡《わた》ることのみではなく、主客《しゅきゃく》、陰陽《いんよう》が相互《そうご》に交流《こうりゅう》することである。

底津綿津見神《そこつわたつみのかみ》は従《したが》ってエとヱ《ゑ》（エ—ヱ《ゑ》）の交流《こうりゅう》である。このエとヱ《ゑ》の間《あいだ》にテケメヘレネエセの八子音《はちしいん》が並《なら》ぶ。すなわち底筒之男命《そこつつのをのみこと》である。エからヱ《ゑ》に、ヱ《ゑ》からエに渋滞《じゆうたい》なく渡《わた》り、交流《こうりゆう》して行《い》く通路《つうろ》であり、主客調和《しゆきやくちようわ》の経路《けいろ》である。即《すなわ》ちこれを概念《がいねん》に代《か》えて表現《ひようげん》すれば創《そう》造《ぞう》、収納《しゆうのう》、整理《せいり》、啓発《けいはつ》、浸透《しんとう》、成熟《せいじゆく》、繁栄《はんえい》、調和《ちようわ》である天津太祝詞《あまつふとのりと》の時置師《ときおかし》のリズムをエ段《だん》として展開適用《てんかいてきよう》したもので、渋滞《じゆうたい》することがないからその経路《けいろ》は筒《つつ》の如《ごと》くに疏通無碍《そつうむげ》である故《ゆえ》、「筒之男《つつのを》」と云《い》う。九拳剣《ここのつかのつるぎ》、八拳剣《やつかのつるぎ》の音図《おんず》ではエ段《だん》の子音《しいん》の配列《はいれつ》を示《しめ》したものは見《み》付《つ》からないが、カントの道徳法《どうとくほう》の時間的進展《じかんてきしんてん》も、法華経《ほけきよう》の常不軽《じようふきよう》以下《いか》の菩薩行《ぼさつぎよう》の修練《しゆうれん》もこの底筒之男《そこつつのを》の順序《じゆんじよ》を基準典範《きじゆんてんぱん》として此処《ここ》から出発《しゆつぱつ》しなければならぬ事《こと》を識《し》らねばならぬ。典《てん》範《ぱん》が示《しめ》される時《とき》、道徳《どうとく》は性善説性悪説《せいぜんせつせいあくせつ》と迷《まよ》うことなく、菩薩達《ぼさつたち》は自己《じこ》の道《みち》をめいめいに、一々暗中模索《いちいちあんちゆうもさく》する必要《ひつよう》がなく、自己《じこ》の主観的所説《しゆかんてきしよせつ》を持《も》って居《い》る者《もの》も思索修練《しさくしゆうれん》の過渡期《かとき》と考《かんが》えて強《し》いてそれを主張《しゆちよう》しなくともよいこととなる。全人類共通普遍《ぜんじんるいきようつうふへん》の典範《てんぱん》を前《まえ》にして自説《じせつ》を主張《しゆちよう》することは愚《おろか》かな恥《は》ずべき業《わざ》である。

中津綿津見神《なかつわたつみのかみ》は母音《ぼいん》のウと半母音《はんぼいん》のウ（主体《しゆたい》ウと客体《きやくたい》のウ）の交流《こうりゆう》である。中筒之男命《なかつつのをのみこと》はこの間《あいだ》を流《なが》れる生命意志《せいめいいし》の律動《りつどう》であって、天津太祝詞《あまつふとのりと》がウ段《だん》に於《おい》て展開《てんかい》した実相《じっそう》はツクムフルヌユスである。ウ次元《じげん》は感官感覚《かんかんかんかく》すなわち現識《げんしき》である。この次元《じげん》に於《お》ける時置師《ときおかし》は古来天津金木《こらいあまつかなぎ》の九拳剣《ここのつかのつるぎ》としてクスツヌフムユルの順《じゅん》で用《もち》いられて来《き》た。世界《せかい》を単《たん》に現象《げんしょう》とのみ見《み》る範囲《はんい》での現象論《げんしょうろん》であり、哲学的《てつがくてき》には唯物史観《ゆいぶつしかん》であり、物質《ぶっしつ》の世界《せかい》にのみ生《い》きる人《にん》間《げん》の人生観《じんせいかん》、処世法《しょせいほう》である。

意志《いし》の原律父韻《げんりつふいん》が母音《ぼいん》と結《むす》ばれる子音《しいん》（現象《げんしょう》）を生《う》む時《とき》は配偶者《はいぐうしゃ》の母音《ぼいん》の性能《せいのう》によって一応拘束制約《いちおうこうそくせいやく》される事《こと》を既《すで》に説《と》いた。父韻《ふいん》がウ言霊《げんれい》にだけ拘束《こうそく》される時《とき》、生命活動《せいめいかつどう》はカ（キクケコ）行《ぎょう》から出発《しゅっぱつ》する。最初《さいしょ》にカ（ク）が飛出《とびだ》すことは既《すで》に創造《そうぞう》されて存在《そんざい》するものを掻《か》き集《あつ》める事《こと》を以《もっ》て人生乃至国家活動《じんせいないしこっかかつどう》の出発点《しゅっぱつてん》とする事《こと》で、その姿態《したい》は侵略的帝国主義《しんりゃくてきていこくしゅぎ》であり、エコノミック・アニマルにならざるを得《え》ない。中共《ちゅうきょう》はソ連《れん》の帝国主義《ていこくしゅぎ》を批難《ひなん》して彼自体《かれじたい》の民族主義的国家《みんぞくしゅぎてきこっか》の建設《けんせつ》に努《つと》めて居《い》るが、なおウ言霊《げんれい》の拘束《こうそく》から脱却《だっきゃく》し切《き》れず、孔《こう》子《し》の哲学《てつがく》の取《と》り扱《あつか》い方《かた》に苦労《くろう》して居《い》る様《よう》だ。ウ段《だん》の現実《げんじつ》の労作《ろうさく》を天津金木《あまつかなぎ》のカ行《ぎょう》の自己《じこ》への収納《しゅうのう》から始《はじ》めず、天津祝詞《あまつのりと》のタ行《ぎょう》の無《む》から有《ゆう》を創造《そうぞう》する所《ところ》から出発《しゅっぱつ》する道《みち》を説《と》いた人《ひと》は幕末《ばくまつ》の二宮尊徳《にのみやそんとく》であった。

「上津綿津見神《うはつわたつみのかみ》」「上筒之男命《うはつつのをのみこと》」の交流《こうりゅう》はオ、ヲ《を》（オ—ヲ《を》）の両岸《りょうがん》を渡《わた》る「天《あめ》の浮橋《うきはし》」である。オ段《だん》の天津太祝詞《あまつふとのりと》の典範《てんぱん》はトコモホロノヨソと展開《てんかい》する。オ段《だん》を規定《きてい》しようとする従来《じゅうらい》の八拳剣《やつかのつるぎ》、九拳剣《ここのつかのつるぎ》の音図《おんず》も見当《みあた》らないが、オ段《だん》は経験知《けいけんち》の集積及《しゅうせきおよ》び一応《いちおう》の整理《せいり》であって、その内容《ないよう》は歴史《れきし》と科学《かがく》である。世界《せかい》に未《いま》だ劫初以来《ごうしょいらい》の人類生命《じんるいせいめい》に即《そく》した纏《まと》まった歴史《れきし》は編《あ》まれて居《い》ない。旧著《きゅうちょ》『第三文明《だいさんぶんめい》への通路《つうろ》』はその荒筋《あらすじ》を紹介《しょうかい》した試《こころ》みである。科学《かがく》の世界《せかい》では理論物理学《りろんぶつりがく》、生物学《せいぶつがく》（医学《いがく》）の面《めん》でも、或《ある》いは社会《しゃかい》の諸相《しょそう》をオの立場《たちば》で整理《せいり》する社会科学《しゃかいかがく》の面《めん》でも何《いず》れもなお努力研究《どりょくけんきゅう》の過程《かてい》にあって纏《まと》まった学説《がくせつ》は出来上《できあ》がって居《い》ない。オは経験知《けいけんち》（エンピリシズム）であって、オの主体《しゅたい》と客体《きゃくたい》が結《むす》び付《つ》いて複雑広大《ふくざつこうだい》なオ—ヲ《を》の次元《じげん》の実相《じっそう》を成就《じょうじゅ》するためには人類《じんるい》はなお当分《とうぶん》の間《あいだ》、執拗《しつよう》な研究《けんきゅう》を続《つづ》けなければならない。山腰明将《やまこしあきまさ》氏《し》は太祝詞《ふとのりと》のオ段《だん》のトコモホロノヨソを「何処《とこ》も穂《ほ》（実相《じっそう》）が揃《そろ》って伸《の》びて善《よ》く備《そ》はる」とパラフレーズした。

底筒之男《そこつつのを》（エ―ヱ《ゑ》）、中筒之男《なかつつのを》（ウ―ウ）、上筒之男《うはつつのを》（オ―ヲ《を》）を「墨江《すみのえ》の三前《みまえ》ノ《の》大神《おほかみ》」と云《い》う。其処《そこ》から現実《げんじつ》の実際《じっさい》の文明《ぶんめい》を演繹《えんえき》して行《い》く所《ところ》の生命《せいめい》の流《なが》れの三《みっ》つの部分《ぶぶん》である。墨《すみ》は五十《ごじゅう》（百《ひやく》）音図《おんず》を書《か》く墨《すみ》であり、スミは総見《すみ》であり、皇《すみ》であり、仏教《ぶつきょう》の総持《そうじ》（マニハンドマ）であり、阿耨多羅三藐三菩提《あのくたらさんみゃくさんぼだい》である。墨江《すみのえ》の三前《みまえ》とは文明《ぶんめい》の最高《さいこう》の指導原理《しどうげんり》である言霊図《げんれいず》（墨《すみ》）が主客両面《しゅきゃくりょうめん》の操作《そうさ》から完成《かんせい》する前提《ぜんてい》としての三《みっ》つの言霊《げんれい》の動《うご》きと云《い》う意味《いみ》で、エオウの三《みっ》つがやがて弁証法的形態《べんしょうほうてきけいたい》の天照大御神《あまてらすおほみかみ》、月読命《つきよみのみこと》、須佐之男命《すさのをのみこと》の三貴子《さんきし》の活《かつ》動《どう》として生《う》まれて行《い》く。

三貴子《さんきし》の弁証法体系《べんしょうほうたいけい》の過去《かこ》と将来《しょうらい》

その初《はじ》めウ、ア、ワと剖判《ぼうはん》した此《こ》の宇宙《うちゅう》はX・Y・Zの三《みっ》つの未知数《みちすう》であった。それが演繹《えんえき》と帰納《きのう》の交互《こうご》の操作《そうさ》を前後六回繰《ぜんごろっかいく》り返《かえ》して行《い》くうちに、三《みっ》つの未知数《みちすう》の方程式《ほうていしき》が釈《と》かれその答《こた》えが言霊《げんれい》E・U・Oの三貴子《さんきし》（みはしらのうづみこ）として出現《しゅつげん》するのである。布斗麻邇《ふとまに》の三位一体《さんみいったい》の本尊《ほんぞん》である天照大御神《あまてらすおほみかみ》の実体《じったい》は言霊《げんれい》エであって、人類《じんるい》の「べし」sollen《ゾツレン》を規定《きてい》する。カントの言《い》うkategorischer Imperativ《カテゴーリッシャー イムペラティーフ》である。全人類《ぜんじんるい》に向《むか》ってこの「べし」を宣布《せんぶ》する者《もの》が言霊布斗麻邇《げんれいふとまに》の総攬者《そうらんしゃ》である天津日嗣天皇《あまつひつぎすめらみこと》である。すなわちemperor《エンペラー》, Imperator《インペラトル》である。全人類《ぜんじんるい》の霊魂《れいこん》の「調御丈夫《じょうごじょうぶ》」controller《コントローラー》仏陀《ぶつだ》であり、その出現《しゅつげん》を宗教的《しゅうきょうてき》に予定《よてい》した名《な》が「救世主《メシヤ》」である。

三位一体《さんみいったい》の本尊《ほんぞん》天照大御神《あまてらすおほみかみ》の両脇立《りょうわきだち》の位《くらい》に居《い》る月読命《つきよみのみこと》、須佐之男命《すさのをのみこと》は「べし」の世界《せかい》には居《お》らず、べしを規定《きてい》せず、現実《げんじつ》の世界《せかい》に在《あ》ってその日常《にちじょう》の処置《しょち》に任《にん》じて居《い》る。月読命《つきよみのみこと》と須佐之男命《すさのをのみこと》は言霊布斗麻邇《げんれいふとまに》を把持操作《はじそうさ》しないから、人類《じんるい》の「べし」の典範《てんぱん》を設定《せってい》する事《こと》が出来《でき》ない。現代《げんだい》に於《おい》ては月読命《つきよみのみこと》は印度《いんど》であり、アラブ諸国《しょこく》であり、そしてローマ法王庁《ほうおうちょう》である。須佐之男命《すさのをのみこと》はソ連《れん》であり、中共《ちゅうきょう》であり、そして米国《べいこく》である。彼等《かれら》が強《し》いて人類《じんるい》に「べし」を規定《きてい》しようとする為《ため》には権力《けんりょく》すなわち武力《ぶりょく》と金力《きんりょく》を行使《こうし》し、若《も》しくは信仰心《しんこうしん》を誘発《ゆうはつ》して、その中《なか》に人間《にんげん》を閉鎖拘束《へいさこうそく》しなければならない。現実世界《げんじつせかい》は時々刻々《じじこくこく》に生《い》きて動《うご》いて居《い》てその経営《けいえい》は至上命令《しじょうめいれい》の範疇《はんちゅう》imperative《インペラティブ》 category《カテゴリー》の有無《うむ》に拘《かかわ》らず一日《いちにち》もその経営処置《けいえいしょち》をゆるがせにするわけに行《い》かない。斯《こ》うして過去八千年《かこはっせんねん》の間《あいだ》、人類《じんるい》は救世主《きゅうせいしゅ》の指導《しどう》すなわちエデンの園《その》の原理《げんり》に基《もと》づくことを得《え》られぬままに、究極《きゅうきょく》の結論《けつろん》をもたらすことのない月読命《つきよみのみこと》、須佐之男命《すさのをのみこと》の支配《しはい》の下《もと》に、生存競争《せいぞんきょうそう》の治乱興亡《ちらんこうぼう》、栄枯盛衰《えいこせいすい》を繰《く》り返《かえ》しながら八千年《はっせんねん》に亘《わた》った年月《ねんげつ》を経営《けいえい》されて来《き》た。人類《じんるい》に生命《せいめい》の本尊《ほんぞん》が有《あ》ることは教《おし》えられて居《い》てもその真正真銘《しんしょうしんめい》の姿《すがた》は雲《くも》の上《うえ》の天《てん》に隠《かく》れ岩戸《いわと》に閉《と》ざされて不明《ふめい》のままに、両脇立《りょうわきだち》だけで世界《せかい》が経営《けいえい》されて来《き》た。

三貴子《さんきし》の体系《たいけい》を母音《ぼいん》の組織《そしき》で示《しめ》す。脇立《わきだち》が脇立《わきだち》である事《こと》の意味《いみ》が了解《りょうかい》される。

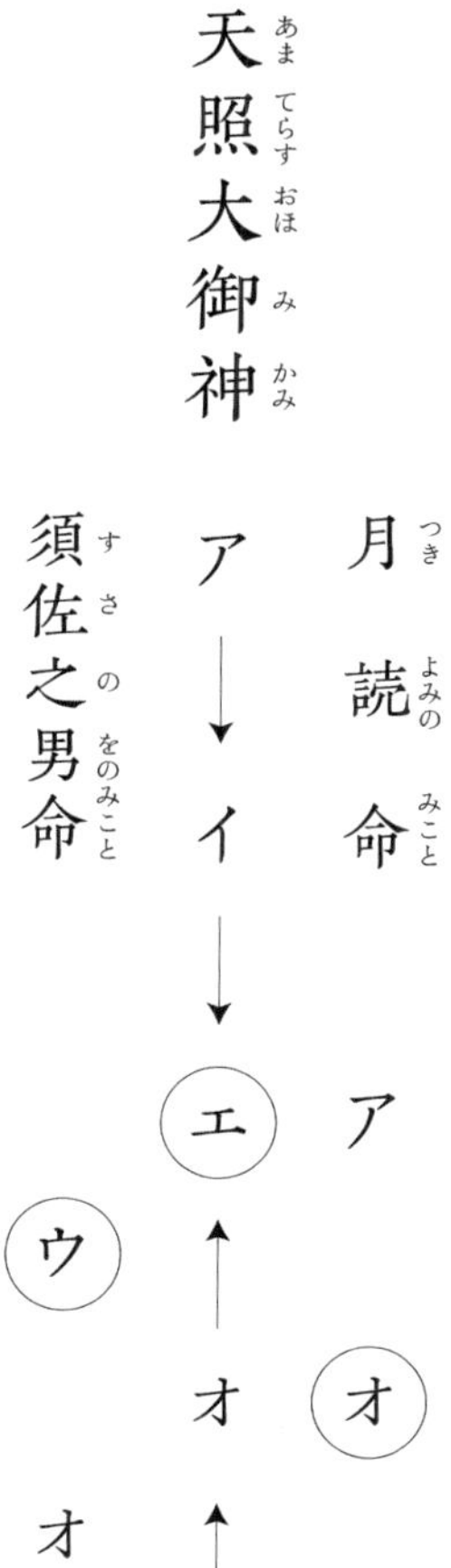

図表-33｜**三貴子**

三貴子《さんきし》の鼎立《ていりつ》、三位一体《さんみいったい》の関係《かんけい》は天照大御神《あまてらすおほみかみ》の天《あま》の岩戸開《いわとびら》き、すなわちエデンの園《その》の開《かい》扉《ひ》、すなわち言霊布斗麻邇《げんれいふとまに》出現以前《しゆつげんいぜん》と出現以後《しゆつげんいご》とで大《おお》きな相違《そうい》がある。古事記《こじき》は一面予言《いちめんよげん》書《しよ》であるから、布斗麻邇《ふとまに》を一応比喩《いちおうひゆ》と象徴《しようちよう》を以《もつ》て説述《せつじゆつ》し、これを以《もつ》て天照大御神《あまてらすおほみかみ》、言霊布《げんれいふ》斗麻邇《とまに》が既《すで》に世界《せかい》に明《あき》らかにされたものとして、エオウの三音《さんおん》の意義《いぎ》を説《と》いて居《い》る。然《しか》し実際《じつさい》の岩戸開《いわとびら》きである布斗麻邇《ふとまに》の出現《しゆつげん》は二十世紀《にじゆつせいき》が終《お》わりに近《ちか》づきつつある昭和《しようわ》の今日《こんにち》の事《こと》であって、本尊《ほんぞん》天照大御神《あまてらすおほみかみ》は信仰《しんこう》と基本要求《きほんようきゆう》のみの疑問符《ぎもんふ》として幾千年《いくせんねん》を過《す》ごして来《き》た。古事記《こじき》が編纂《へんさん》された時《とき》も未《いま》だ時期《じき》が熟《じゆく》さなかった故《ゆえ》を以《もつ》て、これを説《と》くに比喩《ひゆ》の象徴《しようちよう》の範《はん》囲《い》に止《とど》められ、実体《じったい》の開明《かいめい》は爾後今日《じごこんにち》まで千余年《せんよねん》を待《ま》たねばならなかった。

今日我々《こんにちわれわれ》の思索研究《しさくけんきゅう》によって、釈尊《しゃくそん》の言《い》う三千年《さんぜんねん》の入涅槃《にゅうねはん》から覚醒《かくせい》した言霊布斗麻邇《げんれいふとまに》が日蓮《にちれん》の言葉《ことば》の通《とお》り一閻浮提《いちえんぶだい》、全世界《ぜんせかい》の人類《じんるい》の上《うえ》に浸透流布《しんとうるふ》されるためには今後三十年《こんごさんじゅうねん》は要《よう》しない。これから四分《よんぶん》の一世紀《いっせいき》足《た》らずの間《あいだ》に両脇立《りょうわきだち》であるア・オの月読命《つきよみのみこと》の民族《みんぞく》も、ウ・オである須佐之男命《すさのをのみこと》の国家《こっか》も、部分的存在《ぶぶんてきそんざい》としての位置《いち》から脱却《だつきゃく》し、対立《たいりつ》と抗争《こうそう》の業《カルマ》を終了《しゅうりょう》して、母音《ぼいん》、半母音《はんぼいん》、父韻《ふいん》、子音《しいん》の組織《そしき》である生命《せいめい》の布斗麻邇《ふとまに》の光明《こうみょう》の全体系《ぜんたいけい》の中《なか》に摂取不捨《せっしゅふしゃ》に抱擁《ほうよう》されて、ア・オはア・オのままでア・オを脱却《だつきゃく》し、ウ・オはウ・オのままでウ・オを揚棄《ようき》して、その布斗麻邇《ふとまに》の最高《さいこう》の「べし」の指導《しどう》の下《もと》に、恒常不変《こうじょうふへん》、永劫調和《えいごうちょうわ》の新《あたら》しい二十一世紀《にじゅういっせいき》の文明時代《ぶんめいじだい》が開幕《かいまく》される。

あとがき

昭和四十九年春《しょうわよんじゅうくねんはる》から足掛《あしか》け四年《よねん》、老人性《ろうじんせい》の手足《てあし》の冷却麻痺《れいきゃくまひ》で寝《ね》たり起《お》きたりを続《つづ》けて居《い》る。その間《かん》「第三文明会《だいさんぶんめいかい》」の会報《かいほう》を編集《へんしゅう》して五十年秋《ごじゅうねんあき》に『世界維新《せかいいしん》への進発《しんぱつ》』を出版《しゅっぱん》した。動《うご》きの鈍《にぶ》い手《て》で校正《こうせい》したり、挿画《そうが》を描《えが》いたりした。昨五十一年暮《さくごじゅういちねんく》れ、前著《ぜんちょ》『言霊百神《げんれいひゃくしん》』布斗麻邇《ふとまに》のも一《ひと》つ奥《おく》の解説《かいせつ》と紹介《しょうかい》を思《おも》い立《た》ち、本年春《ほんねんはる》出版《しゅっぱん》の予定《よてい》で、疲《つか》れるとベッドに横《よこ》たわる様《よう》にして執筆《しっぴつ》を続《つづ》けたが、無理《むり》した所為《せい》か五月初《ごがつはじ》めに突然血圧《とつぜんけつあつ》が二三〇《にひゃくさんじゅう》に上《あ》がり、医《い》者《しゃ》から絶対安静《ぜったいあんせい》を命《めい》ぜられた。やがて血圧《けつあつ》が落付《おちつ》いてからまた一日《いちにち》二枚《にまい》、三枚《さんまい》と要慎《ようじん》しながら原稿《げんこう》を続《つづ》けてようやく九月末《くがつまつ》に予定《よてい》した理論《りろん》をどうやら纏《まと》め上《あ》げることが出来《でき》た。予《よ》定《てい》よりは薄《うす》い冊子《さつし》だが要領《ようりょう》は尽《つく》して居《い》る。小説《しょうせつ》で云《い》えば前篇《ぜんぺん》と後篇《こうへん》の様《よう》な関係《かんけい》として『言《げん》霊百神《れいひゃくしん》』に連続《れんぞく》するエッセイである。幸《さいわ》いにT大学院生《だいがくいんせい》の七沢君《ななさわくん》が校正《こうせい》を引《ひ》き受《う》けて呉《く》れた。出版費《しゅっぱんひ》も前回同様《ぜんかいどうよう》、米井良一朗君《よねいりょういちろうくん》が拠出《きょしゅつ》して呉《く》れたし浜松市《はままつし》の八十八才《はちじゅうはっさい》の山本哲子《やまもとてつこ》刀《と》自《じ》や福岡《ふくおか》の谷元一氏《たにげんいちし》その他《ほか》からも御協力頂《ごきょうりょくいただ》いた。

言霊《げんれい》の母音《ぼいん》、父韻《ふいん》、子音《しいん》は単《たん》なる理屈《りくつ》（抽象的概念《ちゅうしょうてきがいねん》）ではなく、実在《じつざい》であり事物《じぶつ》の実相《じっそう》の原理《げんり》であるから、体験体認《たいけんたいにん》の裏付《うらづ》けがなければならぬ。体認《たいにん》は真理《しんり》の証明《しょうめい》であって、証明《しょうめい》がなければ真理《しんり》にはならぬ。古事記《こじき》や聖書《せいしょ》や仏教典《ぶつきょうてん》の様《よう》な比喩《ひゆ》や象徴《しょうちょう》やドグマの教理《きょうり》ではなく、また言霊《げんれい》の単音《たんおん》だけを語呂合《ごろあ》わせ式《しき》にいきなり並《なら》べたものでなく、それを現代《げんだい》人《じん》が慣《な》れて居《い》る概念《がいねん》に翻訳《ほんやく》してあるから、人類《じんるい》の最《もっと》も難解《なんかい》な学問《がくもん》である言霊《げんれい》が入《はい》り付《つ》き易《やす》く味《あじ》わい易《やす》いものになって居《い》る。然《しか》し概念《がいねん》は依然真理《いぜんしんり》の容《い》れ物《もの》であって、真理《しんり》そのものではない。概念《がいねん》の容《い》れ物丈《ものだ》けで中味《なかみ》が無《な》いことが浦島太郎《うらしまたろう》の「玉手箱《たまてばこ》」であるわけである。本書《ほんしょ》の概念《がいねん》には中味《なかみ》があるから、めいめいがその概念《がいねん》の蓋《ふた》を開《ひら》いて、その中《なか》の生命《せいめい》の原理《げんり》を自分自身《じぶんじしん》のものとして頂《いただ》こう。

言霊《げんれい》の手解《てほど》きを受《う》けた山腰明将氏《やまこしあきまさし》が亡《な》くなったのは昭和二十六年夏《しょうわにじゅうろくねんなつ》で、理屈《りくつ》だけしか判《わか》って居《い》なかった当時《とうじ》の筆者《ひっしゃ》は途方《とほう》に暮《く》れた。師《し》を失《うしな》って如何《どう》して言霊学《げんれいがく》を進《すす》めてよいか見当《けんとう》が付《つ》かなかった。その時前橋市《ときまえばしし》の居士福田親日氏《こじふくだちかあきし》から「君《きみ》はまだ無字《むじ》を識《し》らぬ」と忠告《ちゅうこく》を受《う》けた。

この忠告《ちゅうこく》に反撥《はんぱつ》してそれから満二年《まんにねん》、無門関《むもんかん》と歎異抄《たんにしょう》と馬太伝《マタイでん》を座右《ざゆう》にして無字《むじ》の拈提《ねんてい》工夫《くふう》の生活《せいかつ》に入《はい》った。昭和二十九年《しょうわにじゅうくねん》の秋《あき》、一夜忽然《いちやこつぜん》と広々《ひろびろ》とした無限《むげん》の世界《せかい》が現前《げんぜん》した。その世界《せかい》が天之御中主神《あめのみなかぬしのかみ》の宝座《ほうざ》である事《こと》の自証《じしょう》を得《え》た。この自証《じしょう》と同時《どうじ》に言霊布斗麻邇《げんれいふとまに》の責任者《せきにんしゃ》として起《た》てと云《い》う命令《めいれい》を聞《き》いた。自問自答《じもんじとう》である。

然《しか》しそれからアイエオウ五母音《ごぼいん》の次元《じげん》の重畳《ちょうじょう》の意義《いぎ》を了解《りょうかい》する為《ため》に更《さら》に十年間《じゅうねんかん》の歳月《さいげつ》の思索《しさく》を要《よう》した。その間《かん》、日本開顕同盟《にほんかいけんどうめい》のメンバーとして活動《かつどう》すると共《とも》に、日本神道界《にほんしんとうかい》の現状《げんじょう》を実際《じっさい》に調《しら》べる事《こと》を得《え》た。昭和四十八年《しょうわよんじゅうはちねん》にはその五母音《ごぼいん》の体得《たいとく》を根拠《こんきょ》としてヘブライ研究会《けんきゅうかい》を起《おこ》し、やがて第三文明会《だいさんぶんめいかい》に発展《はってん》した。四十四年《よんじゅうよねん》にはその五母音《ごぼいん》に準拠《じゅんきょ》して『言霊《げんれい》百神《ひゃくしん》』を執筆出版《しっぴつしゅっぱん》した。然《しか》しこのエッセイは従来《じゅうらい》の印度哲学《いんどてつがく》やキリスト教《きょう》や中国《ちゅうごく》の易《えき》の五行《ごぎょう》の立場《たちば》から日本《にほん》の言霊《げんれい》の意義《いぎ》を併《あわ》せて信仰《しんこう》し、讃美《さんび》しての古事記《こじき》の一端《いったん》を解釈《かいしゃく》したものに過《す》ぎなかった。だが部分的《ぶぶんてき》な主《しゅ》として母音《ぼいん》からの解釈《かいしゃく》であるが山腰氏《やまこしし》の薄《うす》い冊子《さっし》『言《げん》霊《れい》』のまとまった理論《りろん》を下敷《したじ》きにして書《か》いたから、世界人類全部《せかいじんるいぜんぶ》が幾千年来求《いくせんねんらいもと》めて居《い》る言《げん》霊摩尼宝珠《れいまにほうじゅ》の実体《じったい》は古事記《こじき》に秘《ひ》められて居《い》る事《こと》を、その言霊《げんれい》の体系《たいけい》と展相《てんそう》を一通《ひとどお》り、その英文《えいぶん》の翻訳《ほんやく》によって世界《せかい》に向《む》って公開《こうかい》する事《こと》が出来《でき》た。更《さら》に五十年秋《ごじゅうねんあき》には第三文明会《だいさんぶんめいかい》の毎《まい》月《つき》の会報《かいほう》を随筆風《ずいひつふう》に纏《まと》めて『世界維新《せかいいしん》への進発《しんぱつ》』を出版《しゅっぱん》した。

八父韻《はちふいん》と子音《しいん》そして禊祓《みそぎはらひ》の意義《いぎ》が明瞭《めいりょう》に判《わか》って来《き》たのは昨昭和五十一年《さくしょうわごじゅういちねん》の夏頃《なつごろ》からである。それは言霊布斗麻邇《げんれいふとまに》の体系《たいけい》が終始一貫帰納《しゅうしいっかんきのう》と演繹《えんえき》（高御産巣日《たかみむすび》と神産巣日《かみむすび》）の繰《く》り返《かえ》し的発展《てきはってん》に有《あ》ることに気《き》が付《つ》いたからであった。言霊百神《げんれいひゃくしん》の最後《さいご》の帰納《きのう》と演繹《えんえき》の操作《そうさ》がすなわち禊《みそ》ぎと祓《はら》いである。その禊祓《みそぎはらひ》が言霊《げんれい》の最後《さいご》の「修《しゅ》」と「証《しょう》」である。

釈迦《しゃか》は菩提樹《ぼだいじゅ》の下《もと》で暁《あかつき》の明星《みょうじょう》を仰《あお》いで魂《たましい》の開悟《かいご》を得《え》たが、それは禅《ぜん》で云《い》う初歩《しょほ》の、辟支仏《びゃくしぶつ》（ア）の見性成仏《けんしょうじょうぶつ》に他《ほか》ならぬ。その時無上正覚《ときむじょうしょうかく》の内容《ないよう》の全部《ぜんぶ》を把握《はあく》し得《え》たわけではない。そう考《かんが》えることは釈迦《しゃか》を仏陀《ぶつだ》（救世主《きゅうせいしゅ》）であると信仰《しんこう》する所《ところ》から来《く》る過評価《かひょうか》であって、ユダヤの予言者《よげんしゃ》イエスを救世主《メシヤ》と祭《まつ》り上《あ》げる信仰《しんこう》と同様《どうよう》のものである。

彼《かれ》は日本《にほん》で手解《てほど》きを受《う》けた言霊摩尼宝珠《げんれいまにほうじゅ》の学《がく》のアウトラインを基礎《きそ》に、爾後入滅《じごにゅうめつ》に至《いた》るまで四十五年《よんじゆうごねん》、撓《たわ》みなく言霊《げんれい》の内容《ないよう》の更《さら》に奥深《おくぶか》い自証体得《じしようたいとく》に工夫《くふう》を続《つづ》け、その道程《どうてい》を次々《つぎつぎ》に発表《はつぴよう》して行《い》ったものが般若《はんにや》、華厳《けごん》であり、最後《さいご》に法華《ほつけ》に到《いた》って「教菩薩法《きようぼさつほう》、仏所護念《ぶつしよごねん》」（法華経《ほけきよう》）として正覚《しようかく》への入口《いりぐち》を指示《しじ》して終《お》わったのであった。それから三千年《さんぜんねん》、その釈迦《しやか》がなお未説《みせつ》であった救世主《きゆうせいしゆ》（キリスト、メシヤ）・仏陀《ぶつだ》が把持《はじ》すべき摩尼宝珠《まにほうじゆ》、三種《さんしゆ》の神器《じんぎ》の実体《じつたい》を明《あき》かになし得《え》たのが本書《ほんしよ》であって、人間《にんげん》が到達《とうたつ》し得《う》る心魂《しんこん》の究極《きゆうきよく》の世界《せかい》の簡潔《かんけつ》な原理《げんり》を開顕《かいけん》して全人類《ぜんじんるい》に示《しめ》した。

　言霊摩尼宝珠《げんれいまにほうじゆ》は「価値《あたい》は三千大千世界《さんぜんだいせんせかい》なり。」（提婆達多品《だいばだつたぼん》）と説《と》かれてある。本書《ほんしよ》は非《ひ》売品《ばいひん》にした。世《よ》の常《つね》の価《か》を以《もつ》てしては売《う》るべきでなく、また購《あがな》い得《え》ない。世界《せかい》の文明国《ぶんめいこく》の国営図書館《こくえいとしよかん》と著名大学《ちよめいだいがく》の図書館《としよかん》に寄贈《きぞう》すればそれで本書《ほんしよ》の使命目的《しめいもくてき》は達成《たつせい》する。筆者本年《ひつしやほんねん》七十四歳《ななじゆうよんさい》。祇園精舎《ぎおんしようじや》や霊鷲山《りようじゆせん》の寂《しず》かな林園《りんえん》に住《す》んで居《い》るわけではない。東京《とうきよう》のど真中《まんなか》の騒々《そうぞう》しいアパートの六畳間《ろくじようま》の物置小屋《ものおきごや》の如《ごと》きに萎《な》えた手足《てあし》を撫《ぶ》しながら、扨《さ》て本書出版《ほんしよしゆつぱん》を転換期《てんかんき》として全人類《ぜんじんるい》の文明《ぶんめい》が実際《じつさい》に如何《どう》維新《いしん》されて行《い》ったらよいか、生命《せいめい》の玉《たま》の緒《を》が続《つづ》く限《かぎ》りその責任《せきにん》を負《お》って行《い》く。

言霊精義《げんれいせいぎ》

昭和五十二年十一月発行《しょうわごじゅうにねんじゅういちがつはっこう》

著者《ちよしや》　小笠原《おがさわら》　孝次《こうじ》

巻《かん》末《まつ》

言霊学《げんれいがく》と鎮魂帰神法《ちんこんきしんほう》〜小笠原孝次氏が晩年《ばんねん》に求めていたもの

大野靖志

前作『言霊百神《げんれいひやくしん》』新装版刊行の際、「『言霊百神』新装版が刊行された理由」において、言霊学の封印《ふういん》について述べた。原書『言霊精義《げんれいせいぎ》』は非売品《ひばいひん》である。世《よ》の常《つね》の価値から値段はつけられないという意味もあろうが、この時既に封印の準備は進んでいたと思われる。

小笠原孝次氏は、昭和四十年代始めの頃から『言霊百神』を含む様々《さまざま》なテキストを用いて、約十年の間、毎月二回のペースで講義を行ってきた。場所は自宅の六畳間である。決して広いスペースではない。しかし、そのような限られた空間だからこそ、教えを求める者たちと濃密《のうみつ》な時間を過ごすことができた。

果たして、小笠原氏はその精髄《せいずい》を伝え切ることができたのであろうか。結果は本書にある通りである。時代が早すぎたのであろうか、それとも予定通りなのか、学術団体としての第三文明研究会は小笠原氏自身の手によって幕を閉じられる。

小笠原氏が最後に求めていたのは鎮魂道場《ちんこんどうじょう》であったという。六畳間にアルミのフレームでピラミッドを組み立て、その中で大本教の流れを汲《く》む鎮魂帰神《ちんこんきしん》の業《ぎょう》を行い、大祓《おおはらひ》を唱《とな》え、また禅《ぜん》を組んだ。言霊学と無関係でないことはわかる。しかし、なぜに鎮魂なのか。

そこには言霊学に精通《せいつう》した小笠原氏だからこそ、実現したい何かがあったはずである。その何かとは、言霊の学びに必須《ひっす》のものであり、小笠原氏には体現《たいげん》できたとしても、一般人には容易《ようい》に感得《かんとく》できない「何か」である。従来《じゅうらい》の形式をやめ、禅の直参《じきさん》の形に変更したのには、そのようなわけがあったのだろう。

しかし、鎮魂と禅は別物である。鎮魂は神道、禅は仏教というように、系統《けいとう》が違えば、伝承《でんしょう》のための方法論も異《こと》なるはずである。にもかかわらず、禅の手法《しゅほう》に解決を求めた。あくまでも推測《すいそく》であるが、小笠原氏が求めていた鎮魂法は、氏がそれまで見聞《みき》きしてきた秘教《ひきょう》的な操作法とは何かが違っていたのかもしれない。

前作もそうであるが、本書においても、「中今《なかいま》」に立つことの重要性が再三説《さいさんと》かれている。小笠原氏は生前、言霊神社を一緒に立ち上げた七沢賢治によくこう言っていたそうである。「モーゼに帰れ」と。つまり、「I am that I am 」(旧約聖書 出エジプト記第三章十四節)という、存在の源《みなもと》から発せられた言葉は、全てが実現するという。「十戒」はその純度《じゅんど》を保つための方便《ほうべん》といえよう。

残念ながら、小笠原氏の著作物のどこを調べても、「中今」に至《いた》る具体的な道筋《みちすじ》は説かれていない。そこには、ただ「仏教、キリスト教、儒教を理解せず、若しくは実践理解し得る能力資格がなくしては神道の門に入り得ない」(『言霊百神』)と書かれているだけである。普通であれば眼前《がんぜん》を通り過ぎるだけの文章である。だが、これは氏の言葉によって画《かく》された一線《いっせん》であり結界《けっかい》となっている。本書の公開も含め、いわば二重の封印がここには存在するのである。

その内なる封印を解く鍵が「鎮魂」にある、と七沢はいう。では、それにより言霊学の扉ともいえる「中今」の正体がわかるというのであろうか。だとすれば、それは、常人《じょうじん》の辿《たど》り着《つ》けない世界へのマスターキーともいえる。鎮魂という言葉の響《ひび》きからわかるように、その鍵《かぎ》は、ユダヤにも、インドにも、中国にもなかったということになる。

もちろん、個々《ここ》に通用《つうよう》する鍵はあるだろう。ユダヤにはユダヤの、禅には禅のそれがある。しかし、マスターキーというからには、全《すべ》てを解《と》くものでなければならない。小笠原氏が最後に鎮魂道場を望んでいたという背景には一体何があったのか。それは、そのマスターキーが日本にあるという、氏の最終結論に他ならない。

言霊学への道を開く、その鎮魂法は、既に言霊神社のある甲府で確立されている。それはまさしく、道の始まりであり終わりである。今や、古い形の言霊学はその役割を終えようとしている。そして、ついに最先端の科学として世界への発信を開始した。まるで小笠原氏の予言が既《すで》に成就《じょうじゅ》したかのように。

二〇一四年八月十一日（甲府祝殿年祭の日）　八ヶ岳南麓にて

大野靖志（おおのやすし）
宗教・科学ジャーナリスト。別ペンネームにて代替医療・精神世界系専門誌に執筆多数。国内大手企業、中堅出版社勤務を経て、現在は執筆業に専念。世界各国の宗教と民間伝承を研究後、七沢賢治氏より伯家神道と言霊学を学ぶ。著書『言霊はこうして実現する〜伯家神道の秘儀継承者・七沢賢治が明かす神話と最先端科学の世界』（文芸社二〇一〇年）

監修者あとがき

七沢賢治

『言霊百神』に引き続き、『言霊精義』の新装版ができた。かつて微力《びりょく》ながら同書の制作に携わった者として、前作の時とはまた異なる感慨《かんがい》がある。

『言霊精義』の初版ができたのは、昭和五十二年のことであった。本書にも挿話《そうわ》がある通り、当時私は大学院生として、小笠原孝次先生のもとに通いながら、研究のサゼッションをしていただいていた。その頃は神道のシャーマニズム的研究をテーマにしていた。既に実践知《じっせんち》を超えて、神懸《かみがか》りの領域《りょういき》を俯瞰《ふかん》する立場にあった小笠原先生のアドバイスは貴重であった。

同じ頃、インド文化、鎮魂法《ちんこんほう》でお世話になった奈良《なら》毅《つよし》先生の仲介《ちゅうかい》で、ピラミッドパワーを日本に初めて紹介する仕事を引き受けたことがある。アルバイト的ではあったが、NHKの近く、宇田川町を拠点《きょてん》とし、マスコミへの紹介や販売店の開拓など、一連《いちれん》の仕掛けを経験することができた。プレゼントしたフレームのピラミッドに入り、原稿を書かれていた小笠原先生のお姿を懐《なつ》かしく思う。

もう一つ思い出に残ることがある。昭和五十年代といえば、小笠原先生が既に体調を崩して病床に伏《ふ》されていた時期でもある。当時医師からは絶対安静といわれ、外部からの取次《とりつぎ》は自然と自分の役目になっていた。その時代、先生の著作物を求めてクロス病院に来訪《らいほう》したのが太田龍《おおたりゆう》氏である。小笠原先生は氏をご存じなかったが、まだ左翼思想《さよくしそう》が抜けていない時期でもあり、神経質な印象があったのを記憶している。太田氏はその後、書籍の内容をコピー版にして、希望者に一生懸命配っていたようだ。

こうして、思想の転換期《てんかんき》にもあった当時、小笠原言霊学の影響を受けた人間は少なくない。太田氏とは対極《たいきょく》の位置にいた右翼《うよく》の著名《ちょめい》な活動家も、自身は決して口に出さないが、熱心な読者であり信奉者《しんぽうしゃ》であった。

この現代という時節《じせつ》は、ある意味時代の変革期《へんかくき》といえる。それは思想のみならず、人類が関わるあらゆる文明的要素の転換を意味する。かつての時代の焼き直しではない。『言霊百神』と合わせ、本書が言霊布斗麻邇《げんれいふとまに》を理解するための更なる道標《みちしるべ》となれば幸いである。

二〇一四年八月十一日（甲府祝殿年祭の日）　山梨県甲府市　言霊神社にて

参考文献一覧

本書を出版するために参照した文献

『校註古事記』武田祐吉校注（角川書店 一九五六年）
『古事記注釈』西郷信綱校注（平凡社 一九七五年）
『古事記 祝詞』倉野憲司・武田祐吉校注（岩波書店 一九五八年）
『新版古事記』中村啓信訳注（角川文庫 二〇〇九年）
『古事記事典』尾畑喜一郎編（桜楓社 一九八八年）
『日本書紀』坂本太郎・家永三郎・井上光貞・大野晋校注（岩波書店 一九九三年）
『国史大系 古事記・先代旧事本紀・神道五部書』黒板勝美編（吉川弘文館 一九六六年）
『神道事典』國學院大學日本文化研究所編（弘文堂 一九九四年）
『新編国歌大観』第三巻 新編国歌大観編集委員会編（角川書店 一九八五年）
『昭憲皇太后御集』三室戸敬光編（和泉書院 一九二四年）

『神代の万国史』竹内義宮編著（宗教法人皇祖皇太神宮 一九七〇年）
『神霊正典』矢野シン編（神政龍人会 一九六四年）
『口語訳（旧約聖書＋新約聖書）＋文語訳（旧約聖書＋新約聖書）』（日本聖書協会 一九一七年）
『易経』（全二冊）高田真治・後藤基巳訳（岩波書店 一九六九年）
『易 中国古典選』本田済著（朝日新聞社 一九九七年）
『老子』蜂屋邦夫訳注（岩波書店 二〇〇八年）
『老子』小川環樹訳注（中央公論新社 一九九七年）
『法華経』（全三冊）坂本幸男・岩本裕訳注（岩波書店 一九六二年）
『浄土三部経』（全二冊）中村元・早島鏡正・紀野一義訳注（岩波書店 一九六三年）
『大乗仏典』（第六巻）山口益・桜部建・森三樹三郎訳（中央公論社 一九七六年）
『昭和新纂國譯大藏經』經典部第六巻 昭和新纂國譯大藏經編輯部（東京 大法輪閣 二〇〇九年）
『浄土真宗聖典（注釈版）第二版』教学伝道研究センター編（本願寺出版社 一九八八年）
『浄土真宗聖典（注釈版）七祖篇』教学伝道研究センター編（本願寺出版社 一九九六年）
『修養大講座（従容録）』（第十巻）加藤咄堂著（平凡社 一九四一年）
『歎異抄』親鸞著 金子大栄校注（岩波書店 一九三一年）
『教行信証』親鸞著 金子大栄校注（岩波書店 一九五七年）

『碧巌録』（全三冊）入矢義高・溝口雄三・末木文美士・伊藤文生訳注（岩波書店 一九九七年）
『碧巌録提唱』（全三冊）西片擔雪著（明日香塾 二〇〇九年）
『臨済録』入矢義高訳注（岩波書店 一九九一年）
『維摩経講話』鎌田茂雄著（講談社 一九九〇年）
『維摩経』石田瑞麿訳（平凡社 一九六六年）
『改版維摩経』長尾雅人訳（中央公論新社 一九八三年）
『維摩経をよむ』菅沼晃著（日本放送出版協会 一九九九年）
『無門関』西村恵信訳注（岩波書店 一九九四年）
『無門関を読む』秋月龍珉著（講談社 二〇〇二年）
『禅語録』柳田聖山編（中央公論新社 一九七八年）
『禅語百選』松原泰道著（祥伝社 一九八五年）
『景徳伝灯録』（四巻）入矢義高監修 景徳伝灯録研究会編（禅文化研究所 一九九七年）
『潙山 潙山の教えとは何か』尾崎正善（臨川書店 二〇〇七年）
『芸術と宗教』佐々木徹著（一燈園燈影舎 一九九四年）
『正法眼蔵』（全四冊）道元著 水野弥穂子校注（岩波書店 一九九〇年）
『出家とその弟子』倉田百三著（岩波書店 一九六二年）

『寒山』寒山著　入谷仙介訳注（岩波書店 一九五八年）
『寒山詩』寒山著 太田悌蔵訳（岩波書店 一九三四年）
『寒山詩』寒山著 松村昴・入谷仙介訳注（筑摩書房 一九七〇年）
『おふでさき』中山みき著（天理教道友社 一九七七年）
『みかぐらのうた・おふでさき』東洋文庫三〇〇 中山みき著 村上重良校注（平凡社 一九七七年）
『大本神諭 天の巻』東洋文庫三四七 出口ナオ著 村上重良校注（平凡社一九七九年）
『おくのほそ道』（全）松尾芭蕉著（角川書店 二〇〇一年）
『芭蕉おくのほそ道』松尾芭蕉著 萩原恭男校注（岩波書店 一九七九年）
『ファウスト・森鴎外全集』（第十一巻）ゲーテ著 森鴎外訳（筑摩書房 一九九六年）
『神曲地獄』（上）ダンテ著 山川丙三郎訳（岩波書店一九五二年）
『神曲ダンテ』ダンテ著平川祐弘訳（河出書房新社 一九九二年）
『神曲 地獄篇』ダンテ・アリギエーリ著 寿岳文章訳（集英社 一九七四年）
『エチカ』（全二冊）スピノザ著 畠中尚志訳（岩波書店 一九五一年）
『世界教養全集 パンセ』（第二巻）パスカル著 松浪信三郎訳（平凡社 一九六二年）
『パンセ』パスカル著 前田陽一訳・由木康訳（中央公論新社 一九七三年）
『パスカル パンセ抄』ブレーズ・パスカル著 鹿島茂訳（飛鳥新社 二〇一二年）

『パスカル パンセ』鹿島茂訳（日本放送出版協会 二〇一二年）
『日本古典文学全集・狂言集』北川忠彦著・安田章著（小学館 一九七二年）
『倫敦塔・幻影の盾』夏目漱石著（岩波書店 一九九〇年）
『漱石全集 短編小説集』（第二巻）夏目漱石著（岩波書店 一九六六年）
『若山牧水歌集』若山牧水著 若山喜志子選（岩波書店 一九六五年）
『若山牧水全集』（第一巻）若山牧水著（増進会出版社 一九九二年）
『海潮音』上田敏訳詩集（新潮社 一九五二年）
『ギリシャ神話』ジェームス・ボールドイン著 杉谷代水訳（富山房企畫 二〇一一年）
『希臘羅馬神話』延川直臣著（嵩山房 一九一四年）
『第三文明への通路』小笠原孝次著（第三文明会 一九六四年）
『世界維新への進発』小笠原孝次著（第三文明会 一九七五年）
『言霊百神』（新装版）小笠原孝次著（七沢研究所 二〇一四年）

謝辞

本書の企画、編集、編集補助には、次の諸氏の協力を得た。ここに謹んで謝意を表する。

小野寺潤　木村田哲也　後藤芳博　櫻井慎也　佐藤志保
杉山彰　當間奈美　七沢智樹　能澤壽彦　望月正（五十音順・敬称略）

著者紹介

小笠原孝次氏 おがさわら こうじ

1903年　東京都にて生誕。
1922年　東京商科大学（現在の一橋大学）にて、
吹田順助氏よりドイツ文学ドイツ哲学を学ぶ。
1924年　一燈園の西田天香氏に師事し托鉢奉仕（常不軽菩薩の行）を学ぶ。
1932年　矢野祐太郎氏（元海軍大佐）および夫人の矢野シン氏と共に
『神霊密書』（神霊正典）を編纂。
1933年　大本教の行者、西原敬昌氏の下でテレパシーと鎮魂の修行を行う。
1936年　山腰明將氏（元陸軍少佐）が主催する秘密結社「明生会」の門下生となる。
明治天皇、昭憲皇太后が宮中で研究していた「言霊学」について学ぶ。
1950年　言霊・数霊研究家の武智時三郎氏より言霊研究のアドバイスを受けると共に
同氏の研究を受け継ぐ。
1954年　「皇学研究所」を設立。
1961年　「日本開顕同盟」（発起人 葦津珍彦氏、岡本天明氏ほか）の
主要メンバーの一人として活動。
1963年　「ヘブライ研究会」を設立。
1964年　合気道創始者の植芝盛平氏より「武道即神道」（言霊布斗麻邇）の学問的研究
の提携を依頼される。
1965年　「ヘブライ研究会」を「第三文明会」に発展。
1975年　72歳の誕生日当日に「言霊学」の後継者となる七沢賢治が来訪する。
（第三者の紹介による出会いではなく必然的かつ運命的な出会いだった）
以降「言霊学」を七沢賢治に継承伝授。
1981年　「布斗麻邇の法」を奉戴するため七沢賢治に「言霊神社」創設を命ずる。
七沢賢治との連盟で山梨県甲府市に「言霊神社」創建。
「布斗麻邇の法」の継承と「科学的運用方法の研究」を七沢賢治に遺言。
1982年　79歳にて帰幽。

［ **著書** ］

・『言霊百神』新装版（和器出版 2016年）
・『言霊精義』新装版（和器出版 2016年）
・『言霊開眼』新装版（和器出版 2016年）
・『神道から観た仏教三部書』（和器出版 2016年）
・『神道から観たヘブライ研究三部書』（和器出版 2017年）
・『龍宮の乙姫と浦島太郎』（七沢賢治氏との共著 和器出版 2017年）
など

監修者

七沢賢治 ななさわ けんじ

1947年　山梨県甲府市に生誕。
1972年　早稲田大学卒業。
言語学者、宗教研究者、東京外国語大学アジアアフリカ言語文化研究所教授 奈良毅氏に師事。言語学、世界の宗教を実践的に学ぶ。
1975年　国会図書館で『言霊百神』と出会い強い感銘を受ける。
その場で小笠原孝次氏に電話、その日に先生宅に来訪する。
（その日は小笠原孝次氏の72歳の誕生日だった）
以来、 1982年までの7年間に渡り対面参学し「言霊学」の奥伝を受ける。
1978年　大正大学大学院文学研究科博士課程修了（宗教学）。
1981年　小笠原孝次氏より「言霊神社」創設の命を受け小笠原孝次氏との連盟で山梨県甲府市に「言霊神社」を創建し「布斗麻邇の法」を奉戴。
1982年　白川伯王家伝の継承者、高濱浩氏に入門。
1989年までの7年間に渡り「おみち」修行を受け全階梯を修了。
十種神寳御法を口授される。
2010年　白川伯王家伝の継承者として「一般社団法人白川学館」を創設。
2013年　小笠原孝次氏の御遺言に従い「言霊大学校」を開講。
2014年　和学研究への助成を目的とした「一般財団法人和学研究助成財団」を創設。
2021年　逝去

［ **著書・監修者** ］

・『言霊設計学』（ヒカルランド 2012年）
・『なぜ、日本人はうまくいくのか?』（文芸社 2012年）
・『龍宮の乙姫と浦島太郎』（小笠原孝次氏との共著 和器出版 2017年）
・『言霊百神』新装版(監修 和器出版 2016年)
・『言霊開眼』新装版(監修 和器出版 2016年)
・『言霊精義』新装版(監修 和器出版 2016年)
・『言霊学事始』（監修 和器出版 2016年）
・『神道から観た仏教三部書』（監修 和器出版 2016年）
・『神道から観たヘブライ研究三部書』（監修 和器出版 2017年）
・『ウォーターデザイン』（和器出版 2018年）
・『七澤賢治 講話選集一 祓い』（和器出版 2021年）
・『七澤賢治 講話選集二 鎮魂』（和器出版 2021年）
・『七澤賢治 講話選集三 言霊』（和器出版 2021年）
など

言霊精義 ［新装版］

2014年12月 1 日 第一版発行（株式会社七沢研究所）
2016年 6 月 1 日 第二版発行
2024年 5 月23日 第二版二刷発行

著　者　小笠原孝次
監　修　七沢賢治
発行者　佐藤大成
発行所　和器出版株式会社
住　所　〒107-0062 東京都港区南青山 1-12-3 LIFORK N214
電　話　03-5213-4766
URL　https://wakishp.com/
E-mail　info@wakishp.com

ブックデザイン　薮内新太　松沢浩治
印刷製本　朋栄ロジスティック

ISBNコード 978-4-908830-02-0
※定価は裏表紙に表示してあります。